乡村情

西风　黄长迎　著

海峡出版发行集团｜海峡文艺出版社

内容简介

　　民族要振兴，乡村必振兴。中国是以农业立国的国家，农业是国民经济的基础，是安天下的产业，自古以来都被视为经济之中枢、治国之要务。尤其是 21 世纪的今天，面对百年未有之变局，面对中国这样一个人口大国，农业的安全、粮食的安全，更是攸关民生国计之大事。农业稳，则国家强；农业丰，则社会安。

　　习近平同志在福建工作期间，先后在 1998 年、1999 年、2002 年三次深入邵武考察调研，对三农工作、乡村振兴做出了一系列具有前瞻性的重要论述。20 多年来，邵武遵循习近平同志的指示与希望，持之以恒、矢志前行。使得田野大地发生了从未有过的变化，呈现了一道道乡村振兴的靓丽风景线。本书虽是碎片化的镜头组合，但以纪实性的事例，叙说了邵武各地在推进乡村振兴，提升乡村品质的一些做法与经验，有思考、有启示，可借鉴、可复制。对乡村振兴经验的推广、政策解读等方面有一定的指导意义。

　　山川草木、清秀自然；风月雨雾、花开花落。该书开卷见田野、见文化、见时局、见烟火；国情、民情、乡情、村情并举；主题紧扣农村、农业、农民。在叙说的同时，展现了邵武的历史人脉、民俗风情、人文景观。让静态的文字与动态的乡村振兴同频共振、增辉添色。

　　长篇报告文学《乡村情》，原暂名为《远方》。

目录

第一章

01　时代使命

山乡巨变，风起云涌。

民族要复兴，乡村必振兴。这是百年大变局，新时代的乡村风起云涌，百舸争流。农村这片曾经落后寂静的土地，正悄悄酝酿着一场重大变革，要恢复几十年前那种生机勃勃、人情味浓厚的繁荣景象。厚实的田野有着千般样貌，乡村振兴前行的样本各有精彩、各有所长。三千县域，县县有不同。

雄文佳句曰："邵武是一个好地方。"这句话点亮了一座城市，燃起了一座城市的创业激情。邵武得此褒誉殊荣，珍惜自重，豪情满怀、感恩奋进，理当是扬帆竞水争为先，高歌一曲朝天阙。

含藏风雨、蕴蓄云雷的邵武位于武夷山脉南麓，人称南武夷。它雄踞八闽要道，北邻江西，南瞰八闽，东朝大海，西接圣地。自古有"一滩高一丈，邵武在天上"之说。城内城外、东南西北、四面八方，各自有一番不同的风景。城内市井繁华、人口稠密、物阜民丰、生机盎然，呈一片繁荣景象；城郊四处风生水起，景色宜人，但见青山隐隐、绿水迢迢；西有熙春山，南面有福山，东立灵猴山，北倚是万峰山。据此四面山势风水排列，实乃一个宜居的人间福地。就说那城西的熙春山虽不高峻，但却小巧玲珑、灵气秀敏。若晴天之日行至山顶，登高望远，便可看到邵武城全貌，地势开阔，起伏有致，显风水奇特、妙佳之貌。山下清澈的富屯溪水傍城缓缓而过，日夜向东、川流不息；溪水两岸树木翠绿成荫，一片郁郁葱葱；放眼远望，尽显邵武有天下县邑千百，唯我气宇不凡的种种景致。

天空中云淡风轻，河面上几只飞燕轻剪而过，剪出了富屯溪两岸树木返绿吐翠、孕育着生命复苏的大自然情景，邵武这座边城让人看了亦兴亦欢，喜上心头。它没有现代大城市的喧嚣声，亦无车水马龙交通堵塞的烦躁。但见清澈的富屯溪穿城而过，水面波光粼粼、两岸林木草儿款款依依，有一股清新的微风扑面而来，令人心旷神怡，深吸一口气，甜丝丝的感觉油然而生。边城青山绿水萦绕着宁静与祥和，在静谧中洋溢着生机勃勃的气息。

情至满山皆秀色，春来无处不花香。

邵武历史悠久，文化底蕴深厚。有朝以来，名人志士在此流连忘返，对它情有独钟，赞誉有加。理学大师布道研学，孔孟儒家相映生辉。英才辈出，不绝于耳，这里历史上涌现过2个宰相、7个尚书、271位进士。南宋名相李纲忠心赤胆，一身进退关社稷；诗论文豪严羽惊艳文坛，羚羊挂角无觅处；太极宗师张三丰风雨雷电，一蓑烟雨任平生；黄峭公遣子壮志豪情，骏马登程往异方……传奇佳话，层出不穷，四处口碑，八方称颂。邵武闽越文化浓郁，中原文化相交共存，包容并性，争辉映彩，1700多年的厚重沉稳、大气潇洒。它在飘溢的精雕细琢中，弥漫出唐宋古韵的浓郁与美妙。

红了樱桃，绿了芭蕉。唐宋时代已然远去，但蕴含的诗情词韵并未随着岁月的变迁而湮灭。这座城市所拥有的书卷之气、娴静之气、浓郁的人间烟火气，犹存不减、熠熠闪烁，散发出迷人的魅力。

邵武就如同一幅淡雅的中国水墨画，清水出芙蓉，简衣素装，不施粉黛、少有铅华，以天然的本色示人，是那种"风回小院庭翠绿，浓妆淡抹总相宜"的边城韵味。它在低调中散发着小家碧玉的温情婉约，却又有着大家闺秀的淡然脱俗。哪怕你与它初识，已然是一往情深，身微醺、心微醉，如诗人所赞"风在摇它的叶，草在结它的籽，站着不说话，就十分美好"。

身在红尘中，心在水云间。邵武与任何地方一样，有着数不尽的日升月落、留声过往。但与众不同的是，它摇曳着历史的灯火，吟唱着的唐诗宋词，化成了一幅边城的清明上河图。这种胸藏文墨虚若谷，腹有诗书气自华的气质，让人读它千遍万遍不厌倦。邵武人善良包容，待人诚挚，彬彬有礼，有着翩翩君子之风，造就了卓尔不群的文化个性、文化风格、文化品位。这不仅体现在对生命的尊重、礼仪的遵从、天道的敬畏，还体现在社会生活的细节中：市容市貌、建筑群体、环境卫生、待人接物、寻址问路等寻常小事。邵武这个城市在自然间流露出一种难以言说的美好，时光在这里每一秒的绽放与流动，都变得珍贵而隽永。

邵武的气质底蕴在新时代里继续升华，与时俱进，舍我其谁的创业激情在源源不断地注入肌体。执政者为党为民，勤勉不倦；民众回声响应，齐心聚力；工业强市、文化旅游、乡村绿色、民生福祉、生态和谐，皆在健康发展、循序渐进。邵武努力追求着一种安然静美、顺应自然、见素抱朴、生命至上的氛围。在恢复了生态的山水之中，绿树绕村庄，清水满陂塘，大自然尽显莺啼燕舞，一片明艳清丽。

邵武的气质底蕴是通过日积月久的沉淀，靠静心修养出来的。两千年的微尘积累、两千年的风雨如磐，才有了今日的光彩。当然，更因为有了可爱的人，这个地方才能气质美如兰。山水的豪放与仁义，培育了邵武人的民风淳朴，造就了邵武人的实在与本色。亦如先人李纲，一身进退关社稷，六次被贬，从百官之首降到不入品的小吏。但他毫无怨言，对国家赤胆忠心、始终如一。大诗论家严羽投笔从戎，炎炎夏日着羊裘，寒暑不分，是因了忧国忧民。张三丰一剑一尺行天下，看似邋遢不拘，疯疯癫癫，但却是傲骨，志雄人杰。他在《游戏》词中道：

木叶做衣云作笠，神通自在谁能与。

上天陪得高真坐，下地能随丐者行。

此言此句，折射出邵武人的本色与真性情。民之所忧，我必念之；民之所盼，我必行之。思深以致远，谋定而后动。行事有远见，有谋方显智。

在前行的路上亦有不尽人意的遗憾。譬如由于高铁动车的缺失，邵武从曾经交通领先的自豪变成了边缘落后的自卑。也不可否认，高铁的滞后使得邵武各项发展受到了一定影响。

邵武人豁达大度，生性包容，不会听风是雨，更不会人云亦云、自暴自弃。他们没有机会去懊恼后悔，也没有时间去自怨自艾。明者因时而变，知者随事而制。当是雄关漫道真如铁，而今迈步从头越。怀着莫嫌路颠簸、世界本曲折的胸襟，砥砺前行。林花谢了春红，太匆匆。过去的就让它过去，重要的是接受事实，改变现状，扑下身子苦干实干。他们知道：人生路，一步有一步的风景，一程有一程的感悟。有些东西不会改变，那就是对美好的追求。一切为了新征程，为了再出发。最美的风景，总是在历经风雨之后的山水间。

泱泱中华，县域三千；九州大地，千姿百态。

邵武人以实际行动，证实了彩虹总在风雨后。2022 年 11 月 19 日，邵武荣获国家授予的"绿水青山就是金山银山"实践创新基地金牌，无疑又给只此青绿的邵武锦上添花、增辉添色。屈指数去，邵武已先后荣获了国家级生态示范区、国家森林城市、全国首批海绵城市建设示范城市、国家节能减排财政政策综合示范城市、国家循环经济示范城市、国家低碳城市试点、国家智慧城市试点、全国水生态文明城市等诸多荣誉。这一项项闪亮的"国字号"荣誉，是对擦亮"邵武是个好地方"城市名片的最佳肯定。

2023 年夏天，在全国"绿水青山就是金山银山"经验交流会上，邵武市委书记有底气地发言："邵武在生态农业、生态旅游、生态修复、生态市场、生态工业等诸多方面，全力全方位、多渠道地保护了绿水青山，保持了绿色生态的本色。""邵武这座城的气质在于底蕴深厚、历史悠久。从新石器时代开始，文明的星火在这片土地上传承不息，积淀了厚重的文化底蕴。这座城一脉书香绵延不绝，世代人才辈出。既有闽越文化的特征，亦有中原文化的相交融合。兼容并性的文化包容，使这座城有了 1700 多年厚重沉稳、大气潇洒的气质。这座城于精雕细琢中，不动声色地弥漫出唐风宋韵的美妙。"

这座城市的文化个性、文化风格、文化品位，体现了它卓尔不群的气质。一个地方的竞争力、持久性在很大程度上取决于它的文化资源、文化氛围和文化水平，它是宝贵的无形资产。一个城市也许没有强大的经济力量，但如果拥有了文化品位的魅力，就能赢得人们的长久关注，就更具有发展的潜力。

时至今日，邵武这座城市的气质在继续升华，铁心拼搏，争创一流。赋予了时代新追求、新内涵、新精神；一种激情创业、舍我其谁的新气质在源源注入，在新时代山乡巨变、在乡村振兴的道路上，发挥自己特有的气质魅力，担当起民族要复兴、乡村必振兴的历史使命。

02　强国强农

中国"三农"问题令人牵肠挂肚，焦虑于心。有道是解落三秋叶，能开二月花；过江千尺浪，入竹万竿斜。农村、农业、农民历来是中国重中之重的大问题。那些年"三农"一词使用频率极高，连出租车司机、小商小贩、居委会的老太太都知道："农民真苦、农村真穷、农业真危险。"

有关"三农"的文章论述、调查研究、学术报告连篇累牍，从《我向总理说实话》到《我向百姓说实话》，从《中国农村调查》到《中国农民调查》，从《人怨》到《民怨》，从《说三农》到《三农论》，洋洋洒洒。书者各有所说，各有见解。在 20 世纪 80 年代末，农村流行一首民谣："中央是恩人，省里是亲人，县里是好人，乡里是恶人，村里是仇人。"而 90 年代来这首民谣变成了："中央满天晴，省里起乌云，县里下大雨。"而后来的几年则又变成："中央充满关怀之情，方方面面都知情，可惜没人送真情。"

如果说这些民谣体现了当时中国农村基层政权退化，农村出现了治理性的危机。

农民们需要什么真情呢？就像人们所说："爱不需要讲出口、挂在嘴边，而是靠心、靠实际行动。"关心"三农"问题，也不是口头上、文本上的关心。民为国之本，农为民之本、农村稳则天下稳，一枝一叶总关情。从中央到地方，投入三农之中的精力与财力是巨大的，也取得了阶段性的成效。

人生多少繁华，转眼如过眼云烟。有些事不是我们善忘，而是败给了时间。我们的发展历程，有顺境，也会有逆境，总要经历点什么。所以我们要学会在风雨中奔跑，也要能静下心来在阳光下喝杯暖茶。

时至 21 世纪 20 年代，广大农村已经脱贫，奔上了小康之路。不久，一个豪迈响亮的声音响彻中国大地：中国要强，农业必须强；中国要美，农村必须美；中国要富，农民必须富。民族要复兴，乡村必振兴。

强国必先强农，农强方能国强。人们兴奋欣喜之余，不禁会问，在中国式现代化的图景中，乡村应该是一个什么样的情景？我们要搞共同富裕，先富带后富，把后富的往前推一把；钱赚得再多，不讲精神文明不行，我们的乡风民俗要文明；生态和经济要和谐，个体现代化、村里脏乱差不行……乡村振兴要和这些国之大者结合起来。

这就要求我们从中国式现代化的广阔视域下，去理解把握乡村振兴的核心要义，将中国式现代化的普遍要求和以乡村振兴为总抓手的三农工作具体实践相结合，更好地发展农业、富裕农民、建设乡村。

农业农村现代化是中国式现代化的重要组成部分，全面推进乡村振兴，必须着眼大局全局。当前我们正处于不断缩小城乡差距、推进农业农村现代化的历史关口，解决乡村问题的答案不只在乡村。只有把乡村振兴和"国之大者"结合起来，振兴的成效才更好，现代化的成色才更足。把乡村振兴和"国之大者"结合起来，才能让乡亲们的生活越过越兴旺。

无农不稳，无粮则乱。对我们这样一个有着 14 亿多人口的大国来说，粮食和重要农产品稳定供给始终是从中央到地方的头等大事。只有农业强了，农产品供给有保障，物价稳、人心安，经济大局才能稳住。从整个国家来讲，已经实现了全面小康，接下来的任务便是要走推进农村乡村振兴、共同富裕的道路。

随着乡村振兴战略的实施和推进，城乡"二元对立"的社会结构发生了巨大变化。尤其是农村的变化，正在经历最为深刻的也是最为复杂的变革。农村各地贫困的原因各有不同，乡村振兴的招数也有所不同。

邵武历史上就是一个工业城市，而不是农业城市，也不是个以农业为特色的城市。邵武的城市名片就是工业，乡村工作现场会能在邵武召开，说明邵武的农业与乡村振兴得到了一定的认可。邵武好在哪里？好在人杰地灵、好在红色基因、好在绿色生态、好在工业强市、好在开放文明。这五句话不是口号上的重视，而是实打实干出来的。邵武人民有争创一流的性格，一张蓝图绘到底，有拼的劲、抢的劲、创的劲。邵武是国家产粮大县，还有占全省五分之一的烟叶，烟叶品质非常高。邵武是国家制种业大县、国家竹荪大县，同时还有很多土特产，比如碎铜茶，是世界两大奇茶之一；邵武的百香果，是福建一号百香果，进入世界五百强海亮集团明康汇的仓储超市；还有高峰的高山猕猴桃、台湾莲雾、邵武沙田柚等。邵武是离台湾最远的闽台农业融合示范园（全省九个），影响力却不一般。邵武的黄精是国家地标，是农业农村部唯一的多花黄精良种繁育基地，入选福九味特色产业集群。竹产业方面，邵武占了全国毛竹林的1%，但产值是全国的1/70，是全国竹产业链最完整的县域。邵武有两条完整的产业链，是中国竹家居之都、中国特色竹乡。邵武已获评福建省 2023 年度促进乡村产业振兴、改善农村人居环境等乡村振兴重点工作激励县，正在申报全国乡村振兴示范县，2019 年获得全国首批村庄清理行动先进县。

乡村振兴中林业振兴是个大篇幅，方方面面，涉及广泛。邵武森林生态银行林下空间流转机制入选了国家林草局第三批林业改革典型案例，当地政府注重规划统筹、区域布局，比如邵南是农文旅融合示范区、邵东是现代特色农业示范区、邵中是工贸融合示范区；村庄规划完成了 94 个，通过规划来留足发展空间。邵武的黄精、竹等重点产业都有每年 1000 万元的基金。土地方面，邵武做了大量的宅基地复耕、未利用地的整治、县级土地开发等。

03 敬畏自然

最美的风景，总是要历经风风雨雨、千山万水。

中国在乡村振兴行进的路上，首先值得肯定而且毫无疑问的是，在建设"望得见山、看得见水、记得住乡愁"的美丽乡村中，这几年全国各地的力度都很大，有许多可圈可点的地方。但不可否认的是，在乡村建设过程中，亦有过不少偏差与教训。一些地方在行进中走了样。譬如：在整治建设过程中建大亭子、大牌坊、大公园、大广场等"形象工程"，偏离村庄整治重点；或者照搬城市模式，脱离乡村实际；有的甚至存在破坏乡村风貌和自然生态等突出问题；一些村庄绿化采用草皮、灌木修剪等城市园艺手法，不利于村庄后期维护；部分村庄还存在水泥过度硬化、透水不足等问题。这造成草皮、灌木等城市绿化维护成本高，水泥硬化过度，透水不足；有的地方则推山削坡、填塘砍树以及溪流、沟渠驳岸硬化过度等破坏乡村风貌和自然生态的行为。

我们都只是这广袤宇宙中的一粒尘埃，乡村建设要敬畏天地之道、敬畏乡村原野、敬畏哺育我们的一方水土。这些脱离实际的"形象工程"，毁掉的是广大农村的基本面貌，抹掉了我们久违的乡愁，是我们回不去的乡村。田间小道小石桥老旧且已斑驳，满是青苔的老土墙，是否还能看见？

从旅游层面讲，这是一种无知无畏的表现，这样的乡村不是美丽乡村，而是纯粹人为的野蛮破坏。所以有识之士看到这些情况无比痛心地说："如果乡村建设都向城镇看齐，乡村将毫无美感也毫无特色可言了。我们必须理性开发、理性建设美丽乡村，不为一时之念而毁掉了千百年的古村风貌。"

鸡鸣三声，黎明即起，洒扫庭除，不亦乐乎。

这是先辈们代代相传的人间烟火。但一些地方脱离现实，为环境而不顾农民的生产生活，强推一些高大上的做法。比如房前屋后，种瓜种豆，这本是农民祖祖辈辈形成的一种生产生活模式。它的最大好处就是农民可利用零碎的空闲时间，就近解决自给自足的生活需求。但一些地方却只让种植花草，不许种瓜种豆。农民大把的闲散零碎时间被浪费，却还要花钱去集镇上买各种蔬菜。鸡鸭鹅成群、猪牛羊成圈，曾是体现农民富裕的写照，而今的乡村再也见不到这种景象。为了环境，禁养家禽家畜已成了普遍的乡村规则。从生活方式看，农民的肉蛋需求原本就是来自这些自家喂养的禽畜。从生产方式看，植物是生产者，禽畜和人是消费者，人以消费种子果实为主，禽畜以消费茎叶为主，然后人禽畜的粪便再归地还田，作为下一轮生产的肥料，这是一个大自然安排的生态循环规律。而没有家家户户养殖禽畜的消费，便打破了这一自然规律。集中养殖是适应现代化工厂化生产的新方式，问题是集中养殖后的粪肥到不了家家户户的田里。化肥农药猛上，土壤质量下降，农产品再无法优质。原先一般农家房前屋后都要栽植多种果树，一是自用方便，二是美化环境。但一些地方却要求整齐划一，要么全村都种常青树，要么全村都栽种一种果树。农民没有选择权，不仅造成景观单调乏味，也使人们多品种多口味的水果需求化为泡影。过去那种在家门口即采即食的方便生活方式烟消云散。

这样的后果，是制度设计者不了解也不懂农民。从生活空间看，农民的家里需要放置如铁锹、水桶、绳索、扁担等一些随时备用的简单农具，临时堆放刚刚收打下的农产品，大多数人家里还要放置如机动三轮等小型农机具。

理想不是现实，脱贫攻坚决胜之后，中国农民才刚刚摆脱贫困，在这样的背景下要求建设一个仙境般的新农村是不现实的。只有实实在在、脚踏实地、摒弃子虚乌有的理想梦、尊重常识、尊重现实、因地制宜，让乡村充满烟火气、让农民真有幸福感，才是乡村振兴的要义。

在新一轮"千万工程"乡村振兴战略的号召下，乡村踏上了寻求自身发展与复兴的道路。然而，尽管政府投入巨资，不少乡村的发展依然未能达到预期效果，甚至陷入了投资浪费、设施闲置、民怨沸腾、发展停滞乃至倒退的困境。其原因一是定位模糊，缺乏对乡村自身优势的深度挖掘和精准定位，一味追求表面的"高大上"而忽视了内在价值的转化；二是产业选型盲目，未能结合实际，盲目跟风，忽视了科技农业、文化创意产业等新兴业态的潜力，错失了差异化竞争的机会；三是急功近利，决策时往往过于急躁，追求短平快的效果，忽略了乡村发展的长期性和复杂性，缺乏循序渐进的战略布局；四是生态和文化资源的浅表开发，对乡村生态和文化资源的理解停留在表面，未能有效转化成可消费的生态产品和文化产品，导致生态和文化价值无法变现；五是决策能力不足，决策者对市场趋势、乡村业态的未来走向缺乏准确判断，决策水平不高，导致盲目跟风现象频发。乡村发展项目一旦偏离了正确的决策轨道，巨额投资可能换来的不是产业的兴盛，而是设施的荒废和资源的浪费。规划与设计的高大上并未转化为经济效益和社会价值，反而加重了乡村的经济负担和民众的不满情绪。特色产业的缺失，使得乡村无法吸引稳定的游客流量，这种"昙花一现"的发展模式，不仅未能激活乡村经济，反而加剧了乡村的空心化，破坏了原有的生态平衡，使乡村陷入了更深的发展困境。

2024 年 7 月，福建省纪委监委对 5 起乡村振兴领域不正之风和腐败问题典型案例进行公开通报。

为官一任，造福一方，这是每个为政者的追求。追求政绩没有什么不对，但要树立正确的政绩观，所出的政绩要经得起实践的检验、民众的检验、历史的检验。那种不顾群众需要和当地实际，不惜利用手中权力大上滥上劳民伤财、浮华无效工程，这是好大喜功，纯为自我标榜的政绩，是虚浮的政绩，不仅群众反感，也害人害己，多有后患。

有则寓言让人深思：一群人急匆匆地赶路，突然一个人停了下来，旁边的人很奇怪他为什么不走了。停下的人是一位智者，笑了笑回答，走得太快了，灵魂落在了后面，我要等等它。

中国的乡村经过数千年的历史积淀，形成了丰富多彩又符合规律的自然生态和社会生态两大系统。山水田园、路树沟渠、屋宇院落，都经历了时光的磨洗、环境的考验、习俗的应对、物种的竞择，都具有存在的合理性。但是一些地方强行拆旧村建新村，将房屋都盖成一个模式，绿化都栽植一个树种，道路横平竖直，禁养各类禽畜，几千年厚重的历史没了踪迹，多姿的文化淹没于单调的空间，诗意的栖居变成了乏味的存在。这种现象不是对传统文明的继承，而是对传统文明的破坏。

有识之士认为：中国乡村的变迁，是迭代而不是换代。因此，精准把握未来乡村建设的发展走向、功能定位、价值逻辑及思维方式，是乡村振兴稳步推进的关键。给农民一个既宜居又宜业的家园，是乡村振兴最重要、最核心的内容。鞋子合不合脚只有穿鞋子的人自己知道。因此，乡村振兴一定要突出农民的主体地位，让农民说了算。不能只顾宜居不顾宜业，更不能以旁观者的眼光去定位是否宜居宜业，这是我们未来乡村建设的大逻辑、关键点、要害处。

未来到乡村休闲养生的人群中，以老人为主。我国"未富先老"的状态已经呈现，农村老龄化进程比城镇更快。乡愁是中国人对家乡的特有感情。游子"叶落归根"，商人"衣锦还乡"，官员"告老还乡"。泱泱大国，炎黄子孙，对于家乡的情感关系不言而喻。

中国正在高速推进城镇化，新中国成立伊始，城镇化率仅为16%，发展到今天已经超过60%，而邵武则达到了80%以上。自20世纪50年代到80年代，从乡村走进城市的几代人是一个庞大的群体，很多人还长期处于"一脚城里一脚乡"的两栖状态，他们对乡村的记忆和怀念深深地刻在脑海里。乡愁也是这几代人特有的情感，是属于他们的集体记忆。

留住乡愁，就是为他们留下那段挥之不去的集体记忆。因此，乡村建设必须坚守"迭代"而非"换代"的理念。所谓的迭代，即在原有的基础上进行改造，而不可推倒重来，务必尽可能多地保持当地特有的原生态格局、原乡土风貌、原民俗韵味。乡村振兴作为全党工作的重中之重，各级地方政府的管理重心大幅度向乡村工作倾斜，这对于底层的乡村而言是重大的利好消息。在乡村振兴中，充满了专家们关于乡村振兴的各种观点、思想和主意，却很少听到农民的声音、看到农民的身影，其研究符合理论的逻辑和标准，但与真实乡村和农民关心的问题没有多大关系。

世间万物应遵从自然规律而存，一切均要崇尚自然、尊重自然、亲近自然、顺从自然。遵循自然规律是中国农业得以千万年传承、生生不息的根本。我们智慧的祖先想问题、办事情从来都按照这一思维方式谨言慎行，不越雷池。这些思想的精华、思维的逻辑，应成为我们乡村建设必须继承和发扬的核心。历经千年的积淀，一些切实可行、长盛不衰的乡里制度，耕读传家的家风、家训、家教等优秀传统文化，都有着极大的现实意义和历史价值。岁月极美，在于它必然的流逝，落红深处有冷暖，世事沧桑也寻常。总有起风的清晨，总有绚烂的黄昏，也总有流星的夜晚。传承农耕文化不可只重表象，丢弃本质；不可只重形式，失去精髓。我国的城镇化率上限为70%，意味着未来将有几亿人仍然生活在乡村。

04　铁城篇章

日月经天，江河行地。邵武的乡村发展一直比较平稳、务实、坚定。多年来邵武在全面推进乡村振兴的道路上脚踏实地，一步一个脚印，因地制宜、注重实效，坚持多做打基础、惠民生、利长远的好事实事。立足于地域之特色、资源之禀赋，邵武解决好农业农村发展最迫切、农民反映最强烈的实际问题，把富民政策一项一项落实好。

这是一本全国仅有而独特的书，极具特色，即《邵武市"一村一档"村（社区）情况调研报告汇编》。汇编共分4卷、近120万字。翻开该书，邵武全市182个村（社区）的情况一目了然，随时可查阅可靠的信息。其内容包括：村情概况，党组和党员队伍建设，村干部队伍建设，经济发展，乡村治理，2018年以来主要工作成效，"十四五"期间乡村振兴主要思路，村级组织换届村情预分析，当前要解决的问题，五年内村庄要解决的问题等。一书在手，能了解掌握村一级的村情民情等概况，以便于形成高质高量的调研报告提供参考依据，确保号准脉、下准药，基层研究问题、分析问题、提出解决办法，决策有底气、有方向，提升"一村一档"质量和实际效果。邵武乡村振兴有着它城它县不同的风格与模式：一是充分发挥农村基层党组织的核心作用，坚持五级书记抓乡村振兴，推动各项政策措施、工作任务落地落实。开展"百家机关联基层，千名干部进村企"行动，全市180家市直机关与事业单位分别定点挂钩182个村（社区）和122家规模以上或重点企业，实行乡村振兴指导员、下派第一书记、科技特派员、驻企服务专员、创城志愿者等五支队伍联系基层，实行服务企业全覆盖，为全市4/5以上乡镇及2/3以上城区人口提供精准服务。围绕"一镇一品""一村一产业"工作目标，持续巩固林地使用费征收成果，结合推动农村集体产权制度改革，加大党组织引领下的"村社合作"力度，推广一批发展壮大村级集体经济的试点项目，鼓励乡村产业项目由小到大、由短向长发展。

二是"五谷丰登"方案壮大村财。邵武市持续深化跨村联建机制，盘活碎片化闲置资产、山林耕地等资源，打造鲜花谷（鲜花产业）、林栖谷（林产业）、金穗谷（水稻产业）、瓜果谷（水果、蔬菜产业）、中药谷（中草药种植产业）等农业发展型"五谷丰登"党建富民强村品牌。至2023年9月已有31个行政村围绕"五谷丰登"产业建立跨村联建，实施共建项目33个，带动村财年均增收100余万元。活化机制让乡村美起来，邵武市牢固树立绿水青山就是金山银山的理念，主动融入南平环武夷山国家公园保护发展带建设，连接南平环带251生态旅游环线，开发衔接武夷山世界文化与自然双重遗产至泰宁世界自然遗产的风景廊道，以人为本打造形神兼备的富春山居图。

三是环境整治再发力。邵武市巩固全国村庄清洁行动先进县和全域无垃圾成果，建立生活垃圾治理常态化机制，将环境整治与河长制、林长制、路长制等工作有机融合，形成长效机制，涵养乡风文明。进一步推进"绿盈乡村"建设，目前，135个行政村已获批初级、中级、高级版"绿盈乡村"，拿口镇获评"绿盈乡镇"。2022年邵武市荣获国字号"绿水青山就是金山银山"实践创新基地金字招牌。

四是三产融合，让村产旺起来。邵武市因地制宜发展特色产业，推动农村一二三产业融合发展，不断拓宽农民增收致富渠道。打造现代粮食产业体系，通过优化粮食种植结构、高标准农田建设、撂荒地复耕复垦等方式，全方位夯实粮食安全根基。2020年以来，邵武市粮食种植面积始终保持在47万亩以上、实现产量18万吨以上，高标准农田建设项目进度走在全省前列。

近几年来，邵武市在粮食等主导产业的基础上，构建了以竹业、烟叶、种业、中药材、茶叶为重点，辐射培育肉兔、肉牛、百香果、食用菌、渔业等产业的"5+N"特色产业体系发展；2022年邵武茶叶产值4.6亿元，中药材产值1.02亿元，食用菌产值3.59亿元，有一村一品村18个（国家级1个、省级7个、南平市级10个）；以争创种业大县为契机，打造以水稻制种为主，多花黄精、猕猴桃、竹荪等为支撑的"1+N"种业发展模式；2022年推动杂交水稻制种面积4.35万亩，居福建省第2位；与中科院武汉植物园合作，建立猕猴桃良种繁育基地，实现年出苗量100万株；抢占菌种种业生产高地，成为全国最大的竹荪种植基地；以福建康森生态养殖有限公司为平台，推进肉兔全产业链建设，打造福建省最大的肉兔养殖基地，实现年产值4000万元。

五是促进增收，让农民富起来。邵武市巩固拓展脱贫攻坚成果同乡村振兴有效衔接，坚持补短板惠民生，保障建立增收模式。全市21个脱贫村村级收入稳定在10万元以上，村集体经营性收入均不低于5万元，坚决守住不发生规模性返贫的底线；实施专业化农民"提能增劲"工程。举办高素质农民培训班，2023年来，邵武市已开展线上培训8期计2600余人，线下培训2期计160余人；加大农民就业帮扶力度，免费为贫困劳动力开展求职登记、职业介绍、政策咨询服务，及时提供企业招聘信息和职业培训信息；运用南平人才网、小程序、微信等现代化服务手段，为用人单位和贫困劳动力牵线搭桥，引导贫困劳动力就近就地转移就业，实现就业人数占有就业意向人数比例和成功培训人数占有培训意向人数比例的两个百分之百。

六是创新农民增收模式。邵武市创新建立回归经济、庭院经济等模式，推动特色现代农业发展，带动农民就业创业，拓宽农民增收渠道，提升农民生活品质，2023年全市农村居民人均可支配收入达2.53万元。其中，福建华至生态农业有限公司回归经济项目，投资6000万元流转土地2343亩，进行猕猴桃、哈密瓜、火龙果等特色水果种植，带动村财年增收3万～5万元，村民创收200余万元。和平镇危冲村枫林窑庭院经济，建设枫林窑非遗体验馆，开发枫岭复古瓷器DIY旅游产品等，带动全村30余户从事青白瓷制作，年产值可达400余万元。

不积跬步，无以至千里；不积小流，无以成江海。

邵武乡村振兴的一些做法与经验，在不经意间引起了人们的关注。不少兄弟县市纷纷到邵武开展考察，实地感受邵武乡村振兴的活力律动。取经者们详细了解邵武美丽乡村规划、农村人居环境整治、古建筑保护、乡村产业发展等方面的经验做法，高度赞赏邵武在提升乡村风貌、改善人居环境、古村落保护、做强特色产业等方面取得的成效，表示要将邵武"千万工程"的先进理念和经验做法带回去，结合自己的地域特色，加快美丽乡村建设，拓宽群众增收致富渠道，推动农村经济发展，扎实推进乡村振兴和绿色高质量发展。

第二章

01　悠悠水路

桃红柳绿，日丽风和，我踏上前往邵武的路。田野之中但见绿树绕村庄，清水满陂塘。映入眼帘是桃花红、李花白、菜花黄，大自然尽显五彩斑斓。呼吸着林间清新芳香的空气，让人顿生盎然与惬意。

乡村振兴的路在远方，亦是从脚下开始，向前延伸。

常言道：要致富，先修路。这是国人多年来解决三农问题一路走来的一句口头禅、一种共识。

形容大山之峻岭，东来云雨仰止，西至风雪却步。邵武山脉横亘东南，山高岭陡，云深林茂，以至于人们大多不喜欢山，因为山有悬崖峭壁、嶙峋耸峙，让人望而生畏；因为山路崎岖、行走艰险，让人跋涉辛劳；因为有大山的地方交通闭塞，让人出行不便。还因为有山的地方往往让人想到穷山恶水、荒山野岭、贫困落后。于是有人想方设法逃离大山，逃离封闭与落后，要到那繁华的都市、开阔的平原、发达的沿海谋求发展。

大山横亘的山区不容易接受现代潮流的冲击，现代文明的步伐也因为山的重重叠叠，而不得不放慢了脚步。因为山的阻隔，山区的建设、山区人民的现代生活享受和精神享受远比平原地区、沿海地区人民差了几个档次。大山的横亘与艰险，成了邵武开放开发、引进外资、发展工业、加快经济建设和发展的短板。大山，虽然有大片的树木，喷射着高量的负氧离子，摇曳着清新的风儿，却没能让山乡里的农村人感受到多少愉悦快慰。一个"穷"字使人生活拮据，愁眉苦脸。

李白的一首《蜀道难》，让世人都知道从中原进入四川的不易，蜀道之难，难于上青天。其实，在华夏大地上，行道难的不只是蜀地。进入福建的闽道之险峻，比之蜀道有过之而无不及。倘若李白当年到过闽北大山，定然会发出闽道之难比蜀道更甚的扼腕之叹。

邵武多山，山高水深，棘多林密，鹅峰邃谷，险阻坎坷举目皆是。但山高自有客行路，有隘便有古道存。自古以来世间本就没有路，全凭人们在同自然界的斗争中，为生存讨生活，为糊口过险登峻、上山围猎；遇山开路、见水开道，久久为功；铁杵成针，水滴穿石，渐渐形成许多不规则的山路。

当然，李白的蜀道难、难于上青天。只是诗人的抒发与感受，是文者的绝唱。人们更敬佩的是诸葛亮的胸怀，一篇雄文出师表，显雄风、惊天下，令人肃然起敬。军队在途中遇到的千难万险，不可言状，但在出师表中没有一个"难"字。

时至今日，同样道路难、修路难，但邵武人亦像当年的诸葛亮一样，千难万难不言难。

在农耕时代，大自然赐予的水运，在先人眼中便是当今人的"高速公路"。回顾过去，在相当长的一段时期，邵武由于陆路不通走水路。码头成为入闽出省的重要交通枢纽，水运造就了邵武的千载繁华。从中原来的货物，到了邵武搬上船只，从这里运往闽江下游的繁华之地；而从闽江下游运来的货物，则从邵武盘上小船，翻越杉关，源源不断地进入中原腹地。在20世纪20年代初期，邵武就有造船工业，当时的造船工匠，多为江西贵溪与临川人，但未形成规模，仅属个体分散经营的手工作坊。

据《邵武府志》载，明弘治十五年（1502），邵武大小船只就达近1000

艘。清初鼎盛时期，日有大小船只上千艘往返于光、邵、榕之间。民国时期，船民没有组织，船老板自己找货源，有多少就运多少，客货兼运。1919至1925年，邵武销岸配盐平均每年23万多担，以每艘船载盐200担计，每年需1000多艘次船贩运。江西鸡公船帮和闽清麻雀船帮为了争夺航道和停靠站码头，常有争斗，其篙桨是争斗时的上乘武器，有争必赢。江西鸡公船帮曾长期控制溪河航道，直至1911年才被闽清船帮所取代。这种长途运输船帮，与其说是工帮，不如说是商帮。

邵武下运的货物多属大米、茶叶、香菇、笋干、连史纸、夏布等，直运福州的仅粮食一项年运量就达16万余担（每担80千克）。返航捎回海味、食盐、糖果、布匹、百货等，若空船返回，既费力费时，经济效率反而更低。故当时有部分船主，卸货后直接将船卖掉，回来再置。邵武为木材产地，工价低廉，有利可图，运费利润双收，这是闽江上游富屯溪航运的一大特色。

从事水上运输生产者，纯属个体户，有船主、船民、船工之分。船主又叫船老板，包揽货源，雇工撑船，牟取高利，拥有一定生产资金和生产工具，他们拥有船只3～8艘不等。船民有自己的破旧小船，自找货源，自己撑船，人力单薄，常受船主的排挤压榨，又得应承政府的差遣，稍有不慎，便会遭到扣船、封船的厄运。船工是水上运输生产者地位最底的，他们没有生产工具，完全处于被雇用地位，终年为船主卖命，仅堪糊口，生活十分清苦。

邵武船分麻雀船和鸡公船两种。麻雀船有三种型号："四仓九"，载重4吨；"小五仓"，载重5吨；"大五仓"，载重6吨。麻雀船呈首尾双尖微翘，圆底，吃水深，小巧灵活。平均每造一只船需40工日，造价100银圆。鸡公船的船首昂起，平底，吃水浅，宽3米、长12米，大号高2.8尺，载重6吨；二号高2.2尺，载重5吨，航行较稳，每只造价200银圆，需70多工日。无论是麻雀船还是鸡公船，造船均是用松、杉、樟木料，松木做船底，杉木做船壁，樟木做骨架及甲板，船篷用竹篾、竹箬，手工编造。

邵武到福州的水路有近400千米，顺流而下，一般要5～7天。船只回程捎回海味、食盐、糖果、布匹、百货等。从福州到邵武由于是逆水而上，要靠人工拉纤，行程要半个月左右，成本比较高，船只所赚不多。

除了船只以外，邵武的竹筏也起到很大的作用。竹筏也叫"竹排"，是将当年的新毛竹削去表皮，目的在于减轻重量、增加浮力，但靠底部一面，必须留青，方可耐磨。尾部经火烤弯曲上翘10°～20°，头、尾、中间横向穿孔，贯穿便打进直木，联结成筏。用5～7根毛竹联成的为小筏，俗名"鸬排"，轻便灵活，可穿行窄滩浅滩，也可漂于洪流波涛之间，多作捕鱼用，有时可乘之捞取漂木。用16～18根毛竹联成的为大筏，上罩木架，可载人或装货，每筏可载重500千克，下水可增至1000千克，是水上轻便的运输工具。大溪境内段上自和顺，下至水口寨，无论枯水、旺水季节，都可行驶。大溪、上源金溪及支流古山溪、同青溪等，都为竹筏的用武之地，在未通公路以前，农村粮食及副食品，山区的柴炭、山货，都用竹筏运进城销售，捎回盐、糖等日用品。

邵武能通行木帆船的航道只有富屯溪干流，上溯光泽，下驶福州，全程420千米。邵武境内段从和顺至水口寨航程90千米，邵武至福州航程360千米。顺流而下5天可达，逆水则视水位的高低而定，少则10天，多则20天甚至一个月不等。

邵武是木竹生产基地，但很少用木帆船运输木竹，而是采用溪河流放形式。其分两段作业：第一阶段，将竹木从山上砍伐后，集运到小河边，顺水漂下，有时河窄水浅，还得沿线筑坝拦水，逐段漂送，俗称"赶羊"，又名"散筒流放"。富屯溪上源金溪以及一些支流如古山溪、故县河、同青溪，在涨水季节均可流放。第二阶段，为排运，即散筒流放入富屯溪，然后在东关三官堂至财神庙码头（现中山码头至东关大桥河段）扎成竹排或木排航运，称为"捎排"或"放排"。将原木按2米宽排好，以3根2米长的硬直木棍为纬，用竹钉、竹篾捆扎串联而组成木排，再把6段木排连在一起，在其两端装上头捎和尾捎，就成为"一联"，两联合并叫"一合"，联宽2米，合宽4米，长度则均为24～30米，河道狭窄处联放，平宽处合放。

由于放排时间长，每两合木梢搭一窝棚，内设灶床，供人吃住。富屯溪常年均可放排，不受季节限制，最多的是七八月，木头年运输量约 2000 立方米左右。

木头在砍伐地剥皮后待自然风干，来年春夏季节水量丰富时，将一根根木头在崇山峻岭的小溪流里"放羊"。就是沿着水边由上至下把木头或毛竹放到山下后，再让木头一根根随流而下，靠水力自然送到小溪流与大溪的交汇处。

由于顺流而下的木头对沿岸的河堤破坏较大，"放羊"的形式渐渐被"赶羊"所替代。"赶羊"是在河边将木头钉上竹钉，用竹篾或藤条捆扎，数十根一排，三四排连在一起，放排工三五人一起，"放羊"逐流。每遇到村庄或险滩的时候，排工们往往十分兴奋，会赤裸着上身，昂首高唱船工号子。而水击木排，浪花四溅，甚为刺激。这情景引得岸边妇女儿童不断发出尖叫惊叹。放排前，有一道重要的仪式要举行。放排人在码头点香、蜡烛，倒 3 杯酒洒在河滩上祭河神，口里念念有词，说吉祥话，祝放竹排一路顺风。

邵武民谚曰："天苍苍，地茫茫。一滩高一丈，邵武在天上。"

自盘古开天地，人类便择水而居，傍水而栖，因为水润泽万物、滋养生灵，孕育了人类与文明。百地因水而兴，千城因水而盛。但凡一个地方有了清河流水的相伴，定然是物华天宝、人杰地灵，百业兴盛、吉祥安康。

清同治十二年（1873），基督教美国波士顿总会设在福州的"闽中协会"为扩大传教区域，派遣美籍传教士和约瑟、吴西面、力腓力与医生惠亨通、柯伟良一行来到邵武。当时福州到邵武的陆地交通极为落后，福州的教会人员便是从水路来到邵武，他们在山区传教的同时传农业、传医学、传文化。清光绪五年（1882）邵武成立了传教总堂和医疗馆，尔后相继开办了学校和医院。1885 年，美国波士顿总会又陆续从福州派遣美籍人福益华、多察理、柏恒丽等十数人先后到邵武开设圣教医院、汉美中学、乐德女子中学及小学、幼稚园、农林试验场、奶牛场等；到 1925 年，已开设中学 2 所、完备高级小学 5 所、初级小学 15 所、幼稚园 2 所、神学院 1 所、妇女圣经学校 1 所以及十余个医诊室。

1938 年，福州基督教会在福州开办的福建协和大学、格致中学、文山女中和一些机关企业、银行、金融保险先后内迁到邵武，包括一大批教职员工和学生。这一切为落后、封闭的邵武山城带来了现代的医学、教育、农业生产等方面的繁荣，更带来了先进时尚的文化理念。

当时这些人员和物资，包括后来的美籍传教士詹雨时、潘德惠夫妇等人带来的大批西药和医疗器械，均是通过水路由福州运抵邵武。在这条传递物质与文化的河流上，福州文化圈内的闽清人亦起到了很大的作用。在潜移默化中，富屯溪把闽都的优秀文化源源不断地带到了邵武。

在没有公路的年代，水路为一个地方的发展立下了汗马功劳。但比之公路，水路又有局限性，仅靠窄小与忙险的水路难以承担一个地方的发展大任。

02　三级公路

闽北大山的阻隔、道路的坎坷泥泞，成了邵武开放开发、引进外资、加快经济建设发展的短板。大山，遮蔽了邵武人的视线，行走之难，给生存在高山之巅的乡夫村民带来了艰辛和贫穷。新中国成立前夕，邵武全境通车公路不到几十千米。

青灯黄卷，有史可证。

邵武的第一条乡镇公路的建成，还得益先于公路的铁路。1953 年底，邵武陆续来了几支铁路勘探队。他们为准备修建鹰厦铁路打前站，根据铁路东、中、西的初步选线方案，进行了现场勘探。其中的中线方案是：北起鹰潭站，向南途经江西省的贵溪县、资溪县，穿越福建省的邵武、延平等县市，终点为厦门市。该线路获得绝大多数专家的赞同，经中央审核最后拍板：鹰厦铁路采取中线方案，铁路线经过闽北重镇邵武。邵武将是这条铁路运转的一个中心枢纽。由此，邵武迎来了新中国成立以来一个重要的历史发展机遇。

鹰厦铁路全长约 700 千米，由王震指挥的中国人民解放军铁道兵负责修建。其中江西省内有 72 千米，由铁道兵负责。福建省内有 625 千米，由铁道兵 8502 部队以及另外 5 个师的部队负责修建。铁道兵总指挥部设在福建省南平市，全线共分 11 个工程段，部署了 8 个师和 1 个桥梁团。

1954 年冬，经铁道部批准，决定对鹰厦铁路采取"边设计、边施工、全线铺开、全线施工"的修建方针。铁道兵部队奉命向鹰潭开拔，为正式施工做好前期准备。

鹰厦铁路即将动工兴建的喜讯一传开，闽赣两省群众欢欣鼓舞，许多青年男女争先恐后向当地政府报名当民工，参加修建鹰厦铁路的民工有 12 万、铁道兵 8 万。

红旗招展、人气会聚，浩浩荡荡的队伍沿铁路修建线一路驻扎。邵武县成立了鹰厦铁路邵武筑路委员会以及支前委员会，各区成立支前小组。进入邵武的人马有 3.1 万人，其中民工 2 万人、铁道兵部队 1.1 万人。

修建铁路的物资供应和军民的给养任务十分繁重，大批人马的进驻，使得东关一带包括整个邵武城区的物资供不应求。原来计划富屯溪水运，整修各口岸的码头，以便停靠装卸物资。但邵武经过综合考虑后，认为水运不是好办法。修整码头需要一大笔财力和众多的人力，耗费巨大。但将来铁路一旦贯通，水运码头就使用得少。不如沿富屯溪修筑简易公路，改水运为陆运，不但能保证水位枯期的运输，还不至于耽误筑路的限期，而且今后县境内沿河有了公路，运输方便，对邵武地方的发展有利，一举两得。这个方案得到了大家的一致赞同，但此事关系到公路建设，耗资巨大，包括军队的粮草供应一时难以解决，必须得到铁道兵部队的支持。这个计划很快就得到部队高层的批准。

修建公路的计划批复下来，对邵武来说是一件大好事。邵武在短时间内动员了几千名民工，开始全面铺开施工场面。从邵阳公路的分站开始修建至铁罗、吴家塘，再经新屯渡伸展至龙潭，过千岭到拿口、卫闽、陈坊、水口寨接通到顺昌县境内。

1955年6至8月，由来自莆田、福州地区的民工突击修建了从铺前到卫闽长37千米的公路便道，解决了修筑正线时的材料机械给养运输问题。共投入39.9万个工，建成了贯通沿富屯溪的公路，这也是邵武乡镇公路的第一条线路。

1957年4月12日，鹰厦铁路全线开通运营，促进了闽北森林资源开发。闽北邵武成了交通领先的佼佼者。那时候，邵武是福建省一个重要的交通枢纽，不仅有机务段、车务段、工务段，还有铁路大修段、铁路轨枕厂、机修工厂等，地方上则有省里的派驻机构，如纺织站、盐业站、石油站、医药站、五交化站等二级中转站。

20世纪90年代，邵武的公路主要由国道、省道、乡村公路组成。经过邵武的国道只有一条，即国道316线，它是国家主干线公路。起自福州，终于甘肃兰州。

国道316线邵武段从顺昌县大干镇入境，经水口寨、卫闽、拿口、大竹、吴家塘、晒口、市区、龙斗到沈家边出境往光泽，计81千米，工程分3期投资建设。

1994年9月1日，316国道一期工程开工，总投资1.38亿元，为福建省利用世行贷款路网改造项目。线路起于拿口镇，经7个乡（镇）、街道，终于市区，全长39千米，其中12千米为12米宽路基，9米宽水泥路面；28千米为8.5米宽路基，7米宽水泥路面，为山岭重丘二级公路，1996年7月竣工。

1995年8月5日，316国道二期工程开工，为福建省、南平市、邵武市三级投资新建项目，总投资6252万元。线路起于洪墩镇水口寨村，与顺昌县大干镇相接，经洪墩、卫闽、拿口3个乡镇，与一期工程相连，全长24.55千米，路基宽12米，混凝土路面宽9米，为山岭重丘二级公路，1996年8月竣工。1996年1月，国道三期工程开工，为省、南平市、邵武市三级投资新建项目，总投资3050万元。线路起于市区，与一期工程连接，终于水北镇龙斗村沈家边自然村，全长 17.91 千米，路基宽 12 米，水泥混凝土路面宽 9 米，为山岭重丘二级公路，1996 年 12 月竣工。

316 国道城区段拓宽改造工程，城区段拓宽改造工程华光路福顺桥至寿山桥，线路全长 1.072 千米，完成投资 800 万元，工程于 2007 年 11 月 8 日开工，2008 年 5 月竣工并通过省交通厅核验。

316 国道邵武过境线项目，路线起自 316 国道同青桥，经莆坪村、芹田、下樵岚、水尾，终于水北镇王亭村，接现有 316 国道，线路全长约 21.5 千米，新建二级公路，路基宽度 12～26 米，新建大中桥共 9 座，新建双孔隧道 1 座，总投资 41980 万元，2014 年 12 月开工建设，2017 年 8 月竣工通车。

第二是省道。省道 205 线邵武段，起自界首，经分站、下沙、故县、东关大桥、316 国道、城南大道、廖家排、南板桥、曹源圳，终于大埠岗镇江富村，由水杉线和邵泰线组接而成，全长 63.56 千米。1995 年 9 月 6 日，竹浆厂路段公路改线，总造价 151.76 万元，同年 11 月 30 日完工。

城南大道（邵泰线啤酒厂至城郊华盖寺段改线），按城市二级主干道标准建设，全长 4.392 千米，路基宽 36 米，城南大道一期工程于 2003 年 6 月 18 日开工建设，2006 年 10 月 16 米宽机动车水泥路面全线贯通，总投资 2603 万元。二期工程于 10 月份移交市建设局组织实施。

解放路水北大街道路改造工程，项目全长 1.849 千米，工程设计分 3 个路段实施，总投资 960 万元。该项目 2008 年 8 月 5 日开工。

省道 205 线邵武故县至江富公路改造工程，起于故县，经东关大桥、廖家排、城郊、许坑、危家坪、外南源、下炉、南板桥、大坡、大埠岗、曹源圳、终于江富（与泰宁相接），线路全长 43.42 千米，完成投资 13360 万元。改造工程分二期建设，继一期工程故县至茅岗 9.09 千米路面改造完工后，二期省道 205 线改造于 2009 年 9 月 30 日正式开工，线路全长 34.33

千米，全部工程于 2010 年 12 月完工。

205 省道邵武过境线项目，起自邵武市竹浆厂（K0+000）处，经下王塘、莲塘、吴家墩、宁家墩，终点与现有 205 省道相接，线路全长约 8.1 千米，新建二级公路，路基宽度 12～26 米，新建大中桥共 6 座，项目总投资约 22532 万元。2014 年开工建设，2017 年 11 月竣工通车。

第三是农村公路。农村公路是交通建设的"老大难"。邵武农村公路建设是从 1938 年开始修建，先是近郊乡镇，接着是边远山区；先是通乡镇公路，后是通行政村公路，最后延伸到通往村民小组公路。

农村公路最早建设要数城区至沿山公路（简称城沿线）。1938 年 2 月 22 日至 3 月 15 日，政府发动第四区乡民，修筑从沿山到鹤林坪长 14 千米、宽 2 米的沿鹤乡道，成为城沿公路的胚胎。1956 年，邵武县人民政府根据 1951 年政务院"关于民工整修公路的暂行规定"和 1955 年国务院"关于改进民工建勤养护公路和修建地方道路的指示"，筹划修建城沿公路。10 月，福建省交通厅公路局工程处第一工程队技术人员来邵武，以沿鹤乡道为基础，按简易公路标准进行测设；以民办公助、发动群众的形式，于 12 月开工，投入了 20.64 万工日，完成路基土方 165.2 万立方米、石方 11 万立方米。1958 年通了车，但因未曾铺设路面，雨天泥泞，车槽倒滑，不能承担运输任务。本地区成批的粮食、木材、毛竹和其他农副产品都不能利用汽车运输，调运困难，浪费劳力。经南平专员公署同意，并投资工程费 5.47 万元，由县组织城关民工 300 名、沿山民工 200 名，于 1959 年 9 月 12 日开工整修，12 月中旬城沿公路全部完工。

通乡公路中，沿山镇到金坑乡的公路是最迟开通的，那是 1966 年 4 月，由县交通局抽调技术人员与金坑公社配合测绘设计。1971 年 10 月成立沿金公路指挥部，按民办公助、自力更生原则，11 月沿山、金坑两段同时施工。1973 年 7 月沿山段路基、路面工程竣工；金坑段因地形险阻，工程艰巨，1974 年 1 月才告完成。沿山、金坑共投入 14.5 万个劳动日，地方财政投资 6.8 万元，国家拨款 26 万元。沿金段属山岭地带，从沿山桥头、经江家、古山、大庙、下樵、碎石岭、上堡、下堡至金坑，长 27.7 千米，路基宽 4.6 米，路面宽 3.5 米，弯道处加宽，为四级路标准，至此邵武实现乡乡通公路目标。

通行政村公路根据乡村财力情况，从解放初期开始陆续建设，20 世纪 70 年代建设较多，较迟的是金坑至桂林盖竹公路，1979 年开工，1984 年通车，全长 27 千米，全市实现村村通公路。

至 1990 年，邵武全市农村公路总里程 725.6 千米。1999 年邵武市农村公路硬化大会战的战鼓擂响。2000 年金坑乡至上堡铺设沥青路面。2001 年，邵武利用福建省交通厅实施农村公路建设激励政策机遇，完善农村公路路网建设，2004 年提出"年百千米"农村公路硬化目标，通乡（镇）、村公路全面实施沥青或水泥路改造，通车里程逐年增加。2004 至 2005 年，全市农村公路建设投入资金 1.21 亿元。2006 年完成农村公路硬化项目 114.8 千米，完成投资 5184 万元。其中完成测量设计 131 千米。新增通行政村硬化数 21 个，硬化率由上年的 69.7% 上升为 85.6%。2008 年随着金坑乡通往湖溪村、重下村、下黄街村公路以及桂林乡槎口村至下黄街村段头公路铺设水泥路，全市 132 个村公路实现全部硬化。

在全面完成通行政村公路硬化建设的基础上，2008 年全市 9 个乡镇 41 公里的农村公路向上衔接，铺设 4.5 米宽全路幅水泥路面，总投资 2050 万元。农村公路向下延伸通自然村，改建 45 公里，总投资 1365 万元。

2009 年实施下沙铺前至吴家塘铁罗 6.3 千米 300 万元基础网络"段头路"建设，已完成混凝土路面铺设 2.8 千米，完成投资 135 万元，完成农村公路向下延伸，通自然村公路改建 42.3 千米，完成总投资 1438 万元。

2010 年，邵武继续做好农村公路向下延伸通自然村公路改造项目，对百人以上有条件的自然村硬化 41.5 千米，投资 2000 万元。

2011～2016 年农村公路一批重点项目得到建设，农村公路等级实现跨越式发展。316 国道与 205 省道邵武连接线（货运枢纽道路）起点位于 316 国道 GK314+490，新建安家渡大桥跨越富屯溪与鹰厦铁路（大桥长约 251

米），路线经安家渡、七牧、沙塘、溪头，下穿武邵高速到达铺前，终点于205省道SK220+540，路线全长8.24千米。新建的二级公路，路基宽36米，总投资38200万元；城南至沿山公路线路起点位于市区城南，经芹田、台上、沙坑、徐溪，终点位于沿山镇，线路全长17.1千米，按二级公路标准建设，总投资15307万元。肖家坊捐坑至肖家坊镇区公路线路全长2.9千米，二级公路总投资2376万元；和平镇童家地至肖家坊捐坑公路线路全长5.366千米，二级公路总投资5490万元；福银高速公路朱洋互通至金坑乡政府旅游公路（红色旅游经典景区出口公路）全长15.25千米，三级公路总投资7587万元；肖家坊镇区至肖家坊天成岩景区公路线路，全长9.47千米，二级公路总投资7270万元；晒口街道主路口至纵八线（下沙镇）公路线路全长2千米，二级公路投资1860万元；卫闽镇至横四线公路，全长2.945千米，二级公路标准，总投资约1520万元；大埠岗镇至纵八线公路，全长1.25千米，二级公路标准总投资1330万元；金坑乡至上堡公路线路全长9.9千米，四级公路总投资1090万元。

2017年邵武被评为福建省第一批"四好农村路"省级示范县，获奖补资金500万元。2019年以来，大埠岗镇获评福建省"四好农村路"示范乡，卫闽镇等3个乡镇获评南平市"四好农村路"示范乡。至2023年，邵武市已有396条农村公路列入管养范围，合计总里程达1392.311千米。

03　高速公路

会挽雕弓如满月，山区人民东南望。

当改革开放的滚滚春潮，将新中国推进快速腾飞的新时期之后，邵武的滞后发展也就更加凸显。换言之，无论是国道还是省道在新形势下已经落后了。交通不够发达，严重地拖宕了邵武经济建设的时间。从邵武的经济总量可以看出，山区县市与沿海县市相比，反差在扩大；山区乡村与城市相比，滞后在加速。

闽北山区有许多经典的山光水色、旅游景点，可是道路不畅通，行路难、行路远、行路险，客观上制约了邵武旅游资源的开发利用，许多胜景如藏在深闺人未识的纯情佳丽，难以撩开惊艳美怡的面纱。

历史走到了这里，邵武人面临着双重尴尬：一方面是弯弯山道的崎岖陡峭，行走不便，运输艰难；另一方面是落花似的水上航道，零落凋谢。看得见的只有"哐当哐当"慢行的老式火车，老迈沉重而超负荷地装载着国家物资、军用物资、救灾物资以及因政策放宽之后出现的进城务工的汹涌人潮，老牛拉破车似的，缓缓地碾压在漫漫长途的大地动脉上，交通成了制约邵武发展的瓶颈。

说起早期的邵武公路，就是四个字："不三不四"。何谓不三不四？内行人知道，公路是分等级的。过去，邵武标准的一级公路基本没有，按照行政区划来讲，通往邵武的干道有两条，一条205省道，另一条316国道；二级公路是省道，10米以上见宽；其他三级四级公路，基本就是县级以下的乡间小道了。

邵武公路"不三不四"指的就是20世纪八九十年代，大部分道路等级低，一条路像三级，又不全是三级；像是四级，有部分地段又达到了三级标准。

境内的国道，也不完全规范。譬如坡度，有些地方因为山势高的原因、资金不足的原因，出现坡度高的状况。又如弯度，个别地方过去是乡间弯道，建国道时截弯取直是肯定的。但是国道的弯度有限定，不能超过多少度、多长道路上才能出现一次弯道等等，都是有讲究有规定的。至于县城通往乡镇的道路，由于资金短缺，出现"不三不四"那样的道路情况，也就见怪不怪了。

不少外地的驾驶员到了邵武，遇见了"不三不四"的乡间小道，特别是九岭十八弯的高山，那些上坡陡弯特多的山间小道，隔一百多米就是一个弯道，坐车人提心吊胆，驾驶员往往吓得都不敢行驶。无奈之间，他们只得雇请当地的老道驾驶员出来帮忙开车过险。

今日，闽北的交通先行已经是公路优于铁路，闽北十个县市（区）全部有高速公路，但还有邵武、顺昌、光泽、浦城这四个县市没有通高铁与动车，落后于其他地方。

回首高速往事，有道是：巧妇难为无米之炊，会挽雕弓建高速。要致富，先修路这样的理念人人都知。不修路，没得富；建小路，得小富；建大路，致大富；建高速，快致富。这样的理念，也被大多数人接纳。2002年，经过多年的规划设计，邵武出现了首批高速公路的宏伟蓝图和有志者，他们吹响了建设高速公路的集结号。

然而，造桥建路都必须花钱，尤其是建造高速公路，得耗费巨资。地处边远山区的邵武，是"吃饭财政"，解决温饱尚有困难，如果再拿出巨资建造高速公路，简直难于上青天！

俗话说："山石不流动，天日自高明。"能者自有能者的高招。寻米下锅、借鸡下蛋、找银行贷款融资建设高速公路。俗话说："鸡叫了天会亮，鸡不叫天也会亮，天亮不亮不是鸡说了算，关键是谁醒了。"于是，邵武想出了一种融资的新模式，那就是做足土地文章融筹资金，通过土地收储出让，解决高速公路资本金问题。

这首先要感谢这个时代！没有改革开放这个大背景，没有社会主义经济体制中多种经济成分共同存在、发展、合作以及民营经济参股合资等等灵活政策的出台，想要在邵武建设高速公路怕真是难于上青天了。

初秋的山风将乡野的暑气彻底扫荡之后，吸纳着银杏和枫叶的味道，村民们踏着月光，顶着闪亮亮的星星，在小溪边或者池塘边，伴随着摇晃晃的水中月亮，磨刀霍霍，将镰刀、铁锹、锄耙等农具进行整修、擦亮、磨光，为的是迎接即将到来的一年一度的"开路节"。

邵武乡村每年秋收开镰前修整道路、开挖沟渠、铺设便桥，迎接新一年新秋大忙之际的传统民俗节日，一般在秋分时节，深山老林的树叶开始飘落的时日里进行。据说，这个民俗始于唐末五代时期，至今已经有了千余年的历史。在这一天，全村的劳动力全部出动，将一条条伸向邻村、伸向城关的路面彻彻底底地清理一番。那时候，乡民还是刀耕火种，人口稀少，荒蛮之地很多，那些丛林地带出没着虎狼猕猴，那些杂草丛生的荒芜地带也会隐伏着毒蛇猛兽。山民们修整道路、开挖沟渠，为的就是预防秋收的人们在路途中受到山兽和毒蛇的伤害，顺利地将成熟的农作物收获回家。

新时代高速公路的建造者从古老的"开路节"获得启迪，传承与延续，成为建造高速谱写的现代进行曲。一条高速公路的建造，要历经艰辛，付出血汗。从项目设立开始，资金筹措、勘探测量、设计绘图、招标中标、逢山开路、遇水搭桥、截弯取直、夯实路基、平铺路面、穿越涵洞隧道，全程高标准道路硬化。在道路碾压机的轰鸣声中，劈山破土、放炮穿洞等复杂艰难的工程完成，哪怕是一颗护栏上的小小螺丝钉，也要铆得精确结实。最终，在多层次多方位的工程进度催促评比、质量检查、监理和合格验收下，公路交付使用。如此漫长的建设周期，邵武创设自己的新时代"开路节"，意义非同凡响。进入 21 世纪，闽北大山之中悄然吹响了高速公路建设的集结号。2004 年 12 月 28 日，福银高速公路南平段一期工程正式建成通车，实现了闽北高速公路零的突破。

高速公路之一：福（州）银（川）高速公路（邵武段）。其 2003 年 5 月开工建设，2005 年 12 月 28 日，工程竣工通车。线路长 24.1 千米，总投资 13.30 亿元，沿线征用土地 3004.5 亩，租用临时用地 788.5 亩，拆迁各类房屋 1.1 万平方米。福银高速公路邵武段起于闽赣两省交界的邵武沙塘隘，接江西省温家圳至沙塘隘高速公路，终于三明龙湖镇邵三高速公路三明段起点，为四车道高速公路，路基宽度 24.5 米，沿线经桂林、肖家坊、和平、大埠岗 4 乡镇，设肖家坊枢纽式互通立交和朱洋服务区。

高速公路之二：顺邵（顺昌至邵武）高速公路。其起点位于延顺高速公路顺昌县井垄互通，途经顺昌县双溪街道、埔上镇、大干镇、邵武市区、洪墩镇、卫闽镇、拿口镇、大竹镇、吴家塘镇，终于武邵高速公路邵武界内，有大干、卫闽、拿口、吴家塘 4 个落地互通，下王塘一个枢纽互通，外石一个服务区，线路总长 67.7 千米，总投资 56.54 亿元，按照双向四车道标准设计。

顺邵高速公路与南平联络线、延（平）顺（昌）高速公路、与邵（武）光（泽）高速公路，共同组成延平至光泽高速公路闽赣通道，建成后成为福建省连接相邻的江西省便捷的快速通道，也是福银高速福建境内的重要辅助通道。顺邵高速公路项目于 2011 年 5 月立项，2014 年 1 月工程可行性研究报告获得国家交通运输部批准。2014 年 12 月初步设计获得国家相关部门批复。

2019 年 1 月，顺邵高速公路提前 3 个月经过验收合格而建成顺利通车，这意味着闽北包括邵武在内的高速公路的建设取得了公认的显著成效。一是通车里程超过 1000 千米，位列全省第一；二是万人公里数最高，也是全省第一；三是高速公路综合密度最高，还是全省第一，实现了中心城市与县市区之间 1 小时经济圈，这对促进邵武的经济发展、经贸流通、人员进出，都起到了前所未有的巨大推动作用。

金风拂面、红叶飘逸，美了秋韵，美了邵武。

一切都是那么悦目，清澈的溪水从城内缓缓流过，一种明亮的欢喜从心底萌生而出。毫无疑问，高速公路建设带来了邵武的新变化。遥望蓝天白云，满载着梦想。乘坐大巴或者小车，沿着宽敞明亮的高速公路，进入"一滩高一丈，邵武在天上"的人间仙境，伸手就能触摸千姿百态的云彩，昂首就能亲吻碧空如洗的蓝天。

邵武高速公路之三：武邵（武夷山至邵武）高速公路。其起于武夷山市兴田镇下坝村，与浦南及宁武高速相连接，经建阳麻沙，终于邵武市和平镇。与国高网之福银高速公路南平段、海西网之邵光（邵武至光泽）高速公路相接。全线共设麻沙、下沙、邵武、邵武西 4 个落地互通；下坝与和平 2 个枢纽互通；大白、大埠岗 2 个服务区，全长 91.72 千米，双向四车道，设计时速 100 千米，总投资 44.4852 亿元，项目资本金 15.57 亿元。

2005 年 8 月，武邵高速公路完成规划设计方案和预可行性研究报告，并上报福建省发改委审批；2006 年 5 月，省发改委对于武邵高速公路的报告进行了批复；2007 年 4 月，完成初步设计文件编制并上报省交通厅、省发改委审查，6 月获得批复；2007 年 2 月，武邵高速公路建设完成施工图设计并上报省交通厅审批；同年 7 月，报告获得批复。这意味着武邵高速公路建设扎扎实实地落地开建了。

武邵高速公路建成通车后，沿线村落或者景点，明显地得到发展。武邵高速公路的通车亦给邵武市带来极大的便利。

邵武高速公路之四：邵光（邵武至光泽）高速公路。虽然它是较晚修建的一条高速公路，却是高速公路建设中的一条精品路。邵光高速项目总投资 48.05 亿元，其中资本金 16.82 亿元，占 35%；融资 31.23 亿元，占 65%。邵光公司在福建省各家银行申报贷款 46 亿元。

邵光高速采用 PPP 模式兴建，由湖南路桥建设集团和福建省南平市高速公路有限责任公司共同出资，项目施工由湖南路桥建设集团总承包。在福建省交通运输厅的大力支持下，湖南路桥建设集团与福建南平市政府科学组织，密切配合，仅用 29 个月时间就高质量地建成通车，共同打造了令人称赞的"邵光速度"，创造了福建 PPP 项目建设典范。邵光高速建成通车使得福建实现县县通高速公路的辉煌。

邵光高速是海西高速公路网的重要组成部分，系海西高速公路网。起点位于邵武市下沙镇下王塘村，终点位于光泽县华桥乡铁关村龚家际（闽赣界）的铁关隧道，与江西省规划的花山界至里木高速公路对接，路线全长 66.22 千米；项目概算总额 48.05 亿元（含建设期贷款利息），平均每公里造价 7384 万元。全线桥隧比 32.55%，路基宽度 24.5 米，另有二级公路标准的连接线长 7.55 千米。全线土石方挖方 1095.15 万立方米，桥梁 8212 米 /26 座，隧道 13344 米 /9.5 座；涵洞通道 9162 米 /168 道，互通立交 4 处，服务区 1 处，主线收费站 1 处。项目全线共分 7 个路基土建施工合同段，2 个施工监理合同段，2 个试验检测服务合同段。2013 年 2 月全线开工，2015 年 12 月建成通车。

当时，建设邵光高速有两个最棘手的地方：一是邵光项目为县县通海西网工程，近年由于银行融资收紧，对海西网特别是 BOT 项目管控更严格，要求在股东方承诺还贷的基础上，还要南平市人大及相关部门的承诺文件，银行贷款授信难以落实；二是邵光项目因前期按股东投入来分配施工任务，个别股东因出资能力及现场管理能力不足，致使标段进展不平衡，严重制约了通车目标实现。

为了完成目标，茅坪特长隧道施工队在 18 个月内就完成了两年半的工程量、控制性大桥溪西大桥的建设 7 个月完成……一项项记录被打破，创造了令人震撼的邵光速度。严格执行标准化建设打造"精品邵光"高速公路。

2024 年 1 月 9 日，大埠岗和外石高速服务区简易出入口顺利通车运营，新增了简易出入口，改变了高速公路家门口经过却看得见上不去的问题，延伸了高速公路利用率，惠及更多乡村，受益更多群众，乡村振兴提供更多的希望，高速公路成为便民路。

卫闽镇外石村民由衷赞扬："高速公路过去给我们的感觉是高高在上、霸气十足、高不可攀。现在高速公路的思路改变了，外石在服务区开通了简易出口通道，花费资金不多，却为附近村民办了件大实事，我们也能上下高速，这说明高速公路有了平民化思想，更接地气、接民生。"简易出入口改善了乡村交通状况，共享高速公路成果，满足高速公路附近群众的交通梦想，让高速公路更好地为乡村振兴出力和服务。

早在 700 多年前，一代太极宗师邵武人张三丰在大兴武当山时，曾修书永乐皇帝朱棣曰："世间万物乃顺应自然规律而成，大兴武当山乃千秋万代之善事、盛事。但山不可移、水不可移，大树不可移。"

永乐皇帝遵从张三丰所言，下圣旨道："兴工营建武当宫观，当遵循天地自然法则，不惜一切人力、物力，务使武当山所有宫观顺其山川自然，万万年与天地同其久远。"因了张三丰的建议与永乐皇帝的采纳，所以大兴武当山宫观殿宇时，全都依山傍势而建，不动武当山的一草一木，尽最大努力保持了武当山的自然生态环境，故才有了今天与大自然环境和谐共处、相辉映射的武当圣地。历史上修复武当山景观是中国人类与大山和谐共荣共盛的典范。

邵武人择高处立，寻平处住，向宽处行，秉承了先人聪明睿智，使得建设高速公路时所有一切都随着浩然之气，化为一幅幅自然生态的人间美卷，增添了一个人类与高速发展和谐的典范。我见青山多妩媚，料青山见我应如是。人类与大自然和谐、共往，在建设邵光高速时施工人员高度重视与注重环保细节，最大限度地保护了生态环境，让高速公路变成邵武优美山水中的新景点，不仅山水生态格局并未打破，而且山水生态环境更加优良。城市里见不到的山野鲜花、叫不出名字的罕见野花，都可能在高速公路通车后的边城中盛行，还可以在高速公路穿越的山间野地发现一片片人工种植的绿化带，在耀眼的光芒和清亮的水流声中一天天地茁壮成长，开花结果。

高速公路给百姓带来了福音，一条条贯通的交通大动脉，在便利人们出行的同时，也为经济发展注入新动能。高速开通后，货物可以直接从乡镇发出，在销售、运输上都方便了很多。货物可以直达南平和福州，再通过专线发往全国各地，物流效率大大提升。

村民说："经济发达地区发展快，优势就在于交通。现在，我们终于盼到高速公路了，虽然拆迁时要做出点牺牲，但路通了，我们才能富裕。"不少村民因为高速公路的建成，放弃外出打工的高薪收入，用积攒的钱在公路边建起了新房。很多村民对住房进行集中改造，在高速路沿线建起店铺，抢占商机。一通百通县县通，高速公路的快速发展，交通基础设施不断改善，促进了邵武人流、物流、信息流、资金流的快捷流动，为邵武创新、创业、创造营造了良好的发展环境，为建设百姓富、生态美的邵武注入了强大动力。

常言道："三十年河西，三十年河东。"原本是交通便利的邵武，这些年由于没有了高铁与动车，已被边缘化，所幸还好有高速公路在支撑，但这显然已经成为制约邵武发展的一个瓶颈。

对此，邵武民众颇有微词，责怪邵武当政者不作为。

这是一个矛盾丛生、新旧交替的时代，是一个美好与糟糕并存的时代，天上的云有些无奈、地上的风有些无奈、邵武人亦有些无奈。

令人欣慰的是，邵武的广大干部只看将来，只想着今天我做了什么，该做些什么。过去的事情无法改变，重要的是把握现在和将来。

我在市交通大楼与邵武市交通局负责人见了面，当谈到邵武的交通情况时，他打开了话匣子，眼中闪着光，如数家珍，娓娓而谈：要致富，修好路，乡村振兴自然离不开路。这些年，我们紧紧抓住基础设施建设、服务水平提高和转型发展的黄金时期，稳步推进规划实施，交通运输行业保持良好发展态势，基本完成规划确定的发展目标，取得了显著成就。普通干线公路建设取得较大进展，顺邵高速公路建成通车，国道G316同青桥至王亭段改线工程、拿口至城区段改造工程顺利完工，省道S219下王塘至许坑段改造完成；公路运输站场建设稳步推进，邵武市综合型道路客运枢纽中心（邵武城南客运枢纽中心）建成并投入运营，公交枢纽站点不断完善并向乡镇延伸，城市公交停靠站台更新改造有序推进。初步形成以高速公路为骨架，普通国省干道和重要县道为干线的公路网结构，运输服务水平显著提升，布局合理、干支结合、外联内畅、安全便捷的交通运输网络初步成型，基本建成与"一城两片"城市空间以及产业布局和客货流密度相适应的综合交通运输体系。十四五期间，邵武将充分发挥区位优势，构建覆盖中心城区、产业集中区、中心城镇、旅游景区等重要节点，服务范围覆盖全市域乃至闽赣区域的一体化综合交通枢纽体系，推动邵武公铁港多式联运综合物流园项目、"县乡村"三级物流体系项目建设，进一步推进智能交通基础设施、电动充电桩、乡镇综合运输服务站建设，提高乡镇综合运输服务效率和便捷水平。2023年，邵武市交通运输局落实乡镇便捷通高速工程，在大埠岗镇大埠岗服务区及卫闽镇外石服务增设2个高速便捷出口。进一步完善邵武路网布局，提升周边乡镇高速通行效率，对邵武卫闽、大埠岗文旅产业发展和乡村振兴具有重要的支撑和带动作用。持续推进水上交通设施更新，完成辖区渡船"油改电"。

谈到今后邵武市交通发展时，他略为思索后言道：未来邵武交通发展将以交通强国战略为统领，紧紧抓住"一带一路"和福建省"闽东北协同发展区"战略机遇，全面贯彻新发展理念，按照推动高质量发展，创造高品质生活的要求，紧紧围绕南平市依山傍海、中部抬升、门户枢纽、绿色交通总体发展战略要求，把邵武建设成闽赣边界区域性综合交通枢纽，连接沿海与内地、承接现阶段制造业转移的区域中心，为制造业和服务业全面发展的区域综合性城市提供有力支撑，积极构建便捷、高效、绿色、经济的现代化综合交通运输网络，助力邵武市城乡交通一体化快速发展。同时邵武市依托武夷山双世遗品牌，合理布局重点旅游景区与邵武市骨架交通网的联络线，构建邵武市旅游交通环形，打造布局合理、快速便捷的市域旅游交通网络。眼下，我们积极推动邵武市世遗一号风景道建设，充分发挥自身区位优势，主动融入"环带"建设的重点项目。通过连接武夷山和泰宁两个世遗景区，串联邵武天成奇峡、和平古镇、樱花小镇、生物研究与开发观光基地等景观节点，激活沿线自然、生态、历史、人文等资源，推动文旅经济高质量发展，打造快速化、立体化的对外旅游交通网络，以充分整合周边旅游资源，促进邵武旅游产业发展，带动乡村全面振兴。

邵武连绵的大山，在远古的时代曾经给农耕文明下的农民相对安稳的生活，有了躲避战乱灾祸和自耕自足的悠闲。可是到了现代，文明的步伐也因为大山的重重叠叠而不得不放慢了前行的脚步。大山的阻隔、交通的落后、客观上阻碍了邵武经济的发展，尤其是农村经济前行的无奈与落后。时至今日，持续不断的公路建设以及持续进行的乡村振兴发展战略，对于邵武经济的促进作用十分见效，主要体现在七大产业：绿色农业（含林业）、旅游业、健康养生产业、数字信息产业、生物产业、先进制造业、文化创意产业等一系列行之有效的措施，使得邵武乡村振兴的步伐前行的更加坚实有力。

邵武交通人这些年风里走、雨里走、山里走、田里走，不辞辛苦，沐雨栉风，风驰电掣、追星赶月。他们激情创业、只争朝夕，为邵武的经济发展、为乡村振兴洒下了辛勤汗水，立下了不朽的功勋。

第三章

01　龙斗村

峰峦叠嶂，碧水如镜；乡村新颜，波影翩翩。

水北镇龙斗村山环水抱，形有不同。从空中俯瞰形如两条飞龙相缠绕，斗气冲天，故而得名"龙斗"。龙是中华民族所敬奉的图腾，是雄伟与阳刚的象征。龙在人们的眼中，从来就是一个行云布雨、消灾降福的祥瑞神兽，是祥瑞的象征。中国人认为龙是正义的化身。一个民族的文化是这个民族精神的载体，从多姿多彩的龙文化中，可看出中国人的人文精神。

清晨，在雄鸡三声的啼鸣中，作为全省著名明星村的龙斗村苏醒了。这是全新的一天，亦是和往日相似的一天。披着浓雾的薄纱，村庄中朦胧的炊烟袅袅升起。四周漫出了大米稀饭的浓浓香气，掺和着辣椒炒咸菜、大蒜炒肉片的农家早餐味，舌尖上的香气一阵阵飘出了各自的农屋，让人顿感胃口大开。人间最袅绕缤纷、最至繁至简的，就是这乡村的烟火气。

但见村民们三三两两出现在自家房前屋后，忙碌了起来。大樟树底下，村里请来的那位木匠雕刻师傅轻扬起手中的铁锤上下飞舞，有节奏地敲打着一块硬木雕刻，配合着小鸟的鸣叫声，唱响了一首充满活力的乡村晨曲。

不一会儿，太阳从不远处的云灵山跳了出来，顿时，村野一片晴朗明亮，清晨的冷雾四散而去。虽是癸卯年的小寒节气，但冬日暖阳，大地微微暖气吹，日子似乎是进入了明媚的初春。

这两天村里老少特别高兴，盖因龙斗村的村史馆快开馆了，福建省著名书法家还寄来了"龙斗村史馆"的题字墨宝。村民们说："这几个字写得好看，有气势，很对咱们龙斗的路哩。"

常言道："盛世修史，明时修志。"龙斗村作为一个行政村修村史、盖村史馆，自是日子过得红火，有了丰裕的财力与底气的同时，更有着可书可言的故事。讲昨天，也言今天，尤其是这些年在乡村振兴的路上，龙斗从一个贫穷村成为让人交口皆称誉的文明富裕明星村，它的变化定然有着不一般的经历故事。它的故事不是那种轰轰烈烈、一鸣惊人的传奇，而是聚沙成塔、水到渠成的自然过程。龙斗村人奋斗了20多年，经历了四任村支书。花开花落，草飞莺长，是那种自然的绿、自然的红。

吃水不忘挖井人，盖村史馆是让村民们与后代们记住龙斗村的历史，记住龙斗村在乡村振兴中的奋斗历程与过往。

青山如黛，一湾碧水绕着龙斗而过，缓缓流向远方。

美丽宜居的乡村新画卷：村道宽敞明亮，房舍错落有致，庭院干净整洁，让人看了舒心悦目；村中丹桂飘香，空气清新。在村民文化广场上，一棵古樟树老枝发新芽，焕发生机。它不仅聚集了龙斗村男女老少的欢声笑语，也见证了龙斗村的历史过往变迁。

龙斗村始建于沙洲上，沙洲长满芦苇，名芦洲。先民住下开发后，看到旁边的山形如龙，地势如斗，改村名为龙斗。这个坐落在邵武北部的小山村，是"红旗不倒"的革命老区村。全村总面积68平方千米，耕地面积4033亩，山林面积8.7万亩，共564户2195人，其中常住人口1160人，党员75人。2022年村收入187万元，农民人均可支配收入2.9万元，成为邵武市壮大村集体经济第一村。

2024 年元旦刚过几天，小寒不见寒，水暖不成冻。毛毛细雨在天空中悠然飘逸，不急、不密，微湿了发际。微雨轻摇拂人面，细烟袅娜芳草地，平添了龙斗村的妩媚多姿、湿润柔情。

龙斗村乡村振兴的故事得从那一次美好的遇见开始，那是 1998 年 1 月 19 日，微风不躁，阳光正好。村民们说："艳阳高照喜鹊报，村里有贵客来哩。"果不其然，时任福建省委副书记的习近平同志来到龙斗村调研走访。

习近平同志进村后缓缓而行，一路上遇到村民时停下交流谈心、嘘寒问暖、体察村情民情。他看得认真，问得细，对龙斗村粮食生产、生态保护、林下经济、发展旅游、环境整治、农村党建等六方面提出了要求。

龙斗村有 8.7 万亩林地，山多是龙斗最大的优势。村里过惯了靠山吃山的日子，只要村里没钱花了，就招标采伐一片山场，这样的小日子村里过得也有滋有味。

习近平同志叮嘱村干部对龙斗村的资源禀赋要珍惜爱护，涵养山林，造福子孙。

这些年，村支部相继实施了污水处理、垃圾整治、农房改造、缆线下地、道路硬化等工程，以前那种污水到处流，空气粪污臭，蒙着鼻子的情景早已不存在。家家户户都用上了抽水马桶，出了家门，是干净整洁的柏油路，路灯照明，舒心舒意。

20 多年来，龙斗村牢记习近平同志提出的要求，提出了六方面发展思路：一是在保证粮食生产的前提下，加快结构调整，做大做强农副业；二是充分利用山林面积大、植被丰厚的特点，发展林下经济，引进中草药种植加工产业；三是利用山水资源，积极引进龙头企业，探索发展旅游业；四是从卫生间、化粪池等小事抓起，整治人居环境，改善村容村貌；五是利用山林多的优势，保护大树，涵养山林，造福子孙；六是村党支部要发挥龙头作用，走在前头抓产业，带领农户奔小康。他们咬定青山不放松，一件一件抓落实，在推动产业兴旺、建设美丽乡村、促进乡风文明，久久为功，一任接着一任干，让绿水青山变成了金山银山，绘出了一幅宜居宜业和美乡村的新画卷。

　　山和山不相遇，人与人会相逢。

　　龙斗有缘，龙斗有福。"龙斗、龙斗，要做龙头"这句话是他们前进的动力。他们感恩奋进，在岁月中努力前行。他们的一切成功与失败，都与这次遇见有关，与乡村振兴息息相关，与国家民族的命运息息相关。

　　村中那棵枯木逢春繁茂的古樟树，村民说这是一棵福树、一棵吉祥树、一棵给龙斗村带来乡村振兴的繁荣树。

　　当年村里的小孩都知道是习近平同志救活了这棵树，当时他看到这棵老樟树被剥了皮，奄奄一息，在了解到当地有剥树皮借寿的习俗后，语重心长地叮嘱村里人：这种愿望可以理解，但做法不好。这棵樟树的树冠有好几百平方米，树长这么大不容易，要爱惜，不能再剥树皮了。

　　只在此山中，云深不知处。事后，村民们再也不剥樟树皮了，村党支部请了市里的林业专家前来为古樟树治理，开了药方施治，让古樟树重焕生机。与此同时龙斗村及时转变发展理念，调整产业结构，划定生态公益林、营林补绿扩绿，把森林保护起来。龙斗村召开村民大会，举一反三，哪些事该干，哪些事不该干。并制定出了村规民约，并把它刻在了老樟树对面的一面石墙上。

　　这些年村里年年都举办"德孝节""书香节"，开展"文明家庭""美丽庭院"的评选活动，比文明比和谐，不比物质比素质、不比家产比家风。俗话说：有香不用大风扬，龙斗村成了远近闻名的文明村。

　　古樟树枯木逢春，见证了龙斗乡风之改、民风之变。1998年春天是龙斗人难忘的一个春天，从那以后龙斗乡村振兴的春天也来了。龙斗村以其乡村治理新格局，被中央农村工作领导小组办公室、中宣部、民政部等6部门认定为全国乡村治理示范村，成为福建省的文明村、精品村、小康样本村。村集体收入每年都在百万元以上。村里先后投入500多万元进行基础设施建设，硬化道路4.7千米，实现15个村民小组通村通组道路全部硬化；架设闭路电视网，实现村、市有线电视联网。宽带进村入户；建起电子阅览室、文化俱乐部、党员活动室、文化中心户、计生中心户、农民健身公园、老年活动室等文化阵地。如今，漫步在龙斗村，处处诗情画意，让人流连忘返。

为了做好林木资源的保护文章，龙斗村开始深化集体林权制度改革，在 2003 年就将所有到期主伐的林地收归集体，由村集体造林抚育三年后，再无偿均山均权均利到组到户，提高村民爱林、护林、造林的积极性。常言道：一个葫芦两个瓢，百只河蚌两百壳。龙斗人团结协作，心往一处想，劲往一处使，取得实效。这几年，龙斗村又推出"森林生态银行"，通过股份合作经营、山地合作造林、林业空间流转、收储改造提升等方式，将分散、零碎的林业资源规模化，让林农和村集体获得长期持续稳定的收益，把绿水青山培育得更加壮实。

程忠辉是村里的一个林业大户，过去主要靠砍树挣钱，现在他成了村里的一名护林员。每次巡山看到绿水青山的好景色，程忠辉浑身充满干劲。觉得现在心里踏实多了，护林、造树，不仅保护生态、造福子孙后代，还让大伙儿有了长期稳定的收入。

当年，村民们对龙斗云灵山资源的第一印象是并不十分突出，对这个旅游项目有些拿不定主意。在统一了认识后，龙斗村认定了这个投资项目，咬定青山不放松，开启了漫长的长跑模式。前后十年间，几任村党支部书记锲而不舍，带领大伙儿上门拜访沟通推介，始终没有放弃让大家吃上"旅游饭"。不管什么条件，只要项目落地，受益的就是村子、就是村民。

为了确保项目用地，村里提出征地的事全由村里"包办"，企业不用跟村民接触、打交道。为了帮助投资方节约资金，村里在项目所涉及的 10 多千米溪流资源和 200 多亩林地资源上也想了办法。他们主动找客商协商，将溪流林地作为资源入股，这既减轻了企业负担，也让村里有了一项长期收益。

当时为了做通一户村民的工作，把地让出来搞项目建设，村干部在大冬天里到村民家，掏心窝的话村民也听进去了。精诚所至，金石为开。

2012 年，云灵山景区终于正式运营。这个项目而且有了回报，与福建云灵山旅游发展有限公司合作开发峡谷漂流、野外露营、农业观光、森林康养等生态旅游项目，使得游客纷至沓来，不少龙斗村村民吃上了"旅游饭"。李沿财经过多年的努力，目前月收入已将近 8000 元。在家门口就业，不仅收入可观，还能照顾家人。在龙斗村，像他这样实现就近就业的村民不在少数。2023 年，云灵山景区接待游客数量超过 30 万人次，稳定带动村民就业 60 人，临时性季节用工每天达 120 人以上。

每逢周末，村民们都格外忙碌。龙斗人实在，经营的饭馆货真价实，全是地道的农村菜：青蒜炒肉、土辣椒炒鸡蛋、腌菜炒笋干，物美价廉、经济实惠。再加上自酿的米酒，真是菜香酒醇，很受游客们欢迎。最近几年，村里的游客越来越多，黄时初将自家农家乐的经营面积从 100 平方米扩大至 300 平方米，每年的营业收入超过 100 万元。他深有感触说：绿水青山，真的就是金山银山啊！

天空朗朗，人气满满。在龙斗村沈家边组，人们正忙着平整土地，建设标准化格田、节水化灌溉、生态化防护等综合型田间工程。项目计划总投资 643 万元，建设 500 多亩的高标准农田，打造美丽田园综合体。村耕地面积相比 25 年前不减反增，达到 4033 亩。同时，村里引导种粮户成立天罗湾水稻种植合作社，打造闽台农业示范基地，在林家山流转 400 多亩闲置农田种植台湾有机水稻，生产的有机大米不仅价格好，还不愁卖。

龙斗村水稻种植大户林文生与其他三位村民合伙种了 300 多亩水稻，去年喜获丰收，产量达 18 万千克，他个人能分到 10 万元。加上平时打零工、干副业，日子过得可有盼头了。

这些年来，村里一手抓粮食，一手抓土特产，立足资源禀赋，因地制宜发展了多个特色产业。深入梳理挖掘自身优势，依托好山好水发展特色种养，除了最有特色的萝卜，村民们还种了 3000 多亩"黑炭""东魁"杨梅，年产值达 1400 多万元。除此之外，村里的有机水稻、花卉苗木种植和水产养殖等特色产业也有了一定规模，中草药、养蜂等林下经济也成为村民增收的新路子。

村民吴亮亮既是杨梅种植大户，也是养蜂高手，他在杨梅树下养蜂200箱，年产值可达30多万元。全村养蜂3000多箱，只要全卖完，收入很可观。

如今的龙斗，农业多种经营有声有色，产业项目落地也颇具成效：承天药业、云灵山旅游、闽台农业示范基地、沙雕文化体验项目等，总投资超过了3亿元。随着一个个项目落地生根，开花结果，资金、管理、技术等各种优质资源要素也不断流入龙斗，为村里带来了更多的活力与自信。常言道，碧从天上得，红自日边来。2022年，龙斗村财政收入达到187万元，农民人均可支配收入2.9万元，两项收入都在邵武排名第一。

龙斗是一个相对开阔的平原地，更由于邻傍日夜川流不息的母亲河——富屯溪，常年肥料的堆积，使得这方田地肥沃，滋水润土，所栽种的农作物质地优良，与众不同。像白萝卜、番薯、白地瓜这些都由于水土好的原因，农作物质量高、味地道，一直是邵武农村经济作物的标兵村。本地人有句顺口溜赞道："一都鱼，二都的瓜，龙斗的萝卜顶呱呱。"龙斗的萝卜确实又嫩又甜脆，很受当地人的喜爱。

龙斗村有3000亩沙洲地，土壤富硒富锌，极适合种植萝卜，但由于交通不便等原因形不成规模，萝卜产业难以发展壮大。早些年，种萝卜的村民只能是换点买油、盐、酱的钱，一天只敢收500来千克，上午收完，中午开车运到市场找商户，能卖掉一大半，剩下的拉回来在国道上卖，能卖多少算多少。

为了打破产业发展瓶颈，村里成立了龙马果蔬种植专业合作社。菜农抱团发展，规模越做越大，合作社则出面谈下了固定销售渠道，只要一个电话，客商上门收购、当天结账。为此，村党支部在调查萝卜销售市场后，大力鼓励农民垦复荒山坡和沙洲地，农民种植萝卜的热情也一下子高涨起来，种植萝卜的面积达到了千余亩，龙斗村人均近1亩，仅此一项，农民人均增收了1300余元。

2023年1月，龙斗萝卜成功通过国家绿色食品的商标认证，村里的萝卜种植面积达1200多亩，年产量可达5000吨，实现年产值1800余万元。

村里为提高萝卜知名度和美誉度，充分挖掘龙斗萝卜品牌特色，进一步营造了浓厚的氛围，推动龙斗萝卜走向更广阔的市场，将资源优势转化为经济优势。龙斗萝卜口感清甜多汁，具有丰富的营养价值，通过省农科院检验为富硒萝卜，并获得"绿色食品"认证。自2019年起龙斗村已连续举办了四届萝卜节。2023年3月12日，第四届萝卜节在村里举行，萝卜节展区设有萝卜酱菜、萝卜糕、萝卜油饼等含有萝卜元素的风味小吃摊位，品种繁多、琳琅满目、场面十分热闹，吸引了不少外地消费者、游客与经销商。本届大赛还设置了"萝卜王"和"最佳萝卜制品风味奖"评选活动，11.95千克重的萝卜摘得"萝卜王"称号。前来助兴的文人在品尝了龙斗萝卜的香脆后，撰文赞道："龙斗萝卜，成之自然，长之天然，食之亦天然。它的美不仅在皮相外貌，更在内质，更在风骨。它素颜本色、少有铅华，自有一种农家的清纯、自然天成。在它不显贵的朴实中，呈现的是袅袅婷婷的人间烟火。"

八月盛夏，正是杨梅旺盛季节，连空气中都充满了酸甜的味道。龙斗村杨梅产业协会会长忙着在大棚基地修剪杨梅树苗，他说今年开始试种大棚杨梅，要是成功了，村里的杨梅产业将迎来新飞跃。龙斗杨梅在邵武远近闻名。这里几乎家家户户都种杨梅，沿着316国道两旁，3000多亩的杨梅绵延5千米，一到采收时节，商贩和游客接踵而至。

长久以来，龙斗杨梅种植户都是靠天吃饭。若杨梅成熟期遇到雨水，就要烂在山上。要规避天气影响，得搭大棚种植。但搭个像样的钢构棚不仅成本高，而且种植技术要求也高。2023年5月，村党支部组织杨梅种植户代表到浙江考察杨梅精细化种植管理技术，并多方争取了30万元项目资金补贴，用于开展小规模试验。有了村党支部作坚强后盾，干群一条心，没有办不成的事。夏天，龙斗杨梅迎来了丰收年，可就在要大量上市之际，村里通向外界的主干道却因降雨而塌方阻断。道路不通，要采摘的游客进不来，采收下来的杨梅也运不出。就在种植户们焦急之时，村两委动员党员干部带头，冒雨抢修了另一条便道，仅 2 天时间就抢通了杨梅的销路。为了多卖杨梅，村党支部还组织种植户到邵武城区举办杨梅节，并在城区农贸市场设立龙斗杨梅专卖点，线下线上一齐上阵，众人齐吆喝，将杨梅种植户的损失降到了最低。

为了更好地带动村民增收致富，以党员的"业缘、趣缘"为纽带，村里组建起了功能型党小组，通过支部引领、党员示范、党群联动，努力把产业做大、做强。以杨梅产业服务党小组为例：前些年，一些不良商贩盗用龙斗杨梅的名号售假，差点砸了龙斗杨梅的招牌。村民们想要打假，却奈何势单力薄，能做的不多。为了维护龙斗杨梅品牌，2019 年，村党支部指导村民成立了杨梅产业协会，并成立了党小组。注册商标、打击售假。协会一成立，就立马投入了运转。党小组还对接专家、部门和市场，负责起品牌建设、市场推广以及杨梅种植技术革新。

珍惜才能拥有，才能天长地久。

龙斗村的故事，是一步步前行，从砍伐林木到保护利用，从小农经济到现代农业，从闲置资源到盘活开发，从单家独户到龙头引领；把生态优势、资源优势保护好、利用好，绿水青山真正成了金山银山。为提升村民的获得感，这些年龙斗村每年从村集体收入中划出 30 万元，为 60 岁以上的老人缴纳城乡居民医保费用、发放重阳节慰问金，对考上本科院校的大学生实施奖励。谈到龙斗村的沧桑巨变，村民们掩不住的喜上眉梢。

夜已深，皎洁的月亮爬上了云灵山顶。

村庄一片宁静安详，劳累了一天的人们都进入了梦乡。但上了些年龄的老支书冯开云睡不着觉，他像往常一样披衣踱到大樟树旁坐下。俗话说：老来无事心自安，陈年往事慢慢翻。他禁不住又回忆起过往来，思绪万千，嘘唏不已。一路风尘一路沙，1969 年他从福州来到龙斗插队，一晃 40 多年过去，年轻时就爱好文学、喜欢田园生活的他在这里娶妻生子，安家落户，如今青丝已变成了白发,年轻时的酒窝也变成了皱纹。东园载酒西园醉,摘尽枇杷一树金。龙斗,是他走了心、入了梦的地方,缘分注定他对这个村庄的今生,心里爱着不褪色。长长的路、宽宽的河,他对龙斗以蓦然一眼为始,以相伴一生为终,陪着这个村庄已度过了一万多个日出日落。这里有他的青春蹉跎,有他的初恋与爱情,有一个充满了亲情的家。回首往事,自己走过的路,虽然没有轰轰烈烈,但一花一叶都是生命的写意,一草一木都是风景,如今在老去的晨钟暮鼓间,守着一份淡然之美。

回忆着往事,老支书又想起龙斗的眼下和未来:钱、地、人这三项是乡村振兴最重要的资源要素。而村里从业人员已经老龄化,农业从业人员减少,有后继乏人之忧,龙斗村最需要的是年轻人回来创业。

年轻人离开乡村有诸多原因,譬如农村的公共交通、教育、医疗、社保、养老、托育等民生短板造成逃离乡村故土。虽说他们爱自己的故土、爱自己的家乡,但也有无奈,除却上述原因外,乡村的文化相对贫乏,更没有灯红酒绿、没有掌声与鲜花,如一首歌中所唱的那样:"美丽的夜色多沉静,草原上只留下我的琴声。想给远方的姑娘写封信,可惜没有邮递员来传情……"人是群居动物,喜欢热闹,相互欣赏。人同此心,心同此理。

不过,随着村旅游产业的发展,一些外出务工的年轻人也开始返乡创业。像今年 35 岁的田荣此前先后在福建厦门、河北保定等地工作,2015 年返乡过年时,他看到村子变美了,不少游客前来游玩,于是在自家杨梅林里套种水蜜桃、蜜柚、油茶等作物,同时发展林下养蜂项目,现在年收入超过 30 万元。如今,村里像田荣这样的其他年轻人这两年也回来了不少,但还远远不够。

夜更深了,月亮已经爬到了云灵山的半空中,大地一片清辉映照。芝麻开花节节高,一切都会越来越好,龙斗村的故事还在继续……

02　灵杰塔

晨曦之中，鸟雀鸣声。一轮红日升至登高山顶，阳光映射在广场民族英雄李纲的塑像身上，光芒四射、潇洒飘逸；邵武城乡四处一片青山绿水，林木浓荫，郁郁葱葱。

地处武夷山脉南麓、富屯溪北岸的邵武水北镇，坐落在城郊接合部，属革命老区镇、近郊型乡镇，半城半乡，亦城亦乡。它像一本刻着千年岁月的书，凝固了一段段英雄历史，沉淀了一个个传奇故事，充斥着唐诗宋词，金戈铁马。水北镇总面积512.9平方千米，占全市总面积的18.5%，是邵武名副其实的大镇。说它为大镇，不仅是因为地盘大，而且各项工作也走在全市前列，连续三届获评全国文明村镇。

水北镇有个故县村，顾名思义，这个村址就是邵武市原来的老县城，建城有1000多年的历史、设县有719年的历史。故县的故事，得从秦汉时开始说起。当年无诸踞闽自称王，秦始皇二十六年（前221），分天下为三十六郡，废无诸为君长，以其地为闽中郡。汉兴后，无诸率越人佐汉击楚，劳苦功高。汉高祖五年（前198），复立无诸为闽越王，仍踞闽中故地。至汉建元三年（前138），余善被封为东越王，复封无诸孙繇君丑为越繇王，奉闽越祀。元封元年（前110），东越王余善叛汉，在闽北建六城以拒汉，其中一城在乌阪城（即现今的水北镇故县村）。到了三国吴永安三年（260），孙休始设昭武县于乌阪城，直至宋太平兴国四年（979）搬迁至现城区。这段厚重的历史，从近年来发现的遗址和出土的一些器物中不断得到验证。

水北人杰地灵、名人辈出，南宋名相、民族英雄李纲以及黄潜善、黄履均出自水北，有"过溪三宰相"之称，还有黄潜厚、黄中两位尚书。其中水北镇一都村李家湾人的李纲最是著名，乃抗金名臣，著名的政治家、军事家、文学家。他文武双全，雄杰英气；诗词文章，沉雄劲健。南宋之初，他位列百官之首，身负重任，忧国忧民，忠烈耿直。朝廷出入系民生，一身进退关社稷。他一生历事宋徽宗、宋钦宗、宋高宗三朝，执宰朝廷时正值北宋、南宋之交的多事之秋，内忧外患。面对金朝大肆入侵，朝廷分为战、和两大阵营，李纲是主战派代表。在抗击金国的斗争中，李纲组织指挥的汴京保卫战尤为后人称道。但他因直言不讳、刚正不阿的秉性为朝廷所不容，先后多次被贬，最远一次被贬到达当时的荒凉之地海南。

李纲一生风雨雷电、可歌可泣，留下了诸如风雨欲来上奏章、深夜刺臂奏血书、冒死闯宫留圣驾、孤身独苦海南岛、东京军民保卫战、功高遭妒贬长沙、精心治理潭州府、洪州府挂印辞官、不辞嬴病卧残阳等一系列惊天地、泣鬼神的传奇青史，其耿耿忠心日月可昭，其事迹代代相传。他有一首诗《病牛》：

耕犁千亩实千箱，力尽筋疲谁复伤。
但得众生皆得饱，不辞嬴病卧残阳。

这首诗正是他一生爱国爱民、无私无畏的真实写照。任何时候一个国家、一个民族总要有一批心忧天下、勇于担当的人，总要有一批从容淡定、冷静思考、敢于直言的人，诚如李纲。

水北镇历史上还有一位鼎鼎大名的人物黄中，字通老，榜眼出身，朝廷赠他太师、谥简肃。黄中少时师法舅舅"程门立雪"的理学家游酢。黄中在朝中"正色立朝，以理建言导势"，初授官时，因不屑攀附秦桧集团，被排斥任地方官二十余年，秦桧死后他才入朝为校书郎兼国子监司业。绍兴二十八年（1158）他任贺金生辰使，察觉宋金和平隐患，奏疏高宗"我未尝一日言战，虏未尝一日忘战"，应提防金兵南侵，遭到主和派排斥调任秘书少监。绍兴三十年（1160），黄中出使金邦三年中，都力主备战。当金兵突破淮水南下时，都中官员携眷外逃，唯独黄中和陈伯康两家未离，联络同僚推选能将抗金御敌，击退金兵后，大臣多感有愧。高宗、孝宗曾向黄中征询食、兵之计，但他所献之策未被采纳。后因与宰相意见不合，于乾道初被迫下野。乾道六年（1170）孝宗起用他任兵部尚书兼侍读，所献的"十要"纲领又未采纳，便力辞退，以龙图阁学士告老还乡。后孝宗常派邵省请计，晋升他为端明殿大学士。还乡兴学，理学宗师朱熹敬慕黄中，裁书递"弟子帖"，拜黄中为师，学习进退大节。

人才济济，文物亦林林。水北境内的灵杰塔、福善王庙、青云窑址等珍贵的文物古迹及遗址至今古韵犹存，令人仰慕。那灵杰塔是邵武的象征，始建于明万历三十八年（1610），历时六年竣工，具有极高的历史价值。该塔七层，通高 30 余米，砖石木混合结构，平面呈八角形，塔基为花岗岩条石砌成，塔身全用青砖垒砌，以苦槠木衬层，每层塔门与神龛呈交错对称布局，灵杰塔的各层也都有精致的砖刻浮雕，人物、花鸟栩栩如生，神态毕现。灵杰塔的塔内有石磴回旋而上直达塔顶，登高远眺，富屯溪和邵武城区美景尽收眼底，著名诗人米嘉穗有诗云：

灵杰雄标古郡东，峨峨仙掌插芙蓉。
每怀捧日高何许，橡欲擎天近九重。
绝顶下临千嶂小，琳宫时倩五云封。
波光摇曳浮图影，笑指闽川有卧龙。

福善王庙位于水北镇大乾村，始名欧阳太守庙、俗称大乾庙。欧阳祐，洛阳人，泉州太守，于隋义宁间官满西归。船行至大乾，爱其山川雄秀，登岸徘徊许久而去，行未不到数十里，不料船忽然倾翻，欧阳祐不幸落水身亡，不见行踪。令人惊奇的是，第二天浮尸仰天平躺于水面，返至大乾溪段停泊，乡人看到，随着溪流送行其浮尸二十里，第二天又溯流复回，再送其尸三十里，又返回，乡人惊异，收敛而葬之，并于墓边建立享祠。

立祠第二年忽然发生疫疾，乡人到祠祷禳，境内悉安。继而遇到旱灾，到祠祷告，又得雨水如愿。之后学子考试多到其庙祈梦，屡有应验。宋仁宗康定元年（1040），时任门下侍郎、兵部尚书张士逊（曾为邵武知县）奏请欧阳祐为通应侯；宋神宗元丰五年（1082）为祐民公；宋徽宗政和六年（1116）为广祐王；宋理宗嘉熙间朝廷赐欧阳祐为福善王，永享百姓香火礼拜。

水北镇有一宝物，为元代青云窑青白釉小口罐，口径5.3厘米、底径5.2厘米、高13.2厘米，小口微侈，翻沿，束颈，折肩，深斜腹，平底，灰白胎，青白釉。该器命名众多，有称之为小口罐、安平壶、国姓瓶等。

安平壶、国姓瓶的称呼，则出自台湾。在台湾出土的大量小口罐，以安平最多，澎湖、基隆次之，台湾学者按其地域称之为安平壶；该器是郑成功抵达台湾时带去的产品，故也称之为国姓瓶；小口罐造型独具特色，以型为美，展其素雅之风，在台湾地区研究者甚多，对其用途也各述其说词。

而这个小口罐则出产自水北镇四都青云窑，该窑位于水北镇四都村窑上自然村附近山坡，共有三处后门山、巴掌山、拳头山，分别称为上窑、下窑、水尾窑，分布范围约2.64万平方米，号称百座窑。宋、元时期产品有瓷碗、盘、碟、高足杯、罐、壶等，以小口瓷罐居多。装饰手法以印花为主，亦有画花、堆贴。胎质细密，色紫和灰白，釉色以青白釉为主，亦有少量酱釉。产品主要为日用瓷，销往内地，部分产品远销海外，是海丝之路上重要的文物点，也是研究闽赣浙地区古代窑业技术发展的重要窑场。如今小口罐很受台湾人的喜爱，一只小小的口罐，串联了深深的闽台情。

03 云灵山

水北镇的云灵山景区，重峦叠嶂、深山平湖、蜿蜒溪流，景区内有千年稀木、千亩果林、山中有数个古寨。云灵山距离城市不远，仅13千米，却占据优雅秀丽的景色，自然风光无限，令人心神向往。

传说，洞庭湖主乌龙精在太湖被张三丰斩断右龙角后，逃回洞庭湖三江口养伤，足足三年工夫才恢复元气。它怀恨在心，一心只想找张三丰报仇雪恨。但它知张三丰在武当山修炼传道，心中便凉了半截。那武当山是真武大帝所在地，道者如云，仙人常往。当它得知张三丰常回邵武小住，心中窃喜，便来到邵武在云灵山住下，等候报仇时机。

云灵山主峰，海拔1370米，有古道可以通往山顶，山顶曾是太极宗师张三丰修行的古道庙，道庙附近有云洞、灵洞和雨洞，这几个洞造型独特，深不见底，先竖后纵，皆伸延于地下，据说绵延几十里深。这三个洞中，各有小雷神、小水神、小风神三位小神把持，乃应天数之劫，在此暂居修道养性，与人类和睦相处，并无相扰，有时还为本地百姓做些施雨救旱的好事。

自从乌龙精来到云灵山后，称王称霸，反客为主。三小神本事不及乌龙精广大，只好忍气吞声，与它暂时共处一室，敢怒而不敢言。

张三丰得知后，遣小白龙与洞庭湖恶龙在此相斗，二龙大战了百个来回。洞庭湖恶龙最后败走逃往他方。战后风停雨止，一切恢复正常。附近村庄的村民们皆扶老携幼前来，纷纷感谢张三丰为民除妖。为感谢张三丰的恩德，百姓修了一座道观供奉张三丰神像，道观称之为"平安观"，亦称为"三丰观"。云灵山下的村庄则称之为"龙斗村"。

云灵山景区总面积17平方千米，有大小山峰26座，形成于中生代时期，有着优质的地理环境和优良的自然生态系统，森林面积2.8万亩。据不完全统计，景区内生存着大面积的原生南方红豆杉、闽楠、福建柏、银杏和水杉等珍稀濒临的稀有植物146种，莽、短尾猴等珍禽野兽32种，是野生动物、植物和菌类的生长繁衍场所。

景区以体育旅游、体育培训、运动康养、研学禅修为主题核心，打造峡谷漂流、星级酒店、特色餐饮、儿童水世界、古村落露营基地为主，集探险、娱乐、休闲于一体康养基地。目前已建成公路自行车赛道和山地自行车赛道、巴坑体育公园、1166米高空滑索、800米飞拉达攀岩、青少年素质教育基地、国标钓鱼池、中医药康养中心等体育康养项目。该景区与周边县市景区错位发展，以巴坑体育公园、飞拉达攀岩、高空滑索等运动模块打造体育旅游型景区，多次承办全国、省级自行车爬坡赛、云灵山户外运动挑战赛、小铁人三项、郊野钓鱼大赛、青少年 U 系列篮球赛等大型赛事。

云灵山推出三日游项目，深受游客欢迎，项目有峡谷漂流、云灵湖皮划艇等。这里的水都天然清澈见底，达到了国家饮用水的标准，被称为东南第一漂的云灵山峡谷漂流，玩起来非常刺激。游客从落差 29.8 米的峡谷中激流而下，此起彼伏的尖叫声响彻山谷，在速度与激情中，感受自然的雄伟与壮阔，2 小时的水中漂流更是清凉了整个夏天。而云灵湖是一个四面环山的美丽湖泊，就像一位藏在深山之中的仙女，清澈见底的湖水碧波荡漾。在湖中划艇，心情就像这蓝天白云般通透爽朗。在云灵山住闽北风情民宿，在养生馆喝下午茶，于林中观赏千年古树群。环境幽静，空气清新。四面环山，竹林摇曳，逃离一切烦恼，享受山中寂静的美好生活。

民以食为天，美食则绝不可少。

云灵山的杀猪宴、云灵湖鱼让人垂涎欲滴，食后赞赏不已。杀猪宴是云灵山的一道特色美食，农户自己家喂养的百十来斤的土猪，生活在天然氧吧的大山中，喝着泉水长大。烧制后的红烧肉肥而不腻，肉香味十足，越嚼越香，吃出了小时候吃不到猪肉的那种感觉。而云灵湖的鱼是泉水里养大的，肉质细腻，口感嫩滑，无土腥味，连当地人都说好吃。

云灵山还有一种特色菜，叫游浆豆腐，入口细嫩，味道鲜美，口感介于老豆腐和嫩豆腐之间，很受游客们欢迎。而云灵山庄的全羊宴亦是一绝，全羊宴羊汤非常地道，烤全羊肉质嫩，外焦里嫩，没有任何膻味，这里的羊喝的都是山泉水，吃的都是绿色无污染的青草，所以肉质很棒。晚上，游客们在小溪边搭帐篷，纳凉吃西瓜，竹林里喝啤酒吃烧烤。可以用高倍望远镜观月亮，数星星，看露天电影。清夜无尘，月色如银。此时的云灵山四处，云气弥漫飘浮，漫天而出，充溢着一种旷野明目，不言自明的空灵。

下山的路上我遇到了云灵山景区的林玉令，2009年他毅然辞去体制内优越轻松的工作，全身心投入云灵山开发建设，如今为福建云灵山旅游发展有限公司老总，他与另一位投资人郑祖良合作创业，注册资金6000万元，至2023年底景区建设共投资3.1亿元。

云灵山景区现在是国家4A级景区、中国5星级森林康养基地，中国体育旅游精品景区、中国水利风景区、机关老干部疗休养基地、全国职工健康工程促进办公室评定的糖尿病患者疗休养基地、福建省职工疗休养基地、福建省中小学生研学社会实践教育基地、福建省特色体育小镇、福建省5星级森林人家、福建省森林康养基地等。在海拔1300米高的云灵山顶峰有大片平地，山上遗存道观一座（通天观），附近有三个传奇的洞穴：风洞、雷洞和雨洞。

云灵山的山水资源丰富：景区开发的总面积2.5万亩，其中毛竹山1万亩，生态保护林1万亩，商品经济林5000亩。水面面积300多亩、库容量170万立方的小（2）型水库一座。这里有国内一流的峡谷漂流，漂流河道全长5.2千米，总落差达216米，共分为两个漂段：第一段3.3千米为"激险漂"，大小落差层出不穷，最大单体落差29.8米；第二段1.9千米为"亲情漂"，此段漂道平稳，老少皆宜。同时这里有可服可泡的功能性温泉，一口1023米深温泉井，日出水量700多吨，温泉水的矿物质以重碳酸钙钠弱碱性水为主，达到饮用标准，对皮肤的美白有奇效，并且对身体痛风及糖尿病等各种慢性病患者有很好的疗愈效果。

云灵山景区建有80个床位的星级酒店、可同时容纳1000人以上就餐的团餐楼、200个床位的研学住宿楼、特色餐饮（云天寨和云灵小苑）、20个灶头的TIY餐厅、30座林间蘑菇酒店、古村落露营地、5千米的峡谷漂流、儿童戏水乐园、1160的高空滑索、800米的飞拉达攀岩、巴坑体育公园，建有3000平方室内运动场、400米标准赛道足球田径运动场、笼式多功能运动场、笼式篮球场、笼式门球场以及配套的智慧体育项目等。巴坑民俗文化艺术中心、康养中心、民宿3栋、朴门农场、村上村古树林公园、

30 亩高山生态茶园、生态果园，种有梨、桃、百香果等，4 个标准钓鱼比赛池。林玉令全身心投入云灵山景区建设之中，为乡村旅游、为乡村振兴倾力付出。

第四章

01　拿口样板

与绿水青山相约，与邵武重镇拿口相约。

人间四月天，大山皆绿，飞燕剪柳。正是桃花落红，梨花始开的季节。这花开花谢的大自然情景，让人亦喜亦惜，美在花开，也美在花落。花落芬芳满地，花开香溢四处。拿口镇有太多的魅力与诱惑，就如著名诗论家、拿口人严羽言"羚羊挂角无觅处"。

古人言：近山者仁，近水者智。依山傍水、有岸临水的拿口镇二者兼而有之，自是别有一番独特的美景。拿口镇是邵武市东部地区的中心重镇，北宋太平兴国四年（979）就设有拿口寨；元代设巡检司，下设拿口站；明代设水马驿，因旧有码头九座，是闽北地区通商口岸，又名拿口市；明属富阳下乡，称二十二都；民国时期改称拿口镇；新中国成立初设第三区区公所。1958年，拿口、朱坊两地相继成立公社，1971年两社合并，称朱坊公社；因公社驻地在拿口，1981年更名为拿口公社。

拿口的交通比较便捷，有鹰厦铁路、顺邵高速、316国道以及富屯溪河贯穿全境，总面积344平方千米，有14个建制村及第二居委会、池下采育场、下村茶果场，下设136个村民小组，总人口25058人。2021年，有企业 54 家，其中规模工业以上企业 6 家，全镇规模以上工业总产值 12 亿元，全年财政收入 4479.47 万元，其中一般公共预算收入 2060.97 万元，上级补助收入 2418.5 万元。

说到"拿口样板"这个词，事出有因。拿口人自豪地说，这里是全国楷模廖俊波精神的发源地，其中更饱含着全邵武人对廖俊波这个杰出共产党人的敬意。

邵武是廖俊波最为难忘、最为钟情的地方。从他 1990 年参加工作分配到邵武当教师开始，直到 2006 年从任上的副市长调离邵武，他一生 27 年工作生涯中的三分之二，整整 16 年奉献给了邵武。可以说邵武是他人生中得到锻炼最多、受益最多，情感最深的一个地方。而拿口镇则是他第一次主政的试验田，在这块田里充满了的激情与过往。他调任拿口后的日子里，总是对这块土地难以忘怀，偶回拿口，感情难以言说。

廖俊波是新时代的英雄人物，但拿口百姓的想法来得朴素实在，他们认为英雄是一个主观的概念，更多的人愿意相信廖俊波是有血有肉的平凡人。他没有战争年代的惊天动地、轰轰烈烈、一鸣惊人，只有和平时期的兢兢业业、勤勤恳恳、平凡无奇。从加入中国共产党的那天起，他不忘初心，一诺无悔，几十年如一日，风里走、雨里走、山里走、田里走，鞠躬尽瘁、用忠诚铸就了一个人民的好公仆。

参天之木，必有其根；耸立之峰，日积月累。

廖俊波成为全国优秀共产党员、全国百名优秀县委书记，冰冻三尺，非一时之功。这首先与他从小受中国优秀传统文化的熏陶是分不开的，与他善良淳朴父母亲的言传身教分不开的。廖俊波的品德修养一半来自知识营养，另一半来自家庭的良好教育。朴素的人生哲理，优秀的传统文化、纯正的家教家风，如同雨润万物，给予了廖俊波成长的营养与基础。使得他在少年时就充满了为他人着想的侠肝义胆，在他身上可以明显地感受到闽越文化、朱子文化的韵味。

廖俊波自己亦说：一个对本民族历史文化知之甚少的人，在精神上便缺乏一种归属感；一个对自己的传统文化不懂得继承发扬的人无法成为一个侠义之士。无论时代怎么变迁，有些老祖宗传下来的老规矩、好规矩我们不能丢。

待廖俊波成为共产党员后，尤其是主政拿口之后，明显有了质的转变。廖俊波任拿口镇长时，年幼的女儿问："爸爸，你是镇上最大的人吗？"

廖俊波笑了笑，很认真地回答女儿："不，爸爸是全镇最小的人，因为爸爸是为全镇人服务的。"

这句话情真意挚，绝无虚言，且一言九鼎。从拿口镇镇长、党委书记、邵武市副市长，直到后来的南平市常务副市长，无论大事小事，廖俊波皆以此身效力行。他在拿口镇这方土地上生活工作了整整 6 个春夏秋冬。可以说，拿口镇是他人生经历中得到锻炼最多、受益最多、情感最深的一个地方。廖俊波在拿口工作期间，与拿口干部群众共同努力，搭建了闽北首个乡镇级工业平台，以保姆式服务引进兴达竹业等 20 多家企业落地园区，带动了拿口镇的产业发展；不到一年时间，新建了占地 15 亩的庄上新村，解决了 500 多户受灾群众搬迁新居的问题；新建了占地 22.7 亩的八一小学，解决灾后庄上小学的教学问题；修建了总长 19.6 千米、宽 5 米多的拿朱水泥硬化公路，涉及朱坊、加尚、山下、池下等村，受益面达到全镇的一半人口。2001 年 12 月，他带领干群同艰险、共患难，扑灭燃烧了五天四夜的龙山森林火灾。廖俊波在简历中写下："我认为，人最重要的一要忠诚，二要能干，三要自律，一、三两点我可以做到，第二点我会尽最大努力去靠近。"这既是他为人的理念，也是他一生实践的写照。

廖俊波由青少年时期单纯的侠客梦，上升到为广大百姓谋利益的高尚境界，并以此作为自己的初心，把中华民族的强国之梦，作为自己一生的理想与追求。这是一种情之所至、水到渠成的延续与升华。众多新时代的杰出人物聚集在中国共产党的党旗下，而廖俊波只是其中的一个楷模。

"感动中国"组委会的评语同样说得朴实无华：

"人民的樵夫，不忘初心。上山寻路，扎实工作，廉洁奉公，牢记党的话，温暖群众的心。春茶记住你的目光，青山留下你的足迹，谁把人民扛在肩上，人民就把谁装进心里。"

最深沉的爱总是风雨兼程，最浓厚的情总是冷暖与共，最美的风景不在远方，而在心上。生命中有很多人，在时光的流逝中，慢慢地就散了。有很多事，渐渐地就淡了，更不用说人离世后的阴阳两隔、烟消云散，但拿口人民不会忘记廖俊波，他是拿口人生命中的常忆、长忆。八年多过去了，只要一想起廖俊波，他生前的音容笑貌，点点滴滴就会在人们眼前浮现。晓看天色暮看云，让人行也思君，坐也思君。看到一朵花开，觉是他在花蕾中微笑，看到夜空中闪烁的明星，觉得是他在眨着眼睛，一切让人沉浸在不尽的痛惜与追思之中。

2023 年 5 月 19 日，中共邵武市委组织部在拿口举行拿口镇党校揭牌仪式，廖俊波父母应邀到场开讲第一堂党课。

廖俊波是拿口人心中永远的记忆，拿口镇发挥先进典型示范的引领作用，发扬廖俊波精神，展示"廖俊波的公仆情怀，从拿口出发"。拿口人实打实干，策划推动了一批大项目、好项目，在发展中保障和改善民生：2023 年持续开展"三大攻坚"行动，策划项目 22 个，总投资 42.04 亿元；全年完成招商引资签约项目 8 个，总投资 5 亿元；确保全年开工省市重点项目 1 个以上，邵武市本级竣工项目 12 个以上。

02 求 变

盛夏近荷塘，碧叶遮骄阳。暑风如灼人的热浪袭面而来，又一个炎热的三伏天。这是全国独一无二的展示馆。2022 年 7 月 7 日，邵武市科技特派员展示馆开馆仪式在拿口绿色农业（食品）产业园举行。展示馆建筑面积 260 平方米，共展出各种照片 100 多幅，分为三个版块，4 个展厅，三块电子屏幕可滚动播放邵武市科特派工作纪实、习近平总书记 2021 年 3 月来南平视察录像以及拿口镇科特派产业服务基地实景。科技特派员制度发端于福建、发源于南平，是习近平总书记在福建工作时亲切指导、总结提升并推动发展的工作机制创新。

农业的根本出路在科技、在教育，要把科技兴农作为促进国民经济发展的原动力，不断提高农业科技含量，以此提高农业经济效益、发展农业的现代化，必须把农业和农村经济增长转到依靠科技进步和提高劳动者素质的轨道上来。

1998 年 11 月，南平市委、市政府组织了一次史无前例的千人大调研，近千名干部由市四套班子领导亲自带队，进村入户，寻求"三农"的破题之道。千人大调研后，综合各调研组得到的情况深入分析，南平市委发现环环相扣的五个"结"制约了"三农"发展，即滞后的科技服务、乏力的农业投入、难以适应市场的农民、断层的领导体系、农民对民主法制的诉求和实际背离等五个"结"。农村基层科技力量不足和科技服务缺位导致闽北农村科技的落后，而科技的落后又使得农产品品质不优、产量不高、结构性过剩；农民在市场经济条件下，难以适应现代种养业的发展，从而难以推动农业产业结构的调整和农业产业化的进程。

这是三农问题的五个"结"，先解哪个？不言而喻！

首先必须以推动科技直接深入农村为突破口，把一批有知识、有能力、素质高的同志充实到基层组织中去。当时南平市机关事业单位中有 2800 多名农业科技人员，其中 690 人具有中高级以上职称。这是何其宝贵的人力资源！盘活他们，将一举两得，既能激活农村，带动农民致富，又能调动机关事业单位干部工作积极性、创造性，体现科技工作者的价值，改进机关人浮于事的工作作风。

雷厉风行，只争朝夕。很快，改革方案即刻推出：从机关事业单位中选派一批有农业技术专长、会干事、有基层工作经验的干部去农村任科技特派员，手把手、面对面为农民提供科技服务。

1999 年 2 月，首批 225 名科技人员下派进驻 215 个村，他们主要来自市、县两级政府机关和事业单位，有涉农部门干部、农业科研院所的研究人员和乡镇农技站的技术人员。市里给了他们一个很庄重的称号——科技特派员。科特派制度诞生后不久，很快地在闽北乡野间涌现出了一批"明星"，农民群众对他们非常敬重。

大批科技特派员带着任务和责任长住农村，手把手地教农民掌握农业技术，帮助解决生产中的技术难题，既推广了农业科学技术知识、提高了农民的科技素质、培养了一大批乡土技术人员，又引导和组织农民运用现代农业科学技术改造、嫁接传统农业，有效地提高了农业生产效益。

南平市在干部下派方面所做的工作，是市场经济条件下创新农村工作机制的一种有益探索。南平先做了探索，打造了一个样板，取得了显著工作成效。如今，发端于闽北的星星之火已燎原。作为解决"三农"问题的重要抓手，科技特派员制度得到了众多专家学者的高度认可。

陈克华是一名乡镇科技特派员，后来走出国门援外。陈克华是邵武本地人，小时受家庭种菇影响，深深地爱上了食用菌这门技术。1985年，他通过洪墩镇政府的招聘考试，考到当地食用菌站。1990年，他考上福建农学院的园艺系，毕业后分配到沿山镇食用菌站。由于常年在田地里奔走，他皮肤黝黑，身材敦实，是小有名气的食用菌专家，承担了福建省科技厅《南平市食用菌产业化关键技术示范》等5个省级食用菌科研项目，并荣获福建省科技进步二等奖。1995年起，他担任福建农林大学菌草生物工程研究协会会员、常务理事，并担任邵武市科技特派员食用菌服务产业组组长，荣获福建省优秀科技特派员称号。

陈克华从2012年3月开始阶段性的援非工作，一直持续到现在。11年半的时间里，他援非时间有7年多。第一次是去厄立特里亚1年，他得到援助国农业部的高度赞赏；第二次是去斐济2年，他被中国驻斐济大使馆经商处评定为两年度优秀；第三次是去莱索托，他任项目组组长，被中国驻莱索托大使馆经商处评定为两年度评优；第四次是去中非，已经超过

2 年。

在厄立特里亚，他成功地栽培出 2 个食用菌品种，成为总统府招待贵宾常用菜，被该国"载入史册"。在斐济，他培育出灵芝、紫孢平菇、草菇等 8 种菌草菇在不同季节不同区域的栽培（种植）方法，并在当地推广菌草和菌草菇种植技术。在莱索托，他与当地农业部门实践"基地＋旗舰店＋农户"模式，形成较为完整的菌草技术推广体系。在中非，他荣获中非农业农村部贡献奖。

2001 年，菌草技术作为官方援助项目首次在巴布亚新几内亚落地。以此为发端，菌草带着中国人民的博爱善良奔向世界，从南太到非洲，从南亚到拉美，再到联合国的大平台，开启了造福人类之旅。20 年来菌草技术助力扶贫、生态环境保护和可持续发展，把财富和希望带给各国人民，成为同杂交水稻比肩的中国援外扶贫"金字招牌"，受到热烈追捧。

"2022 不凡之年，疫情、疟疾、战乱、恐怖、暴雨、油荒等，终于克服重重困难，圆满收官，喜迎 2023 平安健康。"这条朋友圈信息浓缩了陈克华"援非"所遇到的困难，但他在非洲复制了中国科技特派员制度，复制了中国科技特派员精神。一颗菌，给非洲人民带去了中国的福音，唱响了中国与非洲人民的友谊之歌。

邵武市委、市政府以钉钉子精神锲而不舍地推动科技特派员工作机制创新发展。截至目前，共选任了 15 批 1824 名科技特派员。

拿口镇是科技特派员工作机制的积极推动者，2016 年，拿口镇发挥庄上村原有的良好奶牛养殖基础，引进福建顺鑫鑫源食品公司，新征地近 180 亩建设现代生态科技牛舍，从澳洲引进 3000 头安格斯母牛养殖，打造澳洲安格斯肉牛养殖牛犊繁育基地。但由于地理气候情况，公司遇到了诸多技术瓶颈问题，拿口镇针对这一情况，从国内多家农业科研院校引进专业人才，组建企业发展所需的科技特派员团队，为企业解决了一系列技术难题。

来自中国农业大学的李鹏博士 2018 年被选为省级科技特派员，入驻福建顺鑫鑫源食品公司后，他始终把动物疫病防治工作摆在首要位置。根据邵武市的气候特征、当地疫病发生规律、牧场的存栏规模及发展规划等，他制定了一系列的规章制度，如"肉牛养殖卫生防疫体系""肉牛饲养管理操作规程"等，并协助公司行政办规范了公司的"人员管理制度"等。在这些制度的规范和约束下，公司各项工作更加有条不紊，肉牛整体状态更加活跃健康。在无疫情的正常情况下，药物使用量从每天约418元减少至每天约120元，每月为公司减少开支近1万元；牧草的加工和搭配更加合理，每头牛的采食消费金额从每天约16.5元，降低至每天约15元，每月为企业节省开支约13.5万元。

肉牛养殖过程中会产生大量的粪污，李鹏通过不断的工艺探索和配方调制，最终研制出高品质的牛粪有机肥，解决环保问题的同时，还给公司创造了较好的经济效益。目前公司每年可生产有机肥约7000吨，产值可达280余万元。他充分发挥科技特派员带动引领作用，带动农户种植玉米和象草，有力地推动了饲草料本地化工作，目前带动面积达1000亩，年产粗饲料约3000吨，为企业降低生产成本的同时，带动了当地农户增收致富。

他通过与科特派团队其他成员视频以及电话联系的方式，为企业解决各项（技术）瓶颈。近年来，福建顺鑫鑫源食品公司建起了省科技特派员示范基地，所引进的澳洲安格斯母牛不断繁育出小牛犊，供给当地及周边县市加盟公司的广大养殖户，2021年公司实现产值1亿元。

2019年，福建农林大学的甘薯专家正式成为拿口镇的省级科技特派员，组建了一支涵盖红薯育种、种植、农机服务、产品研究等方面的5人专家团队，每月实地为拿口镇提供为期7天的技术服务。除了红薯种植有专门的科技特派服务外，拿口镇还拥有一支由24名各行各业专家组成的涵盖果树栽培、动物防疫、病虫害治理等领域的队伍。在实际操作中，专家团指导农户在起垄、割草、施肥时采用农机耕作，拿口镇先后采购农机设备40多台，作业效率提高至先前的8～10倍，有效降低劳动强度和成本，提高作业效率。在专家的指导下，200多户农户加盟种植行列，发展种植面积3000多亩，成功打造红薯淀粉生产基地。

到了收割红薯的季节，传统人工一天收割量在半亩左右，由于人手不足，大量地瓜滞留在田间来不及收割。针对这一现象，专家团队又为拿口镇引进了打藤机和地瓜挖掘机，使用起地瓜机，每天可收割量达 5～6 亩。在红薯加工厂的建设中，拿口镇也碰到了许多困难，如加工地瓜的过程中会产生大量的食品污水，经过一定时间浸泡特别是太阳暴晒后，水质容易变黑、发臭。专家团队又设计了一套专门针对甘薯淀粉生产的污水处理系统，利用纳米技术处理污水提高除臭效果，并提供地瓜渣再利用转化为膳食纤维的专业技术，解决了残渣污染及回收利用问题。科技特派员制度为乡村振兴提供源源不断的驱动力。

拿口镇现有 18 名科技特派员，科特派工作站直接入驻产业园，为当地畜牧兽医、畜禽养殖、农技推广、农产品加工、动植物防疫及中药材产业等提供了技术指导与培训服务。为助推产业发展，科技特派员广泛联系农技员、种粮大户的同时牵手企业、合作社。范世明教授驻点拿口荣辉林下经济合作社指导药食两用瓜蒌子 460 亩种植生产；驻点拿口顺鑫鑫源食品有限公司的李鹏博士，重点示范推广胚胎移植技术在安格斯牛上的应用和好氧发酵技术在牛粪有机肥生产的应用项目，帮助打造龙头企业技术团队；邵武市畜牧站的吴晓忠把顺鑫发展作为己任，建立发展"公司＋合作社＋贫困户"模式，积极引导 30 多户贫困户加入肉牛养殖合作社，推广肉牛养殖 3000 头。

2020 年 3 月，艾茂才作为南平市级科技特派员，被选派到拿口镇三峰村，带领三峰村建档立卡贫困户"飞地抱团"，到水北镇一都村李家坊组流转土地 140 多亩，领创"峰都果蔬种植专业合作社"种植瓜蒌，并以科技特派员身份实际占股 50% 带头入股到合作社，与农民结成利益共同体。他探索"科特派＋合作社＋贫困村＋农户"的发展模式，为村里争取激励性扶贫产业项目资金，投入合作项目中。2023 年 3 月 22 日，艾茂才由瓜蒌新改种长豆果蔬，并新建制种基地，邀请练小娟、吴晓红等专业人士到一都村进行技术指导。他还协调肉牛养殖"托牛所"、竹业企业，"牵手"村里脱贫户以小额信贷方式入股分红，每年每户获得固定分红。三年来，村集体每年获得固定收益 6%；吸纳拿口镇 12 个村 20 户脱贫户资金入股，每户均获得了 3000 元的固定分红；接纳 45 名脱贫户和其他村民在合作社务工，人均务工收入 1.2 万余元。村集体自主经营收入从科技特派员下派前的空壳村，到如今年收入 20 余万元。

据不完全统计，邵武市科技特派员仅在 2022 年以来就推广了农业"五新"技术 319 项，服务农民 6471 户，农民增收 4415 户。享誉福建的百香果最早在邵武种植发展是由台湾省科技特派员吴记引进，如今已有 7 个团队包含 11 位台湾技术人员到邵武市开展服务，依托大铺山农场的"吉夫纳"凤梨释迦、肖家坊精致农业基地的四季桃、熙春农业公司的"紫晶蜜"莲雾等基地，邵武现在已成为成功移栽台湾南果北种的全球最北纬度（北纬27.3°）地区，真正让台湾果香香飘铁城变为现实。而一个个成功案例也吸引着越来越多的台湾人士来邵创业，形成科技示范的"洼地效益"。

其实，科技特派员不仅在农村农业中发挥重要作用，在其他领域也发挥着不可忽视的能量。为全面提升邵武经济科技含量，2022 年 10 月 10 日，邵武市政府与福州大学战略合作签约仪式在福州大学国家大学科技园阳光科技大厦举行。福州大学与邵武市结缘颇深，福大的新材料、化学、生物医学等学科与邵武主导产业高度契合，开展了深度科技合作，签订了飞地科技园、邵武氟新材料研究院等共建协议，本次签约将进一步推动校地更高质量的合作，更好地服务邵武市经济社会发展。

2023 年 10 月 28 日上午，福州大学旗山校区综合实验楼（邵武楼）奠基，标志着双方的校地合作跨上了新台阶，产教融合迈出了新步伐，人才工作实现新突破。2023 年 7 月 7 日，福州大学与邵武市政府举行"福州大学科技特派员服务团工作站"揭牌仪式，全面开启校地合作、创新发展的崭新篇章。

借助科技力量实现飞跃的还有永晶科技公司，生产过程中的副产物循环利用技术实现多项突破，进一步提升公司的生产效率。没有高科技含量的产品在市场上缺乏竞争力，公司长期高度注重研发，建成研发中心，并投入价值超 2000 万元的各类设备，另外还与中科院有机所等国内外知名研发机构达成合作，先后开发了一批关键技术和前瞻性技术，自主研发生产和利用管束式槽车充装的氟氮混合气是目前国内唯一替代进口的厂家。

金塘园区管委会派出专业对口的科技特派员帮助企业，在工艺改进、产品研发、专利申请、市场开拓、链条延伸等各环节注入科技力量，引领科技赋能，引导他们推行技术研发，生产新产品，避免产品同质化，为企业发展装上"科技引擎"。建立利益共同体对科技特派员有很大的动力，一旦签订了服务合同，他们就是企业的一分子，当然会全身心地投入到科技创新、技术研发等各方面。

政府的牵线搭桥、科技特派员的技术帮扶、高等院校和科研院所的团队支撑，邵武多家企业投入千万元以上的科研经费，纷纷建设实验室、研究所、科技楼，并组建技术攻关团队，成为企业在低谷中迈向腾飞的"新法宝"。比如永晶公司率福建省之先建立过程安全实验室并通过 CNAS 认证，永太公司建立国内一流的 2000 平方米研发实验室，此外还有远翔、天宇、鑫森等公司也建立了相应的技术研发机构。

邵武市选认的科技特派员服务第二、第三产业的占比达 29%，助力工业企业累计完成技改 64 项，降低了企业成本 2 亿多元，这些数字还在不断扩大。组建于 2016 年的邵武永太含氟聚合物研发科特派团队服务邵武永太高新材料有限公司，团队已成功开发出新一代锂盐电解质材料——双氟磺酰亚胺锂，该材料是当前应用最广泛的六氟磷酸锂的更优选择对象。邵武永太高新材料有限公司目前正推进该成果的项目技改，预计 2023 年初可形成年产 4 万吨的生产规模，企业产值可实现 20 亿元以上，将为邵武经济发展注入一针强心剂。

03　蝶　变

在乡村振兴中，拿口镇探索的"农业生态银行"模式，得到村民们众口一词的赞赏。多年来，由于城镇化进程的加快，农村劳动力人口逐年缩减，农村土地资源出现"碎片化"的现象，土地生产利用率低下，无法有效实现土地规模效益。为此，拿口镇政府以"农业生态银行"的试点为契机，全额出资成立邵武市振鑫农业综合开发有限公司作为市场化运营平台，抽调干部专门负责企业运营，借鉴商业银行"分散化输入、集中式输出"的理念，将分散低效的生态资源收储，通过规模化整合提升转换成集中高效的优质资产包，并以第二产业（农业加工业）为核心吸引产业投资商进行专业化运营，通过"二产带动一产链接三产"的发展模式推动农业全产业链条的循环发展，促使产业各方生产参与者在专业化运营过程中各司其职，最终实现综合效益的最大化和利益链条的有效联结。

公司流转耕地 2000 余亩，将收储的耕地资源通过完善基础设施配套，如路沟渠等农田水利项目和农田标准化建设项目，提高土地等级。公司收购原天棋美术艺品公司土地和房产，打造拿口镇绿色农业（食品）产业园，引进并入股鑫业农业、鑫绿食品、鑫亿林农业、顺意农业等企业，发展订单种植脱毒红薯 3000 亩，槟榔芋 1000 亩。这样，不仅村民的田地得到更好地利用，有了租金收入，还增加了村民的种植和务工收入。

种水稻一亩只有 1500 元收益，种红薯有 3000 元，种槟榔芋有 6000 元，上班一个月还可以赚到三四千元。又种红薯、又在公司上班的村民算了一笔项目带来的增收账后开心地说："镇里的领导都很关心我们，经常来厂里了解我们需要什么，也及时能解决我们的困难。"实现农村碎片化土地整合后规模化经营，促进了农业产业朝着现代化发展。

烟叶是邵武市几十年树立的一个从种植、烘烤、销售等全程技术服务链最完整的一个产业项目。烤房性能是烟农种烟的关键技术，其经历过用柴、柴煤结合、柴煤电结合、煤电结合等多次升级，烟农的劳动量、成本都得到全面提升，但烤房升级永远在路上。

2021 年，拿口镇发现烤烟设备老旧，主动与相关部门联系，经过多方协调，由镇、村两级和邵武市烟草专卖局共同出资 420 万元，对 2010 年建造的 162 座烤烟房进行整体修缮及设备升级。此次烤烟房整体提升项目是整旧立新，将传统燃煤烤烟房改造为煤、生物颗粒两用式烤烟房，散热管由 3 道改造为 4 道，实现智能控温，温、湿度感应相对灵敏度都有提高，有效改善因烤烟房年久失修致烟叶烘烤质量不高问题，为农民稳产、增产提供有效基础保障。同时考虑到节能减排的问题，烤烟房采用生物颗粒燃料，有效降低二氧化硫、二氧化碳、一氧化碳、氮氧化物和粉尘等污染物排放，致力实现绿色烘烤。

技改后，将烟农从劳动强度大、技术要求高的环节中解放出来，帮助烟农降低成本、提高效益的同时，大幅提升燃料使用率，添加一次燃料燃烧时间由传统烧煤的 3 ～ 4 小时延长至 10 小时，成本节约 5% ～ 6%。改造后，烤烟房可承担全镇 3240 亩（900 烤）烟叶烘烤任务，专业化烟叶烘烤量达 100%，大幅提升了烤烟效率和烘烤品质。

每一次的烤烟技术改进，都是从节省劳力、节省劳动强度、提高烤烟质量、降低生产成本，切实关心烟农既得利益。

2019 年 5 月，拿口镇加尚村股份经济合作社正式揭牌，农户领到了股权证。此举标志着该村村集体经济产权制度改革任务完成，并成为南平市"股改第一村"。

2018 年 5 月，邵武市委、市政府就将拿口镇加尚村作为股改试点村，就集体产权制度改革方案和村集体经济组织成员身份界定方案由全体村民代表大会表决通过，并予以公示；8 月全面完成了用于折股量化经营性资产、可盘活的资源性资产山林面积 26680 亩的各项核查工作；11 月经反复讨论修改的股份经济合作社章程、股权设置方案初步形成上报镇政府；至 2019 年 3 月章程、股权设置定稿经该村每户走访签字确认完成，对该村现有 26680 亩有经营收入的山林资产进行股份配置，让全村村民成为村股份经济合作社社员。按配置方案，村民共同持有 85% 的股份，村集体则持有 15% 的股份，实行每年一分红。该村 431 户 1726 名村民摇身一变成"股民"，2019 年度人均享受分红 400 余元合计 70 余万元，村集体经济收益超过 30 万元，每一位村民股东真正共享了"金山银山"产业发展的成果，在实现资源变资产、资金变股金、农民变股东的农村"三变改革"里做出了一次大胆而全新的探索，在闽北山区成百上千个村集体股份制经济的乡村振兴道路上积累了宝贵的经验。

加尚村有生态林面积 17350 亩，他们采取"三级管护"模式，一级将生态林分割为 9 块，由 9 个村民小组就近管护；二级由村民代表民主选派 2 位责任心强的年轻人进行全天候巡山管护；三级为村两委干部每月进行不定时巡山监管。经管护的十几年来，每年还可获得国家生态林补助金 30 余万元。如今，加尚村是福建省级乡村振兴示范点，年村财收入达到 100 万元以上。村部所在地中心建起小公园，面积 1000 多平方米，新建公益性凉亭，成为村民休闲娱乐场所；建设加尚村民中心和老人幸福院；完善加尚、大炉际、寺前等自然组的农田基础设施建设；水泥硬化寺前组机耕路，加尚、麻墩两个自然村的巷道；全村实现三格化粪池改造 100%；5 个自然组新建公厕 6 座、凉亭 5 座，村容村貌全面改善。

依托拿口镇政府联合投资成立邵武市鑫顺犇农业发展有限公司，由公司提供肉牛幼崽，庄上村经济合作社提供场地、人力及物力对肉牛幼崽进行饲养，养成后由公司收购，促进村财增收。项目总投资 1500 万元，拿口镇占股 55%，庄上村占股 45%。项目工程占地面积 57.8 亩，建设四栋牛舍、青贮平台、精料库、干草棚、地磅、门卫室、消毒池、生产办公室及员工宿舍、配电室、消毒更衣室、装卸平台、干粪堆放棚、干粪晾晒场等及配备其他生产经营设备。

庄上村 2016 年 2 月被南平市人民政府授予星级美丽村庄，同时被中共南平市委、南平市人民政府评为文明村镇；2018 年 7 月被中共福建省委、福建省人民政府评为第十三届文明村；2019 年被列为福建省乡村振兴试点村，南平乡村振兴示范村；2019 年 6 月被中共南平市委组织部评为规范化村党组织；2020 年 11 月被中央精神文明建设指导委员会评为第六届全国文明村镇；2020 年 11 月被农业农村部评为全国一村一品示范村镇（肉牛）；

2020 年 12 月被福建省绿化委员会、福建省林业局评为 2020 年度福建省森林村庄，2024 年荣获南平市"三争"行动先进集体。

近年来，拿口镇深入学习廖俊波同志"每年都要给老百姓一个惊喜"的工作方法和务实精神，积极推进集镇环境整治项目，针对镇区内的车辆乱停放、缆线乱拉、公共空间配置不完善等问题，制定了一系列的整治措施。拿口通过积极与电信等部门联合整治飞线问题，以梳理清理乱线、更换老旧废弃线路等方式确保弱电下地、强电整改，进一步消除安全隐患、提升集镇形象，累计整治下地电杆 66 处，清理废弃缆线 7920 米，通过"飞线"治理，让人居环境"无线"美丽，全力打造一个融合多元文化、开放包容的工贸文旅集镇。以前街面上的各种缆线乱七八糟，很不美观，还存在安全隐患。现在全都整理好了，不仅干净清爽，大家出行也更安全了。说起生活环境，百姓们连声称赞说："原来周边邻居喜欢饭后在河岸边散步，可是河岸两侧杂草多、蚊虫多，天色一暗路都看不见，没法久待。现在河岸旁建成了河长制主题公园，大家都很高兴。"

近年来，拿口镇对照产业兴旺、生态宜居、乡风文明、治理有效、生活富裕的总要求，做大做强一镇一特色、一村一品优势产业，积极打造党建富民强村品牌。在一产方面突出地域优势，打造特色产业。池下村统一流转闲置抛荒梯田进行改造利用，打造龙脊梯田，培育"畲村天福大米"特色品牌；朱坊村以"公司＋合作社＋农户"的发展模式，年生产精茶 5 万多千克，增加农户增收渠道；加尚村引进台湾红心火龙果，流转土地投入乡村振兴专项资金建设智能温控大棚，带动村财增收；二是推行村社一体，创新经营模式。推广竹林规模化、集约化、现代化经营，实现毛竹林的生态价值转化，固住村以 4109 亩竹山入股，成立村社一体合作社，竹林由合作社经营，通过专业化管理培育优质竹林，实现利润最大化；三是盘活土地资源，强化土地整治。建设邵武市拿口绿色农业（食品）产业园土地流转项目，项目规划建设槟榔芋、红薯、包菜、韭菜、香葱等配套生产基地 1000 亩。

做大做强二产，大力发展农产品加工业。拿口镇一是打造全竹茶空间备料基地，与福人集团邵武公司合作，投入 1800 万元成立全竹茶空间备料基地，帮助企业解决厂房和配套基础设施问题，争取将周边毛竹"颗粒归仓"，解决竹农种竹后顾之忧；二是打造竹材（孵化）研究中心，与南京林业大学生物质材料国家工程研究中心、邵武市兴达竹业有限责任公司签订"澳莆（上海）环保科技有限公司竹材料生产基地"项目合作协议书，搭建产学研合作平台，及时向企业传达技改补助政策，指导企业制定发展计划；三是打造庄上村肉牛养殖项目，由镇政府和庄上村共同投资建设，建成后交由中福海峡（平潭）发展股份有限公司托管经营。项目建成后可新增肉牛存栏量 1200 头，实现企业和镇村两级合作共赢；四是打造农文旅示范带，以邵武首家乡镇党校挂牌开班为契机，联合廖俊波先进事迹展示馆、科技特派员展示馆打造教育专线。紧紧围绕"绿水青山就是金山银山"的发展理念，依托绿色生态优势基础，走出一条具有拿口特色的绿色发展之路。其中池下村围绕打造"万顷森林、千年古刹、百年畲村、红色堡垒、龙脊梯田"总体思路谋划发展，锚定乡村振兴和畲族文化传承既定目标，将绿色与产业相融合，促进乡村振兴取得更多实效。

04　乡村文化

金风拂面、红叶飘逸，美了秋韵，美了乡村。秋天物华秋实，是一个收获的季节，也是丰收的季节，

拿口镇古风洋溢，砖瓦基石，楼台亭阁，尽显岁月的油彩：那古桥、古寺、古厝、古道、古街，无不历史悠久，文化悠久，积淀深厚于其中。一个精致的公园出现在溪边，使得古渡古樟更亲、溪边更美。

拿口镇集镇环境整治作为福建省城乡风貌提升计划中，是代表南平市的一个样板项目。镇宣传委员告诉我们："早在半年前，我们就邀请了厦门

大学嘉庚学院建筑学院院长、福州大学人居环境研究所所长、建筑与城乡规划学院的教授及其他们的团队，进驻拿口镇开展集镇环境整治设计指导工作。"在集镇整治中，他们借鉴台湾社区营造经验，开展绿化景观的微整治、微改造，将缺点转变为优点。现在的拿口公园，曾经是连片的老建筑，它们在前些年的危房改造中被拆除，于是两边被拆除的位置成了残破的缺口，显得有些难看。团队将残垣清理干净，铺设水泥、木板，在入口处设计成广场，兴建亭台、楼梯、水池等，规划广场的结构层次，建造成同名于拿口镇的"拿口公园"，打造出属于拿口镇自己的集镇名片。

在拿口公园改造装修的过程中，下广场空留出了一个大空间，被设计成为一个标准化、规范化、大众化的茶馆；马耳滩口岸对面的田地常常在汛期被洪水淹没，且码头老旧破败，他们就重新修建河堤、台阶，将马耳滩打造成为既有防洪功能，又有观赏价值的绿化带。田边的草坪杂草丛生，到了夏季蚊虫乱舞，他们借助马耳滩口岸形成风口的特点，计划打造出一半在水面、一半在草地上的沧澜茶轩，让居民们好喝茶又好乘凉。

拿口的环境整治不仅在注重改造自然环境，还注重公共空间的打造，因此，团队将拿口镇低洼处的排污池进行了改造，让散发着恶臭的污水变成可以观赏的中心池景观；设计围绕水池建造围栏、步道，并沿着他们栽植树木花草，让曾经坑坑洼洼的泥巴地变为绿化步道；在池对岸建造了污水抽水泵，让方正亮白外形的抽水泵同样也能作为工业景观，在发挥它的污水处理功能的同时获得观赏性。环境实现了观赏性、功能性、使用性、经济性的需求整合。这在打造"古樟古渡园"充分显示了这一点。

拿口在宋朝开设马驿，在明清时期增设水驿，是闽北地区重要的水运交通枢纽。古樟与古镇，见证了古镇的昨天与今天，还将见证古镇的未来。古渡记载着无数游子，出发与归来的画面，筑成富屯溪航道孕育的水运文化。

作为拿口铁路站和铁路沿线交通而形成的铁路文化亦在此次打造之列，此举得到了怀旧的乡民们高度认可点赞。鹰厦铁路于1955年动工，1956年拿口段投入运营，是福建省境内一条连接江西省的国铁三级线，中国东南沿海重要的铁路干线。

古人曰："人无酬天之力，天有养人之心。天机所到都成趣，人力非关别有神。"大自然中的点点处处、时时分分，皆是安排有节有度，增一点多余，少一点则不足。通过精心规划、精心打造，拿口镇更显幽深宁静、古朴厚重，这让很多在外的游子乡愁萦于心，身心有所归。保留古镇情结理念，是设计师整治的一个重要考量点。在二居院子的二楼，新修建的凉亭在阳光的映衬下闪烁着光芒，顶棚下的阴影处成为二居工作人员临时驻足纳凉的好地方，左右两面的房屋从原来的高低不平变得对称而美观。除此之外，二居院子里还摆放了谷风车、蓑衣、植物盆栽等许多古色古香又精致唯美的物件，给整个院子添了一份传统民居的宁静和安逸。镇政府大院里的戏院也被进行了改造。他们将残破的墙体进行了修缮，重新布局和装修了剧院内场；借鉴台湾老街改造提升经验，突出传统建筑和手工艺文化重点，挖掘了位于拿口老街上老字号理发店，进行重装设计与改造。为了让理发店的传统理发手艺惠及更多居民，李教授团队为理发店设计了独特的老字号招牌，招牌上的店标形如"拿"字，却又由变形的"字""号"二字组成，创意性地为店铺做了颇有特色的宣传。

拿口镇集镇整治工程获得了福建省集镇环境整治样板项目建设类别的第二名。整个项目的构想与实施，都展现出新颖构思以及传统文化在当代传承、人与自然协调共生的高质量发展理念。

《严坊》诗曰：

> 撒网宋飞霞，严溪旧育花。
> 深山藏浅寨，大腕着微家。
> 一邑诗评重，三严咏叹华。
> 入神由妙悟，龙薄谱中拿。

这首诗写的是拿口镇严坊村。严坊村子不大，宋朝时却是远近闻名的诗村，先后涌现了严羽、严参、严仁等一批诗人，号称"九严"，尤其是孕育了一位千古传颂的文学巨擘——严羽。他以独具特色的《沧浪诗话》，赢得了"诗话第一人"的美誉，为中华文坛留下了不朽的印记。

严羽，字丹丘，一字仪卿，自号沧浪逋客，世称严沧浪，邵武市拿口镇界竹村严坊组人。在南宋那个文化繁荣的时代，严羽犹如一颗璀璨的星辰，照亮了文人们的前行之路。

严羽所著《沧浪诗话》推崇汉魏盛唐，倡导以禅喻诗，以独特的视角和深刻的感悟，揭示了诗歌创作的奥秘，引领了一代文学风尚。《沧浪诗话》主要针对其时宋诗、特别是江西派的形式主义而发，推崇汉魏盛唐而力反苏、黄，并以禅喻诗。其主要诗歌理论有"妙悟说"，即诗歌创作要有长期修炼，于炉火纯青时，便会顿然领悟；有"别材""别趣"说，即诗歌有自身的艺术特征和规律，"非关书""非关理"，但又不排斥"书"与"理"；有"兴趣"说，即诗歌应该意境完美，如"羚羊挂角，无迹可寻"，又应该摆脱理障事障，"透彻玲珑，不可凑泊"。

在诗歌批评方面，严羽极重风格的批评，包括个人风格批评和时代风格批评，他标举汉魏和盛唐诗，认为前者有古诗人真挚自然，没有"以议论为诗，以学问为诗"的毛病；而后者笔力雄健、气象雄浑，无矫揉造作的人工雕琢感。严羽的诗歌理论及批评，在中国诗史上和中国文学批评史上占有重要的地位。

在南宋的诗坛上，邵武的严羽、王埜、戴复古这三位诗人因他们的诗话楼而传颂千古。诗话楼位于邵武市东南隅，是他们品诗论词、探讨文学的圣地。这里见证了他们深厚的友谊和卓越的艺术成就，留下了无数传世诗篇，成为后人敬仰的文学巨擘。

戴复古受邵武军通判王埜的推荐，到邵武任军学教授。王埜喜欢文学，是相当有名气的诗人，又是邵武军的通判。王埜经常召集诗人相聚登上诗话楼，讨论诗艺、诗法及古人的诗作。

端平元年（1234）冬的一天，王埜邀请严羽、戴复古同登诗话楼吃酒吟诗，谈论诗歌理论。三人这一次在望江楼上论诗，各抒己见，争论不休。王埜倾向于江西诗派。严羽参禅理，提倡"妙悟"，力追盛唐风，反对风靡一时、喜好用典的江西派。戴复古倾向于严羽，反对江西派，但又不同意把诗说得太空灵和玄妙。他们三人无论是平民百姓、著名诗人，还是一方的行政官员，在学术上都持有自己的见解，表现了古代读书人可敬的品格。

严羽在与王埜、戴复古等人交流对诗歌理论理解的同时，广泛吸收了当代文艺思想的积极成果和思想精华，经过进一步的锤炼和改造，逐步形成了自己的独特的认识和思想体系，为撰写《沧浪诗话》打下坚实的基础。

诗话楼三友的故事传颂千古，在这里他们共同度过了无数个品诗论词的夜晚，这种深厚的友谊和共同的艺术追求，使诗话楼成为他们心中永远的精神家园。后人为纪念这一雅事，把三人的塑像置于楼上，供人瞻仰。

自2022年起，由中国作家协会《诗刊》社、福建省文学艺术界联合会、中共邵武市委员会、邵武市人民政府联合举办了"邵武是个好地方·严羽诗歌会"。中国作家协会、福建省文学艺术界联合会、中国诗歌协会等组织的30余名全国业内著名诗人齐聚邵武出席活动。

"邵武是个好地方·严羽诗歌会"成为邵武文化的一个响亮品牌。

第五章

01　古镇和平

　　走进和平镇乡野之中，时值春天。但见绿树绕村庄，清水满陂塘。映入眼帘是桃花红、李花白、菜花黄，大自然尽显五彩斑斓，明艳清丽。呼吸着林间清新芳香的空气，让人顿生盎然与惬意。有文人赞叹和平古镇道：古镇悠悠存世、淡定从容；修炼成了一种众芳摇落独暄妍，衣冠简朴古风存的格调。岁月的包浆在和平古建筑物的飞檐流阁中、在一景一物、一砖一瓦中沉淀出了厚重无瑕的光亮。如同一部百读不倦的传世之作，行间字里流淌出唐诗宋词的精美韵律，千百年的传奇故事在这里跌宕起伏、演绎不衰。每次来到此，总是余兴未尽难别舍，坐到黄昏人悄悄。

　　翻阅和平镇的过往，声名赫赫、非同一般。今天的古镇亦值得欣慰和自豪，它先后获得中国历史文化名镇、福建省最美乡村、国家级生态镇、国家 4A 级旅游景区、文旅兴镇源起之地、乡村旅游四星级休闲集镇、福建省美丽休闲乡村、全域生态旅游小镇等荣誉及称号，所辖的和平村入选金牌旅游村、全国乡村旅游重点村、中国美丽休闲乡村、福建省美丽休闲乡村等；和平村与进贤村共同入选中国第四批传统古村落；危冲村入选福建省第三批传统古村落。

　　和平镇是闽北古民居群的典范，被中国历史名城保护专家、同济大学阮仪三教授称誉为古建筑"活化石"。建镇始于唐朝，距今已1400多年，是福建省历史最悠久的古镇之一。这里在唐宋时期因贸易往来频繁而被称为"旧市街"，为全国罕见的城堡式大村镇。大量留存的明清建筑让整个和平镇宛如一座露天的历史博物馆。

古镇除却保留了数百栋完好的明清古建筑以及20余处人类生活遗址外，还保存有几十条卵石铺砌的古巷道。这些古巷或长或短，有宽有窄，宽者可过轿子，窄者仅容一人可行。这些巷道纵横交错，曲折迂回，犹如一座迷宫。如果没有向导，外地人进去后极难得走出来，一不小心就陷入了山穷水尽的窘境。

尤其是长达1000余米的完整青石板主街让人驻足流连，观之不舍，被人们誉为"福建第一街"。这条古街中间全以青石板铺筑，两边则以河卵石镶之，弯弯曲曲、曲曲弯弯、九曲十三弯。从高处往下鸟瞰，宛若一条卧地的青龙。而那古堡内东北隅和西北隅相对称的地方各有一眼水井，正是青龙的两只眼睛。如此的倚天地势、神奇的布局、灵性的建筑，怎么说也是奥妙无限、出将入相的通灵宝地。

据史料记载，由于交通地理位置优越，早在唐天成元年（926）这里就形成街市。附近府县乃至福州、江西等地的商贾聚集，五天一市集，在此进行纸业、笋干、茶叶、粮食等商品贸易。由可可见，当时这条街的繁荣。

时光流淌了千年，或许如今的古街与唐宋相比已繁华不再，但走在这条保存完好、干净而整齐的青石街上，还可以感受到古镇昨日的风情，感受到千年历史的变迁。古镇起盛唐、历宋元、至明清。虽只是泱泱中华的一小镇，但区区之中有传奇，可谓是灵境之中藏龙卧虎，传奇人物层出不穷，一个个如雷贯耳，非同小可，均为青史留名的大腕级人物，着实让世人高山仰止、折服不已。

其中有唐朝宰相上官仪（上官婉儿的祖父）的后族在此避世衍生，于两宋之际盛极一时，号称"和平天下世家"。宋末之时，元军曾三次派人到官坊村规劝上官族人降元，延请到朝为官，但被上官族人严词拒绝，元军将领亦被呵斥的灰头土脸，狼狈不堪。为此元军将领不由恼羞成怒，大开杀戒，血洗官坊村，对上官家族进行灭绝性的屠杀。临走时，元军将领尚不解心头之恨，于高头大马上挥刀狂飙，朝上官家的风水"神道碑"猛砍数剑，致使剑断碑伤。至今，那黑砚石上的剑痕历历在目。上官家族的风水虽被破坏，但他们的铮铮铁骨、民族之魂永存于山水之中。

世人啧啧称道，传为佳话的还有官至唐末工部侍郎的黄峭公，时八十大寿，留下三房长子在家，遣十八个儿子奔四方、走天涯，临行赠别各子一匹马、一袋金、一首诗：

> 信马登程往异方，任寻胜地振纲常。
>
> 足离此境非吾境，身在他乡即故乡。
>
> 朝暮莫忘亲嘱咐，春秋须荐祖蒸尝。
>
> 漫云富贵由天定，三七男儿当自强。

黄老爷子的《遣子诗》豪情满怀，壮志凌霄，让乡邻们肃然起敬，佩服有加。黄家儿辈们领命分头策马，志奔四方。后来，他们果然不负老父亲的众望，在异地发愤图强，兴旺发达，卓有成就，成为一支旺族。如今黄峭后裔已遍布世界各大洲，达到千万之众。黄峭公还以"诱进后人"为目的，创办了和平书院，并为和平书院作了春夏秋冬《四景诗》，包含着黄峭教育思想的殷殷情怀：

> （春）：花落断桥流水，莺啼深院轻烟。
>
> 雨歇桃源浪暖，澄潭未许龙眠。
>
> （夏）：赤日远衔葵影，熏风浓带荷香。
>
> 案上书添碧色，芭蕉绿映南窗。
>
> （秋）：阶下黄葩晓露，庭前丹桂秋风。
>
> 未忍抛书敧枕，冰轮早已升东。
>
> （冬）：烟淡淡迷古树，月明明浸梅花。

昨夜檐前积雪，余晖白映窗纱。

太极宗师张三丰亦出生在和平古镇的坎下村。张三丰天降其才，使命在肩，济困扶危、救民于世。他遇仙人吕洞宾授剑、得武当山高人田蓑衣传艺，一刀一尺走天涯，替天行道，反元兴汉，为大明江山立下汗马功劳。张三丰成道后，在武阳峰、翠云峰建观修炼。相传有个小孩不慎吞下了一枚铜钱，危在旦夕。这时张三丰恰巧路过，他随手抓了一把路边的茶树上的茶叶放在口中嚼烂，然后喂给这孩子。没过多久，那枚铜钱就从孩子的身体里排出来了，孩子也因此得救。从此，这种茶叶就有了可以嚼碎铜钱的功能，后人称之为"碎铜茶"。明朝天顺三年（1549），英宗皇帝封张三丰为"通微显化真人"，以"真武神仙"的神位，被当时邵武府所辖的光泽、泰宁、建宁等县所祀奉，后扩大到整个闽北以及江西的黎川、资溪、铅山等地。

朱熹、杨时等一大批文化大师在和平古镇开馆讲学、吟诗咏月、饮酒高歌、流连忘返，文化名人的传奇故事始终在和平古镇绵绵演绎，经久不衰。

古镇有着人知又不为人知的神奇文化密码。首先是地灵人杰，才俊辈出定然是与当地的风水灵气有关。古镇地势开阔，起伏有致，风水奇佳，天、地、水相互感通灵异，构成了一个纵横交织的经纬。但凡到过古镇的人无不惊叹它的磅礴气势、纵横驰骋，感受到星罗棋布的城堡、谯楼、分县衙门等建筑所散发出的灵气，"和平书院""祠堂义仓"，包括众多的"大夫第""司马第""郎官第""恩魁宅""贡元宅"等三百余幢鳞次栉比的明清民居，体现了中国古建筑风水的玄妙；天地自然、天人合一的精华。

另一个不可或缺的因素，那就是尊师重教的教育氛围、乐学之风。学而优则仕，成为报国之道。从唐代到科举废除时，和平镇共出了137名进士。说到古镇的教育风盛，和平书院当是首功。书院位于古镇深巷之中，院门青砖而筑，匠心独运，顶部形状像一顶官帽，三扇门形成了一个"品"字。寓意学而优则仕，要做官就做有品级的官之意，砥砺学子勤勉学习。

有意思的是，书院大厅有十三级台阶，前六级为努力读书阶段，从第七级开始则为仕途之路，从七品至一品，寓意步步高升。

和平书院开创了和平宗族办学的先河。之后，邵武南部各姓氏宗族竞相效仿，宗族办学自此相沿成习。宋代大理丞黄通、司农卿黄伸、龙阁待制上官均、元代国史编修、文学家黄清老等一大批英才人杰，都是从和平书院走出的莘莘学子，盖因他们受到了博学的积累，中华优秀传统文化的熏陶，才能成为各领风骚的传奇人物。

和平古镇有着与众不同的文化魅力、厚重的历史文化以及众多的传奇故事，让人兴趣不减、探究无限。纵然读它千遍、万遍也不厌倦。

02　希望之光

天空净得像一张蓝纸，薄薄的白云被阳光晒得极为轻盈，随着微风而缓缓浮游。上午的太阳不热不燥，有一种让人湿润愉悦的感觉。漫步在和平古镇散发着岁月包浆的老街上，让人心中思忖不已。古时天下之大之辽阔，但除中原之外皆被视为匪夷之地。和平镇地处闽北大山，一个偏僻的弹丸之地，怎会有如此多的历史名人群出一地，众星荟萃于一隅？以至于明代铁血名将袁崇焕在邵武任知县时，敬佩有加、感慨万千，他特意题名并书写"聚奎塔"三个大字，成为邵武南片文化的象征。

聚奎塔，亦称聚光塔，坐落和平镇区东南约1.5千米的狮形山上。创建于明万历四十四年（1616），系唐末工部侍郎黄峭的后裔黄六臣首倡并捐巨资和主持修建。和平《黄氏宗谱》卷六载："黄六臣尝以人杰必由于地灵，捐金建聚奎塔。惜年三十二而卒，仅成三层，嘱子穆生公继董其事。计费金二万有奇，阅寒暑二十功始竣。"

聚奎塔为六角形，五层，通高约20米，砖木石混合结构，殊为罕见，独具特色。塔每层均辟一券顶门，各层门朝向各异，门楣均有题额，由上至下分别镌刻"层峦耸翠""雄峙中区""一涧玄朝""昼锦锁匙"。底层门额系明末军事家、抗清民族英雄袁崇焕题写的塔名：天启元年（1621）秋月吉日，聚奎塔，赐进士第知邵武县事袁崇焕立。各层的其余五面均外辟窗龛，龛内砖质雕神佛像，龛顶砖雕花草图案。每层塔檐均用麻石板出水达 2 米，走出门洞可于石檐板上绕行一周。塔内沿壁砌石磴旋梯达顶层。楼板及桁条均为木质。塔内壁亦每层各辟一朝向各异的壁龛，均有题刻，自下而上分别镌："一柱擎天""慈悲普度""三元昭应""文昌拱照""玉铉上映"。聚奎塔因袁崇焕书题塔名而身价百倍。

一个风和日暖的春天，一位尊贵客人的到来，让和平古镇翻开了历史新篇。那是 2002 年 4 月 8 日，春意浓，喜鹊闹枝头。时任福建省省长的习近平同志来到和平镇考察调研，一路走来，他对和平镇纯朴的民风和保存完好的古建筑群给予了高度评价。智者指路，如同明灯，人们心头豁然醒悟。和平古镇的开发成了一个热门话题。时任邵武市委书记亲自带队，组织精悍的相关人员前往湖南湘西凤凰县等地考察。

凤凰县县委书记介绍了凤凰县的旅游情况，更透露了许多宝贵的很有借鉴的经验。凤凰县是在全国历史文化名城申报成功后，进行了几次大策划大动作，举债 3000 余万元投入旅游。他们在宣传的力度上也出了大手笔，例如：举办"中华炎黄圣火采集仪式"；举办"中国·凤凰·四月八民族艺术节"；请全国著名歌唱家等一批名人来拍摄 MTV；请中国摄影家协会、人民画报社、中国新闻图片社与凤凰古城旅游有限责任公司联合举办全国性《凤凰情》专业大奖赛，请名作家创作凤凰县歌和风雨南长城歌曲。通过名人效应和新闻媒体的作用，大大地提高了凤凰县的知名度，使得来参观旅游的人数激增，门票收入、旅游收入大幅提高。

凤凰县真正尝到了古城开发保护与旅游相辅相成的甜头，他们逢会讲旅游，不管是工业、农业、政法、财贸会都和旅游挂上了钩。这不是没有道理的，因为环境好了，服务好了，旅游就上去了。如今，凤凰县的战略是旅游带动、扶贫攻坚、民营经济、科技兴县，而旅游摆在了首位。

考察归来收获满满，邵武市领导形成共识：下决心要做好和平古镇的开发，需要资金投入，需要人才，需要进行科学的大策划，需要有魄力的大举措、大手笔，需要行家的包装和隆重推出。要保护、开发、利用好和平古镇的旅游资源，让旅游兴镇，带动一方富起来。该出手时就出手，旅游将让和平古镇富起来，将让邵武富起来，临渊羡鱼不如退而结网。敢为，才能赢得机遇，抓住机遇，就有所作为。

随后，邵武市邀请了知名专家学者来到和平，通过考察调研和实地评估，专家们认为：和平古镇是迄今中国保留最好、最具特色的古民居建筑群之一，传统风貌价值高，开发大有可为。这个结论增强了邵武市开发和平古镇的信心。上海同济大学阮仪三教授长期致力于中国古城古镇保护，曾促成平遥、丽江、江南六镇等众多古城古镇保护，被誉为"古城保护神""历史文化名城卫士""城市文脉的守护者"。市政府决定请他来规划和平镇的前景。

阮教授说："我们对古镇的开发保护，从完美的角度，从科学的角度来要求。如今看来，还有一定的欠缺和经验不足，如今我们有了更高层次的要求，有了一定的原则，那就是'保护四性'的原则。一是原真性，要整救如故，以存其真。二是整体性，要保护古镇原来的整体面貌结构。三是可读性，也就是可看性。四是可持续，要眼光放远。总而言之要保护好古镇的整个人文环境，必须按《西安宣言》的要求去保护和开发。我希望邵武的领导能够在新一轮的古城镇开发保护中，在处理保护与旅游的关系中作出一个好的榜样。"

阮仪三教授走遍了镇里的每一幢古建筑，对古镇的重视和喜爱溢于言表。他说："和平古镇在福建省乃至全国来讲，都具有浓郁的地方特色和深厚的历史文化底蕴，古镇拥有全国少有、保留数量最多的古民居群体，堪称古建筑的'活化石'。"他欣然答应为和平古镇编制规划。

从 2002 年 10 月起，阮仪三教授团队用了近 9 个月时间编制了《和平村传统古村落保护规划》和《旅游发展总体规划》，还对和平古村与周边村落的衔接进行了规划设计。高质量的顶层设计，为和平古镇保护开发提供了路径图。自此，和平镇按照规划要求，"留白、留绿、留旧、留文、留魂"，统筹推进古镇的保护开发建设，实现在保护中开发，在开发中保护。

南门谯楼，即和平古镇"福建第一街"的入口，也是古镇地标性建筑。城门两侧用鹅卵石垒成的明城墙，历经千年风雨，见证了古镇的沧桑——这里，也成了古镇保护建设的一个关键节点性工程。南门谯楼恢复了该有的原貌，古朴的村落穿越千年，开始从"沉睡"中醒来。

和平古镇的开发受到了当地民众的欢迎，也开始得到了实惠收入。古镇特色小吃店老板说："古镇旅游发展起来了，我家的生意也越来越好，时常要雇些工人帮忙，最多时一天卖出4000个包糍。很多客人回去后，还会通过快递的方式订购包糍。"

越来越多的游客，日益显现活力的古镇，燃起了不少青年返乡创业的热情，民宿、餐饮、根艺等行业开始在镇里兴起。在上海工作的危智诚看到家乡的变化后，毅然辞去工作返乡创业，流转了1000多亩土地，搞起了农家乐、稻鱼养殖、林下中药材种植，年收入超过100万元。他说："家门口能创业、可致富，既幸福又温馨。"

旅游兴镇，为古镇发展注入了新的源头活水，让更多村民吃上了旅游饭。和平镇在创造性转化、创新性发展中激活古镇生命力，围绕让建筑活起来、产业兴起来、产品带起来的目标，先后邀请同济大学、福建省住建厅古镇业态运营专家以及乌镇团队等对古镇业态进行商调，开展古建筑活化利用和旅游项目策划，不断丰富古镇业态，在以文促旅、以旅兴业中带动旅游发展，促进村民增收。

和平镇丰富的古建资源，正在走向活化利用。和平福兴店经修缮后，如今已变成了非物质文化遗产展示馆，展出和平枫林窑烧制瓷器技艺以及当地古法用竹造纸工艺。和平镇与闽台建筑师团队开发的十天茶宿、大众茶馆打茶里等，也是活化利用的有益尝试。从2002年以来，和平镇累计投入各类资金5.9亿元，建立了古建入档、动态监测等保护体系，每年安排1000万元作为资金保障，确保古镇保护有序推进。

仅2023年上半年，和平镇接待的游客量近30万人次，旅游总收入达2.1

亿元，较 2019 年同期增长 18%。预计 2023 年可促进村财增收 34 万元，带动村民人均增收 5000 多元。

03　声名渐显

碧从天上得，红自日边来。

在保护古镇、古街、古建历史原貌的基础上，和平镇一方面在整体风貌上做文章，通过美化、花化、绿化、彩化等工程，扮靓古镇；另一方面在外围着力培育农旅、茶旅、体旅等新业态，推动旅游兴镇，让古镇的"静"与周边的"动"相得益彰。经过 20 多年耕耘，和平古镇名声渐隆，接连获得全域生态旅游小镇、乡村振兴重点特色乡镇等金字招牌，也因此招商引资工作也顺利进行。

和平的生态环境很适合中草药的种植，外加又是国家 4A 级景区，游客量大，不仅是很好的生产地，还拥有比较可观的消费群体。2019 年，和平镇创办了润身药业，与中国医学科学院药用植物研究所合作打造全省唯一的一家药用植物的种质资源圃，也是全国唯一一家民营企业创办的种质资源圃。现在，这个种质资源圃已保种 800 多个品种，1 万多个样本。

润身药业与和平村积极开展合作互动，探索乡村振兴合伙人计划，采用"企业＋合作社＋农户"等模式打造定制药园。企业提供订单、种源、品控、技术，占股 30%，农户以土地和劳动力占股 70%，达到企业获利、壮大村集体经济、农户增收的目的，目前已建立合作关系的合作社有 13 个，并辐射周边四个乡镇，带动和平村农户 200 多人增收，80 多人就业，带动村财增收 6 万元。

变则通，通则达，新兴产业的引进为古镇注入了新的源头活水，镇村环境建设勾勒出新时代小镇的美好图画，四通八达的道路将和平古镇带入时代的快车道。过去，因为信息闭塞，交通不便，农民们的生产多半自给自足。高速公路开通后，运输带来的便利让许多山民走出了古镇，将大批量的农副业产品和矿产运往南平、福州等地销售，极大地提高了经济收入。20 年前，这里的人均 GDP 只有 4 千多元，如今早就超过 2.5 万元。

天空晴朗，古镇上空飞燕一双，忽高忽低，来去甚捷。

2023 年 12 月，福建省"运动健身进万家"系列赛事活动在邵武市和平古镇南门谯楼前擂鼓开跑，900 多名户外运动爱好者兴致勃勃地应着鼓声冲出。和平古镇首届越野赛是在 2014 年，是一个年度盛会。首次赛事设越野精英组、越野侠侣组、越野挑战组、和平古镇探幽健步组、和平古镇探幽健步亲子组等诸多项目。赛道穿越福建第一街，翻越留仙峰、武阳道观，途径"入闽三道"之一的愁思岭古道、太极祖师张三丰故里、黄氏峭公祠等，将竞技、旅游、自然、人文融合于一体。越野赛事围绕"侠"文化，同时推出了投壶、射箭等传统射礼游戏；还有猜灯谜、祈福许愿等民俗活动；一面武侠面具墙吸引了众多选手和游客的合影拍照；一封封选手的和平家书当场寄出；丰富多彩的互动游戏，持续点燃了现场热情。

和平镇多样的"一村一品"展，吸引了众多选手、游客的观看和品尝。罗前村生姜、危冲村枫林窑、朱源村古镇红糖、和平村黄福记豆腐、和平村黄精面、坎下村茶籽油、鹿口村百香果、茶源村蜂蜜、进贤村碎铜茶等各种特产琳琅满目，令人目不暇接。选手与游客们在传统建筑、美丽风光中享受运动与旅游的双重快乐。游客从古镇入口的枫林窑广场赴古风集市，体验投壶游戏；再从挂满复古风筝的幽幽小巷穿过，听一听坐在路边的歌手弹唱，品一品热气腾腾的游浆豆腐；往古镇深处继续探秘，斗井的极光秀震撼夺目，绚丽的极光秀描绘出南门谯楼和斗井的轮廓，庄重的古镇搭配神秘莫测的极光，置身其中，宛如仙境。

一块豆腐百年酵，一口咬下味百年。和平游浆豆腐是所有来到和平古镇赞不绝口的特色小吃。它是用陈浆作为酵母来制作豆腐。将酵母盛放在一大缸中，加工豆腐用了多少酵母水，当天就要适量添加，以保证天天使用，天天不减。遵循古法手工制作，先将豆浆倒入大锅中，之后按一定比例，逐渐加入适量发酵变酸的陈浆，再用大木瓢来回游动，这个过程就称之为游浆。游浆也是制作和平豆腐最重要最费时的一道工序。待豆浆凝聚成块后，再把豆腐脑舀起分成若干板，压干、切块、油炸，即成一块块金黄色的游浆豆腐。一整套流程下来要经历十几道工序，耗费四五个小时。掌握游浆豆腐制作工艺技术的人家秘不外传，只传子传孙，连女儿都不传，使得游浆豆腐制作工艺，如今在和平镇只有 15 人掌握。2008 年，在外打拼的 80 后青年黄东华，看着即将消失在历史中的和平游浆豆腐，逐渐年迈的父亲仍在坚守豆腐坊。经过仔细思量，他选择回到和平镇继承父业，担起和平游浆豆腐第八代掌门人。名称改为"豆神豆腐坊"，成为和平古镇游客的打卡点。因坚守制作游浆豆腐，2011 年和 2018 年黄东华父子俩先后入选为市级非遗传承人。2016 年，黄东华打破祖训，破例收了两名本村青年为徒弟，如今这两徒弟，一个在镇上，一个在邵武城区，都开起了豆腐坊。

和平镇以文化为主轴，将黄峭文化、张三丰文化、书院文化等串联起来，讲好和平故事，推动和平乡村振兴高质量发展。这些故事不仅有古代的，更有体现时代气息的新故事，并策划组织实施，举办了一系列有影响的、精彩的文艺创作活动。比如组织省内外的艺术家来和平古镇进行写生创作，推动村落文化和艺术创作相结合，使和平是个好地方这个主题得到更大的宣传和发展。

2023 年 10 月 18 日，由住房和城乡建设部科学技术委员会历史文化保护与传承专业委员、中国城市规划设计研究院编著的《历史文化保护与传承示范案例（第二辑）》正式发布。经过严格的专家评审、复核，最终有 37 个项目入选，其中和平古镇入选。此次评审，评委会确定了五个方面的评选标准：坚持整体保护；改善人居环境；强调活化利用；注重公众参与和管理；技术方法创新。和平古镇做出了示范，评审专家组给予了高度评价。

04 进贤村

浅夏阳光带着温度洒在草丛中，弥漫出新鲜的泥土气息。绿意盎然的田野上，禾穗在微风中轻轻摇曳，乡村洋溢着草木葱郁的诗意。甲辰年五月的一天，我怀着心同流水净，身与白云轻的心情，探索乡村振兴的脚步行至邵武和平镇进贤村。

走近村口，一只健壮的大黄狗奔了过来，它摇了摇尾巴，尔后蹲在了地上不吭声。曲折的长廊、洁净的房舍，农家书屋、老年幸福院、文化广场依次映入我们的眼帘。村境内那棵古樟树华盖翠绿、浓郁葱葱。村中古屋随处可见，有宋、明、清时期的宗祠、庙堂等古建筑以及古井、古戏台等。多数古屋是砖木结构，门窗做工精良，讲究的镂空和砖雕工艺，洞见古人做事的风格与规范，村庄散发出古香古色的氛围。

有花自然香，不用大风扬。

在乡村振兴的行进中，进贤村的名气逐渐日显，获得了诸多的荣誉称号，其中之一，便是荣获"福建省乡村振兴实绩突出村"。村支书傅香兰是一位"全国科技致富女能人"。20 多年前，她中学毕业后，承包荒山，开垦茶园，从事茶苗与茶业生产销售，是名茶（碎铜茶）技艺传承人、福建省农村青年创业致富带头人。2015 年她当选为进贤村主任，2021 年当选为村支部书记。

她介绍道：进贤村是一个行政村，下辖 4 个自然村，7 个村民小组，2968 人，耕地 3947 亩，人均耕地 1.227 亩；山地面积 3212 亩，森林覆盖率达到 95%；村属现有家庭农场、农民合作社、现代农业合作组织 5 家。村民们人均年收入达到 1.8 万元，村财政年收入近 50 万元。

乡村振兴如火如荼，一个地方有一个地方的做法，各有不同的收获与体会。进贤村取得的成绩，用村里人的话说，就是在"深耕"二字上下了些功夫。

农村人离不开土地农活，深耕就是把一件事做好做透。乡村振兴的事大同小异，为了做好，就只能在深耕上下功夫。譬如说百香果，当初是个稀罕品种，现如今到处都是。所以要赢得市场，关键是比谁的更好更优质。进贤村山水环境好、地下泉水丰富、土质肥沃、自然植被丰富，是一个种植水果的好地方。但村里并不以此为满足，特地请来省里的专家，针对进贤村晨雾多、光照足、昼夜温差大的特点，结合土壤情况，引进了台湾百香果的优良品种、种植技术和管理经验，采用水肥一体化管理模式，结出来的百香果皮薄肉嫩、汁水饱满、酸甜可口，一投入市场便受到人们的喜爱与称道。进贤村的百香果被省里专家称誉为"福建一号"。

进贤村有个闻名的传统习俗——"摆果台"仪式活动。就是将上一年八月以来保存的120多种的鲜果干鲜，作为贡品摆上神台供奉。奇特的是在古代没有冰箱等保鲜手段，古人以井水、雪水与窖藏相结合的保存方法进行保鲜，这些贡品不变质、不腐烂、完好无损，足以令人称奇。而如今被称为"福建一号"的百香果桂冠，落在了摆果台的进贤村。百香果与千年的摆果台相遇，让人浮想联翩、增辉添色。若说这是一个巧合故事，倒不如说是上天对农作物深耕细作的恩赐。

小园几许，收尽春光。漫步村庄，只见家家户户的房前屋后都有一块竹篱笆围着的菜地，小巧玲珑、精致可赏，煞是可爱，俨然一幅瓜果飘香、蔬菜满园的新图景，很有乡村的诗意。本土作家有一首打油诗：

> 楼前小院一方田，
> 我在楼前种菜先。
> 清酒一杯风羽扇，
> 四方灯影进时鲜。

村里人管它叫"一米菜园"。原来房前屋后的闲置地杂草丛生，破败不堪，卫生很难清理。通过环境整治后，每家每户利用房前空地，用竹篱笆围起一个小小的菜园。这使得家家户户庭院干净整洁，翠绿的青菜蔬果十分喜人，不仅有效利用了土地资源，又绿化、美化了乡村。环境变美了，生活充实了。村里还与诚安蓝盾实业有限公司签订了一米菜园直供协议。村民们家门口的新鲜蔬菜由公司统一收购。一米菜园也由此走俏企业食堂，而且还带动村民人均增收近 2000 元，实现闲置地利用和村民增收的双赢局面。

这些一米菜园围栏的设计融合了竹元素，打造别样小景观，吸引了不少游客拍照打卡，驻足观看。游客们十分喜欢这一米菜园，说它们是美丽乡村的微景观。走进这纯朴而富有乡土气息的庭院菜园时，你能感受到自然的亲近、对乡土的眷恋以及对慢节奏生活的向往。纯朴的庭院菜园充满了泥土、石头、竹子等这些自然元素，让人仿佛回到了那个与自然息息相关的时代。在这纯朴的庭院菜园中，你会不由得停下了脚步，会不由得想起童年的趣事和家乡的点滴，同时感受到放松和舒适。在这里可以放下所有的烦恼和压力，让自己的心灵得到真正的放松和滋养；感受到日出而作，日落而息的田园生活，体会岁月的静好与生活的平淡。这里的每一寸土地、每一片叶子都散发着自然的气息，透露出对生活的热爱与珍视。田园生活的美好与惬意，远离了尘嚣。有人对这小菜园瞧不上眼，说这是典型的小农经济表现。其实，小农经济不是单纯的农业经济，也不是历史上传统意义的自给自足，它是一个以家庭为生产单位的小规模经营的农户经济，是一种具有中国特色的现代小农经济。中国的小农经济伴随着中华五千年农耕文明的发展依然存活到今天，这既是中国农耕文明历史的延续，也是中国国情的现实。农业是中国社会经济发展的基础，人多地少是中国的国情，这一国情决定了农村经济发展过程中农户家庭经营生产方式的主体性。正是这种历史的延续和国情的现实，决定了中国小农经济在未来一段时期长期存在的合理性和必要性。我们不仅要重视一米菜园，还要研究它，让它发挥更大的作用。

我真心渴望能拥有这样一片属于自己的菜园，盖一间有竹有木有瓦片的屋子，带上一个小院，精致的小院旁有这样精致的一米菜园，种满各种各样的蔬菜，翠绿的叶子在阳光下闪闪发光。若能够拥有一间带小院的房子，那无疑是一种莫大的幸福。这一米菜园不仅是一片绿色的天地，更是一个充满生机和希望的地方。在这里，你可以感受到大自然的神奇和美妙，也可以体验到耕耘与收获的喜悦。这一米菜园亦是乡村深耕的杰作。它不仅使一些闲散空地焕发生机，还改善了农村人居环境，是美丽乡村建设中接地气的创作。

村里共建设了一米菜园60余个。下一步，村里还将因地制宜，建设一米果园、一米茶园、一米花园等，创新发展农村里的菜园、果园、田园，通过植入更多带有科技感的未来元素，在生产、生活、生态的边界做突破，在充分利用闲置土地的同时不断赋予一米菜园新内涵、新成效。让乡村的一切变得有趣好玩。

我想这就是"深耕"最通俗、最简洁易懂的注脚，这个"深耕"有思维、有创意、有效益，更充满了新文化。

进贤村历史悠久、文化底蕴厚重。别看只是一个两千余人的小行政村，但有着近乎神话的辉煌，一个村进士及第的竟有87位之多。

这个古村落有两个名门望族，一是黄峭家族，二是上官氏家族。唐末，黄氏家族迁此落业。黄峭自幼沉宏，有智略，官至工部侍郎。在两宋时号称为天下世家的上官氏家族，乃上官仪后裔，其第八世上官岳迁至进贤定居。

我看到进贤村老街正在沿路铺设鹅卵石、升级改造排水沟、造小景观、建设民宿等工程，完善基础设施。乡村旅游四处兴起，进贤村虽然有丰富的文化底蕴，但依然要靠深耕运作，村里邀请了同济大学杨贵庆教授团队进行高站位的规划设计，利用"黄峭故里"这张名片，走文旅与农旅相结合的路子。

美丽乡村需要有文化作为基础，并非只是物质条件的改善，而是要对人们心灵造成脱胎换骨的更新。只有这样，我们才能看见美丽乡村的建设蓝图中有乡愁的位置。所以，把弘扬传统文化作为"留住乡愁"的统领，就要按照"软件不软、硬件过硬"的要求，体现"现代骨、传统魂、自然衣"，体现留住山水、留住记忆、留住文化和精神的根，推进美丽乡村建设。村庄规划要根据地理位置、自然禀赋、文化特色、民风民俗等特点来编制，彰显丰富多彩、多种多样、多元化的乡村风格；要注重挖掘、保护和发扬传统文化，突出民族文化中最宝贵的遗产，对有历史文化价值的传统村落、民居、古迹祠堂等加以修缮，注意保护乡村原有的文脉，留住根脉，营造"醉美乡村"的文化氛围；要在传承保护和弘扬传统优秀文化的同时融入现代元素，延续历史文脉，留住乡土文化，营造乡景、乡风、乡情意境，建设有历史记忆、地域特色、民族特点的美丽乡村。不同的乡村，有着不同的自然资源、文化遗产、人力资源等要素。要实现乡村的振兴，首先要将这些要素进行有效整合，形成合力。通过合理规划，对乡村资源进行优化配置，以全新的概念或者迎合新消费群体需求的IP打造，推动资源价值的转化与提升，既可以保护生态环境，又可以培育新业态，从而增加集体经济增收和农民致富的机会。

进贤村焕然一新的"进贤集市"、酒香四溢的"进士酒坊"、枝繁叶茂的千年樟树、生机勃勃的夏日荷塘、错落有致的古民居……村口三五成群的村民正在轻松聊天，好一幅和美乡村景色。

进贤村的"深耕"让人有所启迪，有所思考，深耕二字虽说很简单，但含义很深。

傅香兰道："酸甜苦辣是人生百味。有些坎坎坷坷不奇怪，做任何一件事，只要认准了，便坚持不懈地做下去。我与进贤村有缘，与这里的村民有缘。"

进贤村的故事告诉我们：在乡村振兴的伟业中脚踏实地，一步一个脚印，深耕细作，笃行致远，必定能带来累累硕果，收获不一样的景色。

第六章

01 雄鸣省际

你有向阳花，我有翠微苗。中国广大农村在乡村振兴的路上可谓是一乡一品，你无我有，我中有你，各有不同的优势与特点。

邵武金坑乡的特色充满了古、红、绿三色之韵。小巧玲珑的金坑地处闽、赣两省边境，群山环绕、郁郁葱葱，得天地之灵气、日月之精华，鸡鸣三省，龙吟虎啸。境内青烟弥漫、云海飘逸，金溪水碧波淙淙，两岸乔松飒飒，犹如一幅素雅的中国山水画，天蓝地绿人其中。

因为有独特的人文历史作支撑，在妩媚多姿的金坑乡，仅明清古民居就有一百多幢。这里的一草一木鲜活灵动，一砖一石丰盈饱满。朱德、项英、彭德怀、滕代远等老一辈无产阶级革命家曾在这里开辟革命斗争活动，所留下的东方县苏维埃政府旧址、红军桥、红军指挥所，以及弹孔墙、红军标语楼等遗迹四处可见。当年红色革命的种子，有着无可争辩的活力，它根植在金坑乡，散发出当年共产党为人类求解放抛头颅、洒热血，敢教日月换新天的不尽魅力。

红色文化会唤醒人们灵魂深处的记忆。从金坑乡当年风起云涌、刀光剑影中寻找激情的岁月；从那些物质贫乏但精神富足的革命者身上发现生命的意义和快乐的真谛。不忘初心，方得始终。

90 多年前，金坑乡有 51 位优秀儿女毅然参加红军，从这里踏上了建立红色政权、解放全中国的革命道路。令人扼腕痛惜的是，这个英雄群体中竟没有一位能回到家乡，而是壮烈牺牲在浴血纷飞的战场上。

历史不能忘却，温暖与严寒都不能忘却。想起当年革命先烈们壮士断腕、激情燃烧的岁月，我对金坑乡这块红色土地的敬仰之情便油然而生。51 位烈士的英魂始终没有离开这里，他们存活在金坑乡的每一棵大树中，存活在每一块岩石中，存活在潺潺而流的金溪水中。

农历十二月仲冬，六花飞絮、满地琼瑶，已然是大雪节气。放眼金坑的山山水水，虽红叶萧萧、孤燕排云，却无"落水荷塘满眼枯，西风渐作北风呼"的冬日景象，山依然那么翠，水依然那么碧。周边的梅白松青，装点出一片可人的色调，滋润而悦目，犹如十月的天凉好个秋，远山传来了当年金坑妹子《送郎当红军》的歌声：

> 松明火把夜不眠，妹做布鞋到天明。
> 针儿密来线儿长，知心话儿说不完。
> 唱支山歌与哥听，当兵就要当红军。
> 不怕千难与万苦，工农革命早成功。

深情的歌声穿越了时光隧道，我仿佛回到了令人心潮澎湃、战火纷飞的土地革命时期。忆往昔峥嵘岁月，现如今缅怀先烈，突然心生红色江山今犹在，多少先烈人不知的感叹。

与沿海发达地区相比，因为大山的阻隔，时代发展的步伐到达金坑时终是缓慢了许多。正因为如此，在中国大地持久的一片繁荣的喧闹声中，被时尚遗忘的金坑乡却显得格外安详、宁静与纯朴，幸运地保留了武夷山腹地较原始的生态环境，保留住了传统古村落的原始原貌。这里远山近水风景如画，空气清新，沁人心脾，是逃离城市、怡情悦性的好去处，是洗涤灵魂的圣洁净地。

　　落花人独立，燕微雨双飞。三年前我曾到过金坑乡，当时红色的土地显得有些寂寥。漫步在年代悠久的金坑老街上，脚下深黄色的鹅卵石街面被雨水滋润后，散发出岁月沧桑的味道。老街两旁的明清古建筑，包括当年的中共闽赣省委所在的办公楼与红军指挥部皆静静地伫立在细雨中沉思不语，四周一切悄然无声。众多明清时建造的民居里，庭院空落，房屋的主人都不知上哪里去了。偶尔有年老而佝偻的身影慢悠悠地出现在民居内外，迟钝而缓慢，无奈与孤独，我不禁叹息，如此环境优美的安居民宅，却被人们轻易地冷落。

　　这些年，在城市化攻城略地的浪潮下，城市扩张和工业发展突飞猛进，大批农民入城务工，人员与劳动力向城镇大量转移，致使村落的生产生活瓦解，空巢化严重，已经出现了人去村空的现象。从"空巢"到"弃巢"的现象日益加剧。不仅如此，城市较为优越的生活方式，成为愈来愈多年轻一代农民倾心的选择。许多在城市长期务工的年轻一代农民，已在城市安居和定居。绝大多数农村的衰败，都有四方面的原因：一是农业土地不集中规模化生产经营，农业成本相对高而生产率低收入少，根本就不可能让青年人做农业；二是农村就业机会少，农村土地不能以地为本创业经营，不能抵押融资，没有财富，无可留恋，青年人基本往城市、城镇流动；三是农村中老年人的自然规律使然，终究都会逝去；四是土地和房屋只是生活和生产资料，并没有长期使用财产权的农村农业，市场经济条件下没有城里人去居住、投资和经营。

　　据了解，金坑乡户籍人口有七千多人，但如今只剩下不到百分之十的七百人左右常住，且大多数都是不舍离乡的老人们。现实情景有些让人无语，从某种意义上说，传统村落的消亡，意味着中国传统文化将失去文化传承的重要载体。

　　傍晚，远处的太阳快要落山了。阳光一减弱，山里的气温便下降了许多，晒太阳的老人悄然回屋去了，本就冷清的古村显得更加的寂静与无奈。中国传统乡村的落寞，不知该如何被唤醒。权威数据表明：中国共有371万个自然村，大约每年有9万个消失。从中国农村人口和村庄减少的历史

数据来看，农村自然村、行政村和常住人口分别从 1985 年的 386 万、94
万和 80757 万人，减少到 2021 年的 236 万、49 万和 49835 万人，收缩幅
度分别为 38.86%、47.90% 和 38.29%。37 年中，每天平均消失 111 个自然
村和 33 个行政村，农村常住人口每天减少 22897 人。据推测，2035 年人
口市民化水平推进到 85%，农村人口将减少为 20738 万人，自然村和行政
村将分别下降至 98 万个和 20 万个。皮之不存，毛将焉附？一个行政村是
一个集体所有制、集体经济和集体群体组织的载体，假如人口都没有了，
村庄都消失了，其土地的集体所有、经济的集体合作和社区的共治组织还
能存在吗？

著名作家冯骥才曾说：在古民居里，有我们的民族记忆和精神传统，
有我们民族的终极价值观，有我们丰富的、多地域的、多样的文化创造。

现今乡村矛盾的现象十分突出：一方面是越来越多的年轻人进城，乡
村劳动力缺失，正在"空心化"；另一方面随着老年社会的到来，越来越多
的都市老年人有下乡休闲、康养的需求，相当一部分城市中产人员有下乡
置业的计划，希望城里有房、乡村有院。可以肯定地说，乡村没人，一定
是振兴不起来的。作为乡村振兴的典型，浙江各地都在强调发挥"三乡人"
的作用：原乡人、新乡人、归乡人。这里面，原乡人承担的角色更多是生
产与生活的服务角色，而新乡人与归乡人大多数正是来自城市，他们或是
作为乡村田园综合体、民宿等业态的农创客，在乡村创业，或许就是一个
纯粹的乡村业态的消费者。没有一个地方会将振兴的重任简单地交给乡村
的村民，乡村价值的重构与提升，无疑需要依托庞大的城市消费者。在推
进乡村全面振兴的进程中，乡村的功能正在全面被优化。乡村同样需要具
备现代生产、美丽宜居、就地就业和多元增收的功能。这种功能的优化，
有赖于"城乡融合"的深化，满足"城里有房、乡村有院"的需求是最重
要的市场驱动力之一。当更多人形成乡村才是城市人的"诗与远方"的共
识时，乡村的美好时代才真正来临。

岁月极美，在于它必然的流逝，落红深处有冷暖，世事沧桑也寻常。
总有起风的清晨，总有绚烂的黄昏，也总有流星的夜晚。金坑在数尽荒芜

之后，必定会有新生出现，待到冷寂过后，终有一天会熠熠生光。季羡林说：思乡之病，说不上是苦是乐，其中有追忆，有惆怅，有留恋，有惋惜。流光如逝，时不再来。离乡人无法逃脱"床前明月光，低头思故乡"这种刻骨铭心、牵肠挂肚的乡愁。它是每个中国人心灵中最柔软的故乡情结，也是最富生命力的恒久主题。哪怕是远在海外的华人，他们始终不忘自己是黑头发、黑眼睛、黄皮肤的中国人，是黄河的子孙、龙的传人。他们割不断漂泊异乡的游子对祖国的深深眷恋和绵绵深情。乡村的游子无论走到哪里，也不会忘记乡村这块坚实的土地，还有淳朴的家传祖训、优良传统的美德与质朴情怀。

02　红色金坑

金坑是个有红色故事的地方，在中国土地革命的腥风血雨的岁月里，金坑民众响应中国共产党的号召，支持红军，参加革命，为革命谱写了一曲曲赞歌。红色故事像五星闪闪、光芒万丈、魅力四射，它是金坑乡乡村振兴的主要内容。

著名的黄土关距离乡政府所在地仅 5 千米，这里是福建省与江西省的交界点，地势险峻，历史上曾是军事要塞。元朝开始在黄土关设立巡检司，元末黄土关发生激战，陈友定击败邓克明军。明代邓茂七农民起义军曾在此屯兵。清康熙十三年（1674），清南赣总兵官刘进宝与南赣营都司周球、游击李天柱合兵奉旨追讨靖南王耿精忠，在黄土关发生战斗。清道光十五年（1835），邑令曹衔达修建黄土关隘。咸丰三年郡守周揆源重修黄土关隘，关上加城楼两层、两旁翼以雉堞并上下兵房数间。黄土关修建完成后，周揆源亲自跋涉 50 千米，到达黄土关视察，并挥毫写下《黄土关》：

崎岖百里赴关头，鹰隼摩空射猎秋。

绝顶千寻风鹤静，悬崖百丈鸟猿愁。

竹排箭笴青围帐，云作旌旗翠拥楼。

午夜不闻刁斗急，羽书差免速星邮。

金坑的红色历史可圈可点，可歌可泣。它地处武夷山脉中北段，境内属于高山地区，山路弯弯，森林密布，只有古人开辟出来的羊肠小道可供行走。第二次国内革命战争时期，金坑是一个进可攻、退可守的重要战略要地，中央红军曾经九进九出金坑，为中央苏区取得胜利立下了汗马功劳。可以说金坑是福建的一个小红都，有着原生态的红色遗产，为红色教育留下了宝贵的财富。

金坑的红色旅游资源如此难得珍贵，却是抱着金盆子过着穷日子。金坑有中共闽赣省委旧址、闽赣省东方县苏维埃政府旧址、红军临时指挥部旧址、红军医院旧址、金坑区苏维埃政府旧址、黄土关战役遗址、红军战壕遗址、红军桥，还有遭受国民党军飞机轰炸和扫射留下的千疮百孔的弹孔墙、红军标语墙可惜没有发挥它应有的价值与能量。

2009 年之前，红军遗址遗迹都处于自然原始的状态。金坑乡开始收集与整理红军在金坑的历史资料始于 2009 年初，当时许多参加革命的老红军、老地下党员、老游击队员、老接头户、老交通员、老苏区干部等"五老"都还健在。金坑乡通过走访、了解、听取红军故事，形成文字材料，作为党史的重要资料。20 世纪 90 年代后期对红色意识的萌芽，乡里开始进一步收集金坑红军故事，同时保护古民居以及红军时期留下来的遗址遗迹。

2009 至 2016 年，是金坑红色旅游起步阶段，其标志点一是开始修缮文昌宫。文昌宫建于清乾隆年间，坐西北朝东南，单进廊院式建筑，占地面积 500 多平方米。其中最重要的是文昌阁，立于文昌宫内天井甬道尽头的平台上，建筑结构独特，具有浓郁的闽北特色。文昌宫占地 70 平方米，三重檐四角攒尖顶，三层总高 12.39 米；平面方形，第一层面阔、进深各三间，第二层面阔、进深各一间带围廊，第三层则一间见方。其结构上由中部从上到下、垂直受力的四根金柱组成承重框架，中立雷公柱支撑攒尖屋顶，结构简洁，造型稳重；建筑装饰以龙形斜撑为主，梁枋、天花等遍施油饰、彩画，极显富丽堂皇之气派。文昌宫是福建省级重点文物保护单位。中央苏区第五次反"围剿"打响时，这里是彭德怀、滕代远的临时指挥部。文昌宫在"文革"以后相继用于牛栏、木材加工厂，破旧不堪，周边还有木制品厂、近十座烤烟房，安全隐患甚忧，但当时人们对文物的保护意识极其淡薄。乡里通过修缮文昌阁，拆除木制品厂和烤烟房，建设文昌阁广场，紧接着同时开展对红军标语收集和辨识、红色革命遗址的认定，加强对红色与古建并存的红色遗址的古建筑保护性修缮。

标志点之二是金坑得到上级有关单位的认可，荣获许多的重要荣誉：2011 年成功申报"邵武市中共闽赣省委、东方县委旧址列入全国红色旅游经典景区第一批名录"；2013 年，金坑乡被评为国家级生态乡镇；2014 年11 月 17 日，住房城乡建设部、国家文物局、财政部等公布金坑乡金坑村列入第三批中国传统村落名录。

标志点之三是开通金坑至朱洋高速口红色旅游公路，改变金坑乡村公路的面貌，吹响了金坑红色旅游的号角。

2016 至 2021 年，是金坑乡红色旅游全面发展阶段，2019 年 1 月住房和城乡建设部和国家文物局公布金坑乡金坑村为第七批中国历史文化名村；2019 年 6 月金坑乡被评为国家 4A 级旅游景区。这五年期间，乡里投资 1.4亿元，修建了文昌阁及其广场、天主教堂展馆、同心馆、乡愁民俗馆、红色书屋、供销社旧址馆展示、戏台、黄土关战役碉堡等景点；新街仿古立面改造、景区道路改造，建成游客服务中心。

2021 年 12 月 1 日，福建省委党校（行政学院）在金坑举行共建现场教学点挂牌暨签约仪式，这标志着金坑红色研学基地成为福建省、南平市、邵武市三级党校的现场教学点。福建省委党校（行政学院）与邵武市委、金坑红色教育基地共建教学点，以丰富的红色文化资源为依托，在发展红色旅游的基础上，打造了金坑乡红色文化研学基地。基地占地 20 余亩，涵盖学员食堂、宿舍楼和多媒体教室，基地设置了政治生活馆、增加"四史"、党建、廉政、国防、法制、群团等主题的多个展示厅，丰富党史教育内涵。目前，已有福建省委党校、福建省人大政研处、福建省政协机关红色文化教育基地、福建省交通厅、南平市委办、政府办等90家行政事业单位相继与金坑建立红色教育基地共建关系，多形式多渠道开展研学、实践、交流活动。乡里通过建立"四个一"联系清单，深挖共建资源优势，要政策，谋项目，促发展，2021年7月以来已争取开发项目5个，吸引投资近3000万元。

红色资源优势成为金坑乡的名片，红色旅游文化节、红色之旅、苏区越野赛等一系列红色主题活动，每年都如期举行。2019年以来，金坑乡成功举办了四届红色旅游文化节，擦亮了金坑红色旅游名片，助力金坑成为福建乃至全国红色旅游的经典景区之一。每年的七月、十月，金坑乡成为活动日的首选目的地，这里红色文化资源丰富、自然环境优越、互动活动便捷、食宿条件怡人，是大批机关企事业单位、学校最热爱的红色追梦之地，红色教育、传统文化、体验娱乐的实践场所。

2021年至今，金坑红色旅游提档升级阶段，建成"金坑红色研学基地"，2021年被文化和旅游部等四部委联合评为"建党百年红色旅游百条精品线路"，被福建省文化旅游厅评为"百条红色旅游线路"之红旗不倒·闽北中央苏区红色之旅线路；2022年中组部、中国人事报授予其"全国红色名村"。"红色机制"推进品牌创新，2021年创新"1+N"党建红色联盟工作机制，在进一步扩大党建品牌影响力的同时为乡村振兴助力、增辉增色。

03　风景在线

轻抚岁月的花瓣，风过生香，雨落成诗。守住记忆里最美的风景，成为一种境界；守住古厝中的最美风景，成为一种睿智。

深山中的金坑，红色资源与古色资源相生相伴、相辅相成，处处散发着悠悠古韵的金坑，自古为闽赣边界商贸重要通道，且物产丰富，产金产银，明清时期尤其繁荣，商贾会聚，争相大兴土木，留下了丰富的文物古迹。河卵石铺就的3米多宽的街道贯穿整个村庄，房屋鳞次栉比立于两旁，青砖黛瓦，错落有致。100余座保留完好的民居、宗祠、庙宇、戏台、坐落在小街两侧的明清建筑，或宏伟壮观，或幽雅别致，透露出曾经的繁荣和浓郁的人文气息。绝大多数古屋是砖木结构，做工精良，随处可见精美的镂空砖雕。代表性建筑有儒林郎、九阶厅、李太簪宅、红军桥、将军殿、观音阁、文昌阁、天主教堂、李氏宗祠、危氏宗祠等，成为村子里看得见、摸得着的历史记忆。

儒林郎：门楼造型宏伟壮观，砖雕精巧隽美。门楼上部别致，如塔头状，凤头冲角，层叠交错，精美大气。大门以青石条为框，门额雕刻"儒林郎"三个正楷大字，笔画遒劲有力，耀眼醒目。

将军殿：历史悠久，始建于明万历二十八年（1600），系金坑村民用来祭祀明代抗倭英雄王焕将军。王焕将军是民族英雄戚继光将军部属，曾随戚继光从江西经金坑入闽剿灭倭寇，其人英勇无畏，屡立战功。在金坑期间，他体恤黎民百姓，铲奸除恶，深受金坑人民的爱戴。金坑人民为纪念这位民族英雄，便将桥头寺庙改为"将军殿"，总面积688平方米，戏台背景墙开一个圆形法眼，戏台为阁楼式，戏台两侧建有看楼，内置两只石制乌龟，祈福地方平安祥瑞。

李氏宗祠：位于下金坑村下坊，始建于清乾隆十六年（1751），建筑本体为合院式建筑，中轴线上依次建有天井、前厅、天井、正厅、过雨亭、后厅。祠堂进深31米、宽22米，面积682平方米。前厅左右各种植1株含笑，树冠繁茂，已有很多年头。含笑花盛开的季节，远远就可闻到含笑花散发出的似苹果味的特有花香，整座祠堂更是香气扑鼻，沁人心脾。下坊街男丁均为李姓，该李氏系唐高祖李渊之子李元婴后裔，李元婴贞观十三年（639）封滕王，后转任洪州（今南昌）都督兼刺史，在任上兴建了著名的滕王阁。

金坑乡负责人介绍：强国必先强农，农强方能国强。金坑乡在全面推进乡村振兴中以农文旅融合发展为切实抓手，在"土特产"上做文章。即从主体、产业、市场、科技等方面入手，丰富农文旅融合发展内涵，夯实乡村全面振兴塑形铸魂工程。2022年金坑乡社会生产总值5.03亿元，增长7.8%，全乡农业生产总值1.79亿元，增长1.57%，农民人均可支配收入23524元，增长7.8%。2022年累计接待各级各部门587批次，游客近15万人次，旅游收入超过260余万元。

红、古、绿是金坑目前最大的特色亮点，金坑保留了大量的红色遗址、传统建筑，以红色、古色、绿色，带动多彩迸发。红色是以福建省委党校教学点为轴心，与省、地、市近百家单位达成共建协议，通过组织共建、资源共享、服务共促互联互动机制，打造研学科普休闲于一体的红色研学基地，进一步增强乡村产业核心吸引力，点燃乡村振兴发展新爆点。绿色是用活乡"土"资源，依托森林资源优势，大力发展中草药、红菇、竹荪等林下经济，培育农旅新模式，加快"云上梯田"连片高标准农田改造项目，与花田景观带、健康氧吧漫步道、金溪水上乐园、农耕文化体验园串珠成线，打造"金"色高标准田园综合体绿色产业，开展以四季为主题的各项活动，聚力实现金坑成为处处有景，季季有景的康养胜地。做好红旅融合文章，充分挖掘红色资源，讲好金坑故事，组建专职教师、党政领导、客座教授、本土人才复合型师资队伍，开发特色"金品"课程，探索全景声电教学模式，不断深化"党校课堂＋教育基地"两位一体的教学体系，擦亮金坑红色研学"金"字招牌，打造红色闽赣第一边区。古色是按照以修代租、以房入股的模式，动员社会资本参与古建筑保护与经营，引进闽台乡建乡创合作项目，推动重下村避雨亭、朱家2号等四老化项目落地，不断激发古村落内生动力。同时以会商为纽带，构建多层次、多元化的特色民宿产业体系，推动民宿向中高端集群发展，进一步扩大文化传承与旅游发展有机融合，争创全省全域生态旅游小镇。

金坑的古、红、绿三韵无尘，古色之韵让人心微醉、身微醺；红色之韵令人豪情万丈、振天长啸；绿色之韵使人感到生态和谐、安然静美。金坑如同一幅中国水墨丹青山水画，简洁自然、朴实无华。

第七章

01　天成奇峡

这是一首赞美天成奇峡景致的藏头诗，简明扼要、短而精致：

天开一线惊，成就九折行。

奇谷遇滩险，峡安山水情。

天成奇峡景区位于肖家坊镇将石自然保护区内，方圆 12 平方千米，是泰宁世界地质公园的重要组成部分，2011 年被评为国家级 4A 景区。天成奇峡以原始的生态环境、神奇的丹霞地貌和原始森林组合成神妙、奇幻、幽美的自然风光，谷幽、水秀、滩险、峡奇、峰雄，大自然造化鬼斧神工，故有"天成奇峡"之美名。淳朴的乡村风情、悠久的历史文化、多彩的现代文化，让我们欣赏到肖家坊不做修饰的灵巧优美，看到了乡村顺应自然的美好。

肖家坊镇位于邵武市西南部，总面积 110 平方千米，共 1.4 万人口，以汉族人为主，有少数畬族、回族居民。肖家坊耕地面积 1.8 万余亩，森林面积 11.16 万亩，茶山面积 6400 亩；矿产资源丰富，尤其是高岭土储量居闽北第一位，储量 8000 万吨以上，矿脉长达 7.5 千米。天成奇峡景区地层系武夷山脉南延伸部分，形成于 1 亿年前至 7000 万年前，属丹霞地貌。景区内有雄伟挺拔的鸡冠山、气势磅礴的一线天、亭亭玉立的姐妹峰、腾云驾雾的天上人间、仰空长啸的狮子峰、怡然自得的巨龟岩及水帘洞、古塔峰、仙人洞、仙人浴池等景点。

鸡冠山：又名鸡公山，因外观紫红，挺拔秀丽，形如鸡冠而得名。鸡冠山的峭壁上，一年四季树木葱茏，争奇斗妍，在邵武至泰宁高速公路上远观霞光四射，走近看更是震撼人心。

雌雄一线天：天成奇峡在同一座山上相隔不足百米有两道一线天，故名雌雄一线天，从下往上望，但见一线天光，狭窄之处须侧身而过。游人可以从雌一线天往山顶登，从雄一线天下来。站在山顶上可眺望奇峰异石，苍莽林海。

姊妹峰：两座风姿绰韵的丹峰，依依相牵，昂首遥望。峰顶绿树繁茂，花草葳蕤，犹如少女的满头秀发。红色的岩壁恰似少女的桃腮。山麓古木苍天，碧潭如镜。两姊妹日夜将身影投入潭中，与碧水相嬉。

天上人间：位于天成岩半山腰，用丹岩筑成的山门，建于清嘉庆年间。游人至此，向远处高声呼喊，则群山呼应，回声四起，昂首细观天榜上端，但见一不规则椭圆形洞中，赫然卧着两块形似鞋子的石头，在阳光照射下，俨然是一双晾晒的鞋子，故名"仙人晒鞋"。

除却这些巧夺天工的景观外，肖家坊境内古刹也颇为奇特，别有故事。其中天成奇峡景区内的天成岩寺、狮子岩寺、会圣岩寺均建在崖穴里，被称为岩洞庙宇，即无盖的庙宇。天成岩寺和佛成岩寺建于北宋时期，狮子岩寺建于明末清初。这三座庙宇均依托岩洞而建，上无片瓦，但风雨不侵，颇具特色。其中之一的天成岩寺，建在天成岩峰顶，峰顶兀立一块巨崖，崖下是一洞穴，面积 200 余平方米，天成岩寺就建在其中，意境不同凡响，缕缕禅意缥缈。有诗云：

> 寺入山崖石做瓦，佛观殿外嶂连崖。
>
> 碧空崖上水滴泄，胜似阳春雨打花。

江氏山庄遗址：相传清朝嘉庆年间，大埠岗江富村有一个财主叫江敦御，常年在南京、杭州一带经营纸业和布业，富甲一方。江敦御还是有名的孝子，每次经商回乡，第一件事就是去看望居住北堂的老母亲，叙说在外见闻，夸赞六朝古都南京建筑如何奢华，风景如何秀丽。老人听了羡慕不已，也就有了去南京一游的想法。江敦御担心母亲年事已高，路途遥远恐出意外。为了却老母亲的心愿，江敦御买下位于天成奇峡景区峡谷处的三百余亩土地，请能工巧匠仿照南京皇家园林格式，建造了一处气势恢宏的园林。园林四处亭台楼榭，曲径通幽，正中一栋二层佛殿，供老母亲诵经拜佛，并书"南京堂"三字金匾于中堂。但不久，有嫉富者以私造南京堂、有谋反之心的罪名将其报奏朝廷。江敦御闻信惊恐不已，连夜拆下南京堂牌匾，调集石匠、杂工百余人，日夜加班，在南京堂殿前左上方石崖上，凿刻江氏山庄四字。及至朝廷派员察访，只见江氏山庄石刻，并无南京堂之说，且念其孝心感人，未予追究。

仙人台：是景区内可停驻观赏的最大景点。相传在明末清初，有一位穷书生爱上了一位富家小姐，两情相悦。但他们的爱情受到女方父母的强烈反对。书生本想金榜题名后，风风光光地成就与小姐的姻缘，然而他却屡屡落榜。在这种情况下，女方父母逼其他嫁。这对恋人绝望了，便在此双双殉情，并被埋在仙人台上。一出梁山伯与祝英台式的爱情悲剧在此定格。

天成岩锦溪：又称小九曲，是横穿景区腹地的一条动观的带状水景，号称水上一线天。锦溪全长 8 千米，深浅不一，穿行于群山之间，形成九曲十八弯。峡谷最宽处 10 米，最窄处 1.53 米，8 个 180 度的转弯，弯弯见独特，佳境天成，集雄、奇、险、秀、幽于一身，是竹筏漂流的理想之地。整条溪流蜿蜒于岩体裂隙之间，两岸悬崖峭壁，犹如斧劈刀削般的险峻挺拔，高山崖植物繁茂，郁郁葱葱。泛竹筏漂流时急时缓，人随流而下，心弦时张时驰，水中小鱼时隐时现，奇峰怪石迎面扑来，犹如身临仙境。

锦溪底则另有一番风景，溪里面散落着锦溪坊四百年来烧制的瓷器碎片，形状各异，质地或精细，或朴拙或粗犷，随手翻动一块沉浸在水底的碎片，就是翻动了一段历史传奇。

那是明洪武四年（1371）的春天。冬天的寒冷还没有完全退去，春天在不知不觉中到来。闽北乡村田野里，是隔溪春色两三花、近水楼台四五家的景色。在通往肖家坊乡境内天成奇峡的山间古道上，悠悠走来一位童颜鹤发、满面红光的老者。但见他皓首容光、慈眉善目、苍髯点雪、神采奕奕，头戴一方乌角巾，手拄一根树棍儿，不疾不徐。此老者不是别人，正是邵武人——一代太极宗师张三丰真人。他见此地穷乡僻壤，家乡百姓生活困苦，欲要仿崇安县境内的武夷九曲水于此生景添色。

张三丰取出那把九天玄女宝剑迎风而立，仰望天际边云，口中喃喃念道："恭请北斗星君、风部雷电、山神、水神及邵武府土地等诸神前来相助。今日，张三丰欲在此地造肖家坊武夷小九曲，造风景胜地赐福于邵武民众，功在当下，利在千秋万代。故，恳求诸神列仙施展神通则个，显移山倒海之力，在下感激不尽！"言罢，张三丰伏地祈拜，神情恳切。

不一会儿，但听得半空中传来震耳欲聋的声音："张真人可是听好了，你今日依仗天书法力唤我等小神前来听命于你。但张真人所欲行之事，有违天道自然，你身为道教中人，岂不知晓'道生之，德畜之，物形之，势成之'，此是以万物莫不尊的道而贵德，你怎可轻易动此念想？"

张三丰望空中拜道："天神所言极是！天之道，损有余而补不足。今日在下张三丰所为，也乃是遵循大自然规律，减少有余，用之于不足。虽明知有违天道自然形成，但也是有情可谅，实实是怜恤这一方百姓贫瘠是也。"

天空云端中隆隆发声道："果不出太上老君之所料，看来一切皆在定数之中！既然张真人决意如此行事，我等小神也无话可说，只好施展起神通来便是！"话音刚落，苍穹间一道明亮的电闪划破头顶，雷鸣声震耳欲聋，立时狂风大作、飞沙走石、遮天蔽日，那暴雨如骤，劈头盖脸而来。

如此轰轰烈烈、天地摇撼，一个多时辰以后，只见天空中天界五帝龙君现身，厉声大喝道："下面的张三丰听好了，你的心愿我等已替你完成，但你今日所行之事，实在有违天道自然。山川河流经历千万年所形成，何处为山川、何处有河流，自是有其规律造化其中，怎可随意变动？今日你仗天书之力惊天动地，移山倒流，虽是为百姓益福享用着想，但有一利必有一弊，山川河流被强行挪动，受其大变，必将要自行修复调整，不久祸藏其中，恐有地震出现，百姓难免遭灾受损。太上老君有话留与你，无为而不为，一切要顺应自然，水到渠成。不可凭主观意念发号施令，强制推行，违背规律。但念你拳拳善念之举，饶你大罪。但功难抵过，当要惩戒为是！故，收回你的九天宝剑，并罚你凡间多待100年！"

张三丰闻言大惊，惶然不已，知道今日之事有违自然之法，祸兮福所倚，有得便有失也，便伏地对五帝龙君奏道："在下实是怜此地百姓地薄而为之。但事已至此，张三丰知错，心服口服。"说着，张三丰奉上九天玄女宝剑于五帝龙君，言道："张三丰愧当太上老君所赠这把天器，心甘情愿奉还于上界，接受天道罚戒为是。"

天神回天庭后，当即雷息雨停，乌云四散，晴空如洗，四处景物逐又清晰可见。只见在这原本缺水的天成岩山峦中，竟出现了一条源起天成奇峡西面，曲折迂回的小溪。此溪全长7500米，溪水清澈见底，水面宽窄不一，宽处为5至10米，最窄处仅二三米，仅容一张单竹筏擦壁而过。河谷两岸坡峭，有的绝壁对峙，有的岸坡植被繁茂、鸟语花香。溪两岸奇峰怪石，高耸密集，斧劈刀削，有的形如猴状，有的似龙形，有的似仙人品茶论道，有的似雄鸡啼晓，还有的地方似五虎朝狮、巨龟上岸，还有水帘洞、骆驼峰、宝塔峰等奇妙景观，屈指算了算，竟不多不少也是九曲之数。除却这溪流比武夷山的九曲溪小巧一些、两岸的景观造型不同外，简直就是浓缩版的武夷九曲水。

肖家坊镇这些年加大力度，对景区内的另一个重要景点"中国兰花第一谷"加以开发，包括兰花文化展示厅、野生兰花观赏区、妙笔生花、摩崖石刻群、兰香茶楼、兰花样品园、江氏山庄遗址等景点。

天成奇峡是动植物的宝库，由于温暖湿润，为动植物生长提供了良好的气候环境。茂密的原始森林孕育的是生物多样性。这里植物种类繁多，有蕨类植物100种、种子植物800种、真菌97种，具有开发价值的观赏植物275种。其中长叶榉、江南油杉、沉水樟、红豆杉、香果树等8种为国家重点保护的珍稀树种。区内还有数十种哺乳动物、百余种鸟类、728种昆虫，宛如一个天然的动植物乐园。

天成奇峡有个"旱龙船"的民俗，起源于明朝初。旱龙船高3.5至4米，身长6至8米，威武雄壮。龙骨以毛竹为原材料轧制而成，彩饰须用到：红、白、黄、黑、绿、紫、蓝七色纸50张，七色皱纸20张，糯米浆2.5千克，麻绳1.5千克，小号铁丝1千克，木炭25千克，火药7.5千克，各种装饰灯笼4对，计时电连灯20米，彩塑花草图案，花布5丈，红布2丈等。繁琐细致，每个环节都十分讲究。扎制需50至60人参加，分成扎龙身、龙头、龙尾和制作彩饰等几个组，每组十余人，局部扎制成型后进行拼接组合。这不仅仅是一种扎制技艺的传承，更体现了通力合作、密切配合的集体性。旱龙船从明朝至今，代代相传延用，成为邵武南部地区重要的民俗之一。2022年1月，旱龙船民俗被福建省人民政府公布为第七批福建省级非物质文化遗产。

每年的元宵夜，将石及周边的村民不约而同地赶来，在唢呐声、锣鼓声、鞭炮声中，腰系红布带的数十名壮汉抬出旱龙船在村中街巷巡游，火把队、双锣双鼓队、跳八马、龙神大圣、唢呐队等紧随其后，队伍威风凛凛，巡游村中街巷。神龙所至，家家户户摆设香案，点燃香烛，鸣放鞭炮，恭迎神龙，祈求风调雨顺，五谷丰登。巡游完毕，经主祭师做祈祷，神龙被送往将石溪下游焚化，意为神龙升天。

肖家坊镇在引入旅游业发展运营机制时，特别利用张三丰的养生渊源，加强对康养旅游资源的开发利用，吸引了国内外老年人及广大养生者。每年来这里森林旅游、康养体验、休闲度假达30万人次，旅游收入8000万元。肖家坊镇2021年被福建省林业局、福建省民政厅、福建省卫生健康委员会、福建省总工会、福建省医疗保障局评选为省级森林康养小镇。

02 烟酒人间

肖家坊倾力打造以坊前村和肖家坊村为主的现代农业区，以将石村、登高村为主的传统历史文化区，以将上村、天成奇峡景区为主的休闲养生旅游区，建成一座宜居、宜业、宜游的生态文化养生小镇，一座城市外寻找心灵港湾、诗意栖居的后花园。

双排烤房规模甚是宏大，从这头到那头近百米。肖家坊镇坊前村"烟稻产业综合体"是福建省现代绿色产业综合体示范点，烤房里正在烘烤着今年最后一批烤烟。坊前村负责人介绍："烟稻产业综合体是2022年建起来的，占地面积15亩，由省农业农村厅、烟草公司、肖家坊镇、坊前村出资，新建40座烤房及500平方米仓库，房顶布设光伏发电片，实行'生物燃料、电力结合，智能烘烤'，可烘烤烟叶、可烘干稻谷，还建设了光伏发电，是烟＋稻＋光伏发电三产业综合体。坊前是南平市烟叶种植面积最大的村，2023年2160亩，2024年1960亩。"

邵武烟叶是几十年来树立的一个从种子、种植、烘烤、销售等全程技术服务链最完整的一个产业项目，经几代烟草人匠心而成。烤房历经用柴、柴煤结合、柴煤电结合、煤电结合、生物燃料电数控结合等多次升级，烤烟生产作业工具开发出深翻、碎草、起垄、覆膜、施肥等机械设备。烤烟房更新和机械设备发明，减劳力、降成本、提质量，轻松种烟。

最初的烤房全是用柴，消耗木材不说，白天黑夜都要守火。烟农白天干农活，适时返回看火，晚上在烤房边的搭篷里休息，间隔一两个小时起床添柴看火，稍有不慎烘烤质量就出问题，利益没有保障。现在实现智能控温，温、湿度感应灵敏度高，既节能减排实现"绿色烘烤"，又提高了烤烟效率和烘烤品质。

当年烟农在烤房守夜的"黑眼圈"，如今变成数字遥控"火眼金睛"；当年锄头起垄"人扛锄"，如今机械作业"锄带人"，实现烟农劳动效率的凤凰涅槃。

采访时正值烟叶丰收时节，我们看到镇烟草站正一片忙碌，分级、定级、打包、运输……收购站采用"订单式"收购制定安排表，烟农们提前一天预约，工作人员严格按照规定现场收购和管理，避免了拥挤和混乱。在市烟草专卖局引导下，烟叶专业合作社选聘一批专业技术过硬、经验丰富、责任心强的分级女工，在固定的时间、地点为烟农提供专业化的烟叶分级服务，有效解决了烟农烟叶分级时人手不足、工作质量不到位等问题，为提升烟农种烟效益、确保底线高纯度收购打下基础。省时、省事、省力专业化分级，只要拿出烟农码一扫，多少斤、什么级别都清清楚楚，方便又放心。谈起现在的专业化分级服务，烟农们赞不绝口。

邵武自 1988 年引进烤烟生产，每年烟叶种植都稳定在 5 万亩左右。烤烟已成为全市种植面积最大、商品化率最高的经济作物，是农村产业结构调整最成功的支柱产业。目前，邵武是南平市第一、福建省第三大烟区，被列为全国 41 个优质烟叶生产基地县（市）之一。

2023 年，邵武市共有 102 个村 1643 户农户发展种植烟叶 4.86 万亩，其中面积在 50 亩以上的种烟大户有 153 户，每户平均种烟收入突破 10 万元，烤烟种植已成为群众持续增收的"黄金叶"。

在肖家坊我遇到了聂细钦，他是本地能人，他虽然不种粮、不种果、不养鱼、不养猪，但他生产的产品与粮食有关，与百姓的生活息息相关。他个不高大，貌不惊人，但是一个有想法的人，乡亲们都说他头脑灵活，应变能力强。他先后创办了福建省邵武聂氏生物科技有限公司、邵武市麦园食品有限公司，前者为制酒曲，后者为酿酒业。聂细钦说："商海打拼多年，没有想到，我这辈子绕不开一个酒字。"

人世间，蔬、酒二事，断不可缺。一日无蔬，令人腻俗；一日无酒，令人萧索。喜好酒的诗仙李白有感而发：

> 天若不爱酒，酒星不在天；
> 地若不爱酒，地应无酒泉；
> 天地既爱酒，爱酒不愧天。

造酒业产生于何时，还没有一个令人信服的确考，坊间认可夏代杜康是造酒业之鼻祖。但据史料记载："昔者帝女令仪狄作酒而美，进之禹，禹饮即甘之，遂疏仪狄，绝旨酒。"由此可见，早在大禹时期便有了酒。酒的原始功能是用于祭祀活动，供神享受，是世人祈求平安祥和的表达。之后，随着社会的发展，渐渐地由祀神变为以娱人为主，酒便大量地出现在宴飨和文化活动之中，具有了交际和娱乐功能。

古往今来，不少文人雅士、英雄豪杰，皆与酒结下不解的缘分，芸芸众生亦离不开它。逢年过节、四时节令，良朋会集、知己相逢，婚丧嫁娶、红白喜事皆以酒助之，一者祛邪扶正，增添喜庆；二者以酒为媒，表达心意，交流情感。既然人人都爱酒，那酒市场必然不会衰减。

初冬，我前往邵武聂氏生物科技有限公司和邵矛酒业有限公司，其实是一家企业挂了两块牌子。进厂时我遇到物流公司到厂装车，出货酒曲 1 吨多，发往湖北省孝感市麻糖米酒有限公司，一片生意兴隆的景象。该厂 2008 年创办，厂子不大，占地面积 4000 平方米，但已经是邵武注册的唯一一家名副其实的品牌酒厂与酒曲厂。

邵武制酒历史悠久，过去大多是小作坊式，或者是农户家中自酿米酒。清朝周亮工 (1612—1672)，于清顺治四年 (1647) 被任命为福建按察使，当年秋天，周亮工由浙江经江西入闽，先抵光泽，后抵邵武，因时局混乱暂居邵武很长一段时间，做了不少好事，有不少诗作。他对邵武的酒印象深刻，赞誉有加。他创作的《闽小记》记载："双夹邵春香味多，映卮未饮面先酡，家家岁底火烟发，留酌元春贺客过。"

邵武酒厂有一定历史，1950年初，由林兴殿等9人合资办起东关酒厂。1956年，在私营工商业社会主义改造中，东关酒厂私营企业组成公私合营企业，定名为邵武酒厂。邵武酒厂成立后，通过江苏洋河人、邵武县副食品公司经理的牵线搭桥，酒厂派出几名技术员到洋河酒厂学习大曲酒的酿造技术，回来后酒厂挖窖池，酿制"邵武大曲"酒。20世纪60年代初期，福建省只有邵武和厦门两地可酿造大曲酒，经过十余年努力，70年代初"邵武大曲"酒在全省酒类评比中荣获质量冠军奖。邵武酒厂80年代初开发出"熙春米烧"酒，但令人遗憾的是，后来由于种种原因，邵武白酒销声匿迹，这对邵武酒产业发展与品牌影响巨大。

时至1987年，投资1000多万元的首家联营企业邵武华光啤酒厂建成投产，当年产量2600吨，产值606.8万元，华光啤酒亦获部优产品称号。1992年，邵武啤酒厂实施技改。1996年，啤酒厂攻克啤酒酵母越冬保存与单细胞分离技术难关，调整产品结构，实现以干啤为主，淡旺季均衡生产。2001年，啤酒厂宣告破产，由民营企业收购，组建雪力酒业公司。

邵武民间的酒主要有糯米酒和米烧酒。糯米酒又称米酒娘、水酒，采用蒸煮、加曲、自然发酵即可，这与武松痛饮十八碗后景阳冈打虎所喝的酒相似，都是此类酒。糯米酒又有两种，一种是红酒曲酿成酒，称之为"红糯米酒"（简称红酒），在邵武东片农村比较多；另一种是白酒曲酿成的酒，称为白糯米酒，在邵武南片和中片的农村比较常见。米烧酒采用蒸馏法，采用蒸煮、加曲发酵蒸馏。蒸馏最主要的价值是对酒精的净化与提纯。当时有"邵武熙春米烧""邵武大釉"两种商标品种，后因效益不好而停产。相反，闽北的许多县市酒的品牌纷纷突起，如：建瓯的福矛、松溪的湛仙、政和的东平高粱、建阳的武夷王、光泽的闽源春等。面对这种情况，许多邵武酒厂的老人心中很不是滋味。

聂细钦对于酒的热爱是有遗传基因的，他爷爷在肖家坊镇制酒曲早有名气，附近村民做红酒、白酒，大部分酿酒的酒曲都出自他爷爷之手，而爷爷的手艺也是从祖辈学来的。聂细钦从小就耳闻目睹了爷爷制曲的那些事，常模仿爷爷，自己偷偷地磨粉，用水搅拌，像搓丸子一样，并将搓好的丸子用稻草包裹，然后储存、发酵。他也不知实验过多少次，小小年纪就烙下了酒的印迹。

1990 年，聂细钦高中毕业，在厂里拜浙江人杨崇黄为师，学制酒曲。制曲师傅一般不收徒弟，一怕徒弟没耐心，二怕制曲粉尘大，人见人怕。聂细钦的拜师是虔诚的，最终，杨崇黄师傅被聂细钦的诚心感动，倾囊相授，把乌衣红曲生产技术教给他。

1991 至 2007 年，聂细钦在福清、泰宁、光泽、福州、延平等地办过酒厂。他参加过大型酒厂和高等院校技术学习和技术交流，2005 年 6 月获得由国家劳动和社会保障部签发的"食品检验员"荣誉证书；2010 年 12 月荣获中国轻工业联合会人事教育部颁发的"酿酒师"荣誉证书。

思乡的聂细钦于 2008 年回到邵武，租了间厂房，成立了福建省邵武聂氏生物科技有限公司，成为福建省市场监督管理局全省唯一批准获得酒曲生产许可证的企业。他不断摸索制曲的技术。早年爷爷制曲时成本高，传统的酒曲出酒率低，工人劳动强度大，燃料等能源消耗量大。聂细钦再次四处请教他人，曾到四川、贵州、浙江等地拜过师傅，通过技术改造，研制出了酿酒曲、根霉曲、增香高产黄酒曲、高产白酒曲、生料酒曲、甜酒曲等 10 余个品种，大大提高了酒厂的效益，目前"聂氏酒曲"已获得 20 项国家专利。

2012 年，福建省邵武聂氏生物科技有限公司入住邵武市养马洲食品园区，并成立了邵矛酒业有限公司，不仅制酒曲，并且酿酒，从此邵武人又有了自己的酒。邵矛酒业主要生产酱香型酒为主，也生产清香型酒、养身酒、黄精酒、果酒、百香果酒等。酿酒技术无止境，厂里聘请茅台镇酿酒师卢杰为酿酒技术指导，在技术方面不断创新、质量上精益求精，还与云南省酿酒科技协会车宝强工程师开展技术合作，并聘请国家级品酒师黄浔江作为公司的酒品质技术顾问，从闽粱泉、邵熙春、邵矛匠酒等一系列产品，一步一个脚印，品质逐步提升。质量是企业生存的资本，每一滴酒都是粮食精华。厂里解决农民就业 50 多人，每人年收入达到 10 万元以上。

好曲、好水、酿好酒。酒厂现在已注册了"邵熙春""邵矛匠酒"品牌，其酒清澈透明、清香纯正、入口醇甜、落口爽净、好喝不上头。

03　茶果飘香

漫步在肖家坊山林泉边，听淙淙流水，闻浓浓茶香，合奏着生命的交响曲。茶，是大自然对人类的恩赐，在阡陌红尘中充溢着茶的纯朴与宁静。肖家坊独特的丹霞地貌，重峦叠嶂，云雾缭绕，孕育着一丛丛茶树、一片片茶园、一杯杯清茗。高山云雾育佳茗，茶韵飘香聚浓情。在乡村振兴中，肖家坊人四季耕耘劳作，他们种茶、采茶、制茶，通过茶文化、茶产业、茶科技融合，助推茶产业提档升级，发展茶乡产业，让茶产业逐步成为农民增收致富的支柱产业。

在肖家坊七里坑茶园，蓝天白云之下，绿水青山，茶香醉人。周遭薄雾缭绕，说不清是云还是雾，让人感到清心润肺，神清目爽。武夷南麓茶叶有限公司总经理杨子兴说：茶叶种植在肖家坊镇历史悠久，茶叶生长环境和武夷山茶极为相似，低山丘陵和山间盆谷散落其间，造就了肖家坊茶叶独特的山间韵味。为了让茶品质更好，让消息者更加放心地喝上有机茶。七里坑茶园和北斗基站进行加 5G 的合作，利用 5G 可视化技术，实时传录七里坑茶园内的画面和环境数据；新建远程操控就地控制系统，实现远程对茶园进行浇水、施肥。运用大数据模块化管理对茶叶采摘、运输、制作等全工艺实行智能监测和控制，通过大数据分析提高种茶和制茶的品质。

七里坑茶园与福建省农科院茶科所、经济信息研究所建立长期合作协议，并聘请以尤志明所长为团队的科技特派员指导茶叶种植、加工；聘请省茶叶高级技师黄永红团队帮助企业制茶、评茶、焙茶。有了科特派，也是对茶叶品质的一种保障。

谈话间，我们看到无人自动驾驶车在七里坑茶园运行，游客说："第一次乘坐这没有司机、没有方向盘的汽车，感觉特别神奇。"

利用机械、固态激光雷达、IMU 组合惯导系统（北斗 +GPS）、超声波雷达等多传感器数据共同运作，让观光赏景兼具便捷、有趣的现代化体验，在 2022 年已被纳入福建省农业厅农业科技物联网实验基地建设项目。七里坑茶园以科技赋能茶产业，引导茶产业智能发展，致力于打造 5G 智慧茶园。目前已建成集茶叶生产、科技、检测、展示、交易、培训配套于一体的科技中心，实现了 5G 生产，成为中国生态茶园新模式。肖家坊镇制定种好茶、制好茶、售好茶的发展思路，积极探索茶产业、茶文化、茶科技融合发展的新路子。

不仅是一个七里坑茶园，要发挥肖家坊万亩茶园以及茶商茶企多、茶文化浓厚的优势，融合茶文化、茶产业、茶科技与旅游协同发展。目前已建成生态有机茶园 2 个，改良建设无公害绿色茶叶基地 2000 余亩，肖家坊的乡村田野，一定会收获满满。

正是百香果成熟的季节，在肖家坊丰旺百香果种植基地，绿意映入眼帘，一个个圆润饱满的果实犹如小灯笼缀满藤条，空气中淡淡的果香令人垂涎欲滴。肖家坊镇种出来的百香果在邵武乃至全省都很出名，这要归功于肖家坊镇独有的小气候。由于地处武夷山脉南麓，在天成奇峡和将石自然保护区的双重作用下形成特殊的丘陵山地地形，大自然的鬼斧神工造就了它与周边其他乡镇不同的气候条件；更大的昼夜温差，使其果形美观，果味更加甜美。

肖家坊乡民黄立文种百香果已有五个年头，纯朴厚实的他一边挑选一边说："每一粒果，我都精心挑选过，坏果一律不进行售卖。"雄心勃勃的他在种好百香果的同时，还开始种火参果和水果黄瓜。他说："一种作物有点单调，我就想多种几样，让更多的人到这里走走看看，观光采摘，欣赏乡村美景，品尝美味。"做农业必须依靠科学技术，他希望农业专家给予他更多支持，他会不断开拓业务，带领更多农户种果致富。

肖家坊镇村民的另一个创收来源是油茶山。每年十月霜降前后，是采摘油茶籽的最佳时节。走进孙家村绿油油的油茶山，但见一个个忙碌的身影出现在山中，一颗颗核桃般大小的油茶籽缀满了枝头。

　　孙家村的茶籽油名声在外，供不应求。说起它的种植还要追溯到20世纪六七十年代，有300余名知青来到孙家村插队，知青们在此种植了油茶，让孙家村和茶籽油结了不解之缘。去年孙家村种了300多亩油茶林，榨了3000多斤的茶籽油，为茶农户增收5000元至20000元不等。

　　2000年，农业出身的下派书记丁信良来到孙家村后，见孙家村土地资源不足，但荒山野岭碎片化的山地不少，没有得到充分利用。凭借着专业知识和敏锐性，他觉得这些碎片化的土地很适合种植油茶树，这是一个增加村民收入的好途径。在他的带领下，村里引种了一批优质的油茶树苗木，经过良种繁育推广形成长林系列油茶，荒山野岭变成如今漫山遍野的油茶树。孙家村种的油茶树与其他地方有些不同，小籽的油茶果实使其出油率要高于其他品种，而且不饱和脂肪酸含量高达90%，远远高于菜油、花生油和豆油。与橄榄油相比，油茶的维生素E含量高了一倍，并含有山茶甙等特定生理活性物质，具有极高的营养价值。但是油茶的榨取十分繁琐，要经过分选、烘干、脱壳、压榨、过滤、检测、灌装等工序，其中油茶籽的品质、烘干温度的高低等都会影响出油率。由于是手工压榨方式，出油率低，回报也不高，这让不少村民失了信心。

　　2019年，下派书记游金城让孙家村的油茶事业迎来转机。他积极联系南平市林业局和科技特派员，想办法提高油茶树的出果率和茶籽油的出油率。在游金城和科技特派员林春穆的牵头下，吸收36名成员共同出资300万元，成立"邵武市天兴林木种植专业合作社"，带动孙家村油茶产业的规模化、集约化发展，建成集原料收购、加工、包装、销售一体的孙家村油茶厂。合作社引进半机械化设备，加上科技特派员的指导，使得出油率提升到4千克茶籽能压榨出1千克油，大大提高了茶籽油的产量。合作社采取统一规划发展、统一技术培训、统一采购农资、统一栽植抚育管护、统一收购，效益越来越好，社员们也越来越有干劲。

油茶专业户范文建是一个肯动脑袋的人，为了提升知名度，他注册了"知青源"品牌，换上新包装的茶籽油在市场更具竞争力，通过"村集体＋合作社＋贫困户"的发展模式，形成了油茶种植、加工、营销的油茶全产业链，带动了周边茶农户实现增收。

一方水土养一方人，每个地方的特色食品自然有着鲜明的地域性。肖家坊的米粉与擂茶远近闻名，说来这两样东西到处都有，不以为奇，但品质完全不一样。

邵武在历史上素有榨制米粉的传统，尤以肖家坊登高村一带土榨水洗米粉最为出名。据肖氏家谱史料记载，肖家坊登高村从南宋中期以来民间就有榨制米粉。登高米粉的生产制作讲究，十分注重水质、米质和晾晒产地的选择。水要使用深度在20～50米的深井水或山泉水；米要选用生长期较长的单季稻加工的大米；晒场要选在通风的山坡地、晒粉用的竹帘面向阳光、背面通风，快速晒干。这样制作的米粉白如晶冰、韧性度强、耐煮耐炖，煮后汤清面滑、Q弹适口。所以人们说到米粉，都要选肖家坊的登高米粉。该产品入选了当地"武夷山水"公共品牌，登陆了各大电商平台，年产量达到10万千克。

在肖家坊擂茶是常物，若有客人登门，女主人第一件事就是洗净手，抓起铁瓢舀半瓢温开水，拿起灶台上的茶罐，用小茶匙舀出茶末抖入水中，再用碗边舀边冲调，待铁瓢中汤面浮花飘荡，茶香四溢，这才舀起半碗茶水敬客人。而在锦溪坊，喝擂茶的方式多种多样，更有特色。比如他们在磨茶末时就加入橘皮、茴香、川芎等，以增加茶的香味，有的还加入菖蒲、六月雪、鱼腥草、车前草等制成所谓的"苦茶末"，用于治疗如中暑、腹泻等一些普通疾病。

锦溪坊的老人说，红军时期，当年时任红三军团第六师政委的彭雪枫，在闽赣中央苏区征战时曾率部到肖家坊这一带围剿为非作歹的罗鸿标匪帮。

部队到时正逢 8 月酷暑，许多战士中暑、腹泻，还有一些被毒虫叮咬导致皮肤红肿溃烂，当地山民就用"苦茶末"帮他们治病，烧盐茶水帮他们洗伤。所以当地人也把"苦茶末"称为红军茶。

肖家坊镇立足茶乡优势，依托非遗资源，规整闲置资源发展民宿产业，推出茶王赛等一系列活动，吸引游客。乡村振兴，农民必须富、农村必须美、让人们回得去。农村是农民的家，每个人都期望自己的家能够山清水秀、鸟语花香，望得见山、看得见水、记得住乡愁的美丽乡村建设，才是乡村振兴的依托。

第八章

01　道峰山

春去夏来，少了繁花似锦的热烈，多了清风明月的娴雅；少了浓妆艳抹的风流，增添了宁静旷达的清远。前往邵武大埠岗镇的路上，我看见沿途绿树成行，花卉其间，三角梅、芙蓉花、石榴花竞相盛放，一路万紫千红。汽车驶入大埠岗镇时，风烟俱净，山峰、树木、石岩、田园，风儿徐徐地吹来，伴随着田野的韵味，让人感受到初夏的热情与奔放。而大埠岗境内的大山则让人感到稳重与坚实。邵武最高的三座山峰分别是撒网山、狮头山、道峰山，海拔都在一千五百米左右。而这三座高山都在大埠岗境内，最有名的是神秘莫测的道峰山。

道峰山跨将乐、泰宁二县，方圆近百里，高耸云天，为周围群山之冠，终年云缠雾绕，莽莽苍苍，与江西龙虎山一脉相承，是一座甚有名气的道教之山。其主峰造型如一位仰天问道的老者，故道峰山又被称为道人峰。山中有道观数座，祀奉三清祖师，其中的龙树道人祠，传说常有道教真人乘龙驾雾在此聚会。祠中露天客厅中有左右两处奇异，左边的一个泉池为"龙池"；右边的一眼井为"龙井"，常年不涸。四周青草翠木，枝叶长青，郁郁葱葱。西面有鹅公鼻、莲花石、香炉石、软池岗、圣光院、大小风洞、半山池等诸胜景；北迤则有罗汉岩、试心石，可谓是两处茫茫皆不见，只见其石浮出岩际；下视是无底的万丈深渊，小心翼翼探头略许，耳边立时传来风声萧萧如雷鸣，让人听之退缩不及，望之不寒而栗；东面为巨石垒砌的城墙排，上有石刻六字：城门开、三二来。四周削壁嵯峨，侧迳横生。在二门的门楣上，有唐人吴崇书题"五台胜境"之大匾，笔画矫健有劲，龙飞凤舞，遒健有力，为山景添色不少。此道峰山，真可谓是处处有景，景景有典故。

道峰山与江西龙虎山一脉相承，两处有着千丝万缕，神秘莫测的关联。南宋开禧年间，有江姓人氏自黎川高村迁居大埠岗山下。元朝元统乙亥年（1335），江家新添一子，因其在堂兄弟中排行十四，列"福"字辈，故取名江福十四。他相貌清奇、聪颖过人，25岁那年，江福十四遇江西龙虎山道仙吴海云、张使者，羡慕有加，遂师从二人，得授其雷符秘诀。故，江福十四能书符咒水，饮者病立愈。道峰山上的鹅公顶一石崖处，刻有"五雷虎符"四字，便是江福十四制服妖魔鹅公精，使邵南及泰宁一带免除巨大洪涝之灾。福十四江公成为本地崇祀的守护神，家家户户的厅堂神龛右侧，都贴有一幅红纸书写的神位，正中书"福十四江公神位"，左书千里眼，右书顺风耳。邵南一带流传着许多关于他替天行道、降妖消灾、造福黎民的传奇，每年农历十月十五是江公圣诞节，各地善男信女都要前来参拜，热闹非凡。

据当地史料记载，张姓是最早迁居道峰山的家族，乃后来的一代宗师张三丰祖上，迁至邵武的始祖为张孝廉。其父张瀹系隋朝开府仪同三司，封上将军，谥庄公。张孝廉随从父亲宦抚州值隋唐之际，北方混战时期，从抚州迁居邵武道峰山的善平村，三代隐居不仕。

张家祖上有一个叫张危、字道仙的先人，是始迁祖张孝廉的曾孙。他仪表堂堂，性情和善、喜爱山水，尤其酷好易、老、释书，作为修身养性之道。唐开元初（714）张危购地建造"万灵庵"，开元二十年（732），有一龚姓道人化身与张危在万寿山下施满村（今大埠岗镇的红门村）相遇，张危见其神韵古绝，不同凡人。遂请他到刚建造好的万灵庵上，并拜其为师。师徒二人悉心研讨，常常不知夜昼。日久，张危得到真传，其道法超凡入圣。龚道人喜滋滋地曰："吾得替人也。"称张危为道仙，此后张危便闻名遐迩，远近皆知。

唐开元二十四年（736），各地大旱，太守王议之奉旨到万寿山恳同道仙张危求雨，果然灵验。当年奏请皇上敕万寿山为"道人峰"（今道峰山），敕建赐匾"瑞云庵"。同时郡太守劝改将万灵庵旁边的张三丰祖墓迁至庵门口小坳上，让出地基，将万灵庵扩建为瑞云庵。唐开元二十八年（740），道仙张危去世，他在去世前作辞世偈曰：

左一着，右一着，讨得翻身便脱壳。

举首天外看乾坤，一颗明珠空里落。

张危偈毕后端坐而化，去世后葬天池边。墓碑曰张公塔，张道仙弟子及后人为其立像，祀于瑞云庵。据现存的光绪己卯年（1879）《张氏宗谱》记载：宋崇宁三年（1104），道仙张危的第十二代孙张八迁往金坑大常，张八的第五代孙张八二又从大常迁往和平坑池。这张八二即张三丰的祖父，故这道峰山不仅是太极一代张三丰的祖地，更是一个有着深厚的道家内涵的宝地，今后也会成为在旅游文化方面大有作为的大山。

02　乌石与鼓岭

乌石古村虽隐藏在大山深处，但离邵武城区算不上十分偏远。出城从205省道到南板桥道班半个多小时的车程后，小车便行驶到了一条狭窄的山间林道，一路弯弯又曲曲，不到百米便是一个弯，且都是盘旋而上的急转弯，人在车里左右摇晃、东倒西歪。20多分钟后，我来到了坐落在邵武第一高山撒网山谷地的乌石古村。

站立在村口的一块大岩石上，环视群山、远眺高峰，大有山高人为峰、一望三万九千烟之感。在此可见到邵武境内三座最高的大山——撒网山、狮头山、道峰山，还有附近几十座千米以上的群山。群山之间小山仰大山，山山连斗柄；大峰连小峰，峰峰呈奇峻；前岭接后岭，岭岭有迂回；座座山峰巍峨俊秀、挺拔多姿，形态或似龙似虎、或像豹像猴，皆有鬼斧神工、栩栩如生之造化。这些大山属武夷山脉丹霞地貌，它们北邻江西、南瞰八闽、东朝大海、西接圣地，呈现一派风烟俱净、山水共色的大自然景象。山峰、树木、岩石、泉水，组成了闽北山区曲折多姿、梦幻绮丽的独特风情。

雄峰耸立，白云悠悠。

大山间的古道安然无声，只有几声清脆的鸟鸣声从密林深处传来，甚是悦耳。但乌石村庄显得静悄悄的，不见农家们忙碌的身影，却有一只体硕的黑狗蹲在村口，见了我们这些陌生人，只是冷峻地注视着来者，从胸腔中发出低沉的吼声，让人感到它有着豹子般的威严。这与不远处晒着太阳、佝偻着腰的两位年迈老人形成了极大的反差。

隐藏在青山绿水间的乌石古村，实际由几个自然村环抱组成，乌石村所在的自然村叫"幸家磜"。紧贴着幸家磜村落的后山有数百米之高，从山下仰望，但见山壁陡峭，高耸入云。整个村庄傍山依形，借势修建，牢牢地吸附在悬崖峭壁之上，犹如空中的海市蜃楼，妙不可言。

顺着一条石阶缓步而上，我走进了乌石古村庄。村庄坐落在一个藏风聚气的山坳中，有着巢居知风寒、穴处识阳雨的大隐之相，那村头几棵百年大树直透青云，雄峻崇山，在这冬日之际，仍显出一片郁郁葱葱、生机勃勃。乌石古村别有风格特貌，几十幢老式民房皆顺着陡峻山势，坐北朝南，鳞次栉比，相互簇拥，呈阶层式地建盖，显得层次分明、错落有致。房屋建筑大都以木料砖土相结合的楼房为主，光线明亮、通风透气，颇有湘西楼阁的韵味，但又更为坚固稳定。村庄正中铺有一条上下贯通的石板阶梯，宽一米多，石面光滑平整。这条石阶把村庄分成左右两部分，在井井有条的视觉中让人感到别有一种异国风情。

当地村民说："乌石村的主村坐落在幸家磜自然村，兴旺时有 200 多户人家，近千号人。村中人家全都姓熊，没有外来人。熊家先祖是楚国国君的后裔，后来为避乱世，从中原来到邵武张厝乡洋半天的深山老林生存，后来又迁徙到此。"

深山密林，老鹰盘旋。

那是 400 多年前的一天，从乌石的山道上走来一位身材结实的中年人，他身穿旧蓝色长衫，肩搭着一个前后连片布袋，此人看上去相貌平平，粗眉细眼，但精气神却是十分抖擞，投足举止间显得与众不同。他时疾时缓，走走停停，目光炯炯地四处扫视个不停，察看得极为仔细。

此人乃熊家先祖的高人，他遇事有主见、经商有方，且善察风水地理。他做生意大发后，厌烦了商场上的尔虞我诈，便有意归隐山田，平安度身。此时他在连绵起伏的山岭里，看到这里森林茂密、气候温和、土地肥沃，是块不可多得的风水宝地，若在此屯垦开田，必将有利子孙后代。不久，他便弃商归野，带领数十口家人从张厝乡的洋半天迁徙来此，在这荒山野岭中建立起家园，远离了人烟稠密的集镇，遗世而独立。他告诫儿孙们："什么脚型什么命，每个人都有自己的处世之道。纵有三千烦恼，不如山间一笑。就算心比天高，怎比得乡野平安逍遥？"经过熊氏人家的精心布局、积年累月，辛辛苦苦建成了幸家磜。这个村庄虽小，但体现了中国古建筑风水的玄妙与独特，天地自然、天人合一，让人置身其中有玄秘之感。曾有高人到此一游后，由衷地赞叹道："这里是一处深藏在邵武群山之中不可多得的挂壁式民居。如此建筑古村落，定然藏有文化密码于其中。"

我掩不住内心的好奇，爬上幸家磜村的后山，从高处往下细细察看，果然发现这个村庄前后左右地势如龙，起伏有致，尽显奇、妙、佳之貌。确实有中国地理文化的密码其中，包括附近环绕着幸家磜的几个自然村，布局都十分奇妙独特，它们互为倚重，曲径通幽，前后左右虎踞龙盘，照应有加。

让人意想不到的是，这闽北大山深处的乌石古村，竟与福州的鼓岭有一种前世今生的特殊缘分。气质优雅、风情万种的福州鼓岭，名声在外。鼓岭一步有一步的风景，一程有一程的惊艳。鼓岭不仅仅是灵山秀水的典范和驰名中外的避暑胜地，而且把中西方文化糅合在独特的韵致之中。身临其境，可充分体验时尚与传统的并存、繁华与宁静的共有。

一百多年前，英国牧师任尼在鼓岭首建避暑别墅后，有美、英、法、日、俄等20多个国家的人士耐不住榕城夏日的酷暑，相继在鼓岭修建起各式各样、风格各异的避暑别墅，数量多达300余幢。鼓岭成了与江西庐山牯岭、浙江莫干山、河南鸡公山齐名的中国四大避暑胜地之一。

在鼓岭盖有别墅的美国传教士和约瑟与多察理二人，亦在乌石村盖有相同风格的避暑别墅。1907年，美国医生福益华、多察理等人到邵武传教，在兴办学校、医院的过程中，他们惊喜地发现了草木茂盛、清凉宜人的乌石村，竟与福州鼓岭的海拔、气候、地貌、环境都十分相像，便把它选为夏日避暑、休闲、传教的场所。他们先后修建了9幢具有西式风格的房屋别墅，其中有近200平方米的礼拜堂，还建有篮球场、牛奶场等众多生活附属设施，周边种了许多葡萄藤、桃树、梨树等水果植物。不少外国人慕名到此结缘，福州鼓岭的故事就延伸到了这闽北大山的乌石村。

在山上我碰到乌石村九十多岁的熊木进老人，身板硬朗的他正在竹林间挖冬笋。他回忆道，前些年，曾在乌石村生活过的福益华的后人来到此追忆他们祖辈的故事，虽然祖辈在乌石村生活的时光已不在，可留下的乌石情感在他们心中却是不会忘却的，他们喜欢这里自然环境的安宁与美好。

福益华等人每年七八月份都会带足粮食和其他用品携家眷一二十人坐着轿子来乌石村避暑纳凉，一住就是两三个月。福益华在邵武东关养奶牛后，还雇人从邵武城里把几头大奶牛赶到乌石村放养，以便随时取奶饮用。福益华还把发电机和发动机雇人搬到乌石，用以放电影和照明。他们带进来的灭虫药，杀虫效果很好。

随着时代的变迁，美国人在1949年全部回国后，避暑山庄只留下房屋的空坪和部分墙基石头。只有果树还在，梨树还年年开花结果。1989年有美国客人来到邵武访问，其中有三位女士都是在邵武出生，在邵武乌石村度过了自己的童年或少年。邵武乌石村与福州鼓岭的故事，是绝好的旅游题材，大埠岗镇已经把它列入乡村文旅计划。2023年圣诞节前夕，邵武通过"鼓岭之友"与福益华的孙女安娜取得联系。安娜收到贺卡后很是激动，回送了小爱德华根据父亲书信和口述撰写的《邵武四十年》英文原版书，感谢中国人民的真挚友谊，表示要续写中华福缘故事新篇。安娜对采访她的美国记者说："在中华这片土地上，我的祖父祖母几乎用了一生时间与中国人民建立了深厚的友谊。一个多世纪过去了，世界已经发生了很大的变化，但不变的是人与人之间仍然可以通过联系建立真正的友谊。"

2024年是中美建交45周年，6月28日，"鼓岭缘"中美青年交流周活动走进邵武，"鼓岭之友"与美国各地青年友人共20人先后参观了福益华展示馆、四中协和楼、竹立方生态科创馆，探访百年前"鼓岭之友"福益华的生活以及邵武历史文化。福益华来到山区小城邵武，传教、行医四十年，他与邵武人民朝夕相处，结下了深厚感情。

03　古法造纸

让我们想不到的是，小而偏僻的乌石村不仅与远在省城的鼓岭有关联，它竟然还是著名"连史纸"的发源地。

乌石村过去造纸规模甚巨，鼎盛时期全村共有纸槽上百个。乌石所造的纸质地精细，柔软不皱、薄而均匀、防蛀性好、经久不变，是古籍修复、书写绘画、字画装裱的首选用材。其特殊的制作工艺，极富历史和科学价值，因品质上乘而名噪一时，纸产品远销海内外。1915年连史纸赴美国参加"巴拿马百货赛会"，获得大奖。

因市场变化，古法造纸在20世纪60年代后逐渐停止生产，但造纸工艺并未流失。乌石村现已年过八旬的熊木进和熊灵河等老人，对造纸工艺流程依然能够清晰地讲述从嫩竹砍伐、剖片、醮浸、涤晒、捣担、蒸煮、调料、配料、抄张、分张、焙纸的整个流程。

时过境迁，古法造纸正慢慢地从人们的视野中消失。作为连史纸发源地的邵武，生产技术已面临失传的尴尬窘境。古法造纸是一种传统的手工艺技术，有悠久的历史，无论在中国还是世界各地都有着较高的文化价值和历史意义。

邵武在 1917 年有 400 张槽，最高年产量达 3.2 万担，产品大部外销，1934 年外销量达 1.8 万担。1939 年，国民党中央赈济会拨款 10 万元在原第三区宝积乡（后迁芜窟）创办第十四工厂，经营 6 年后停产，建纸槽 8 座，仅有 4 槽开工，产品以连史、海月为主，兼产一些色纸，年产量千担左右，先运江西河口，然后转销各处，本地市面很少销售。

新中国成立后，邵武县人民政府重视扶植纸业生产。1951 年给槽户发放贷款使造纸业得到恢复和发展。1953 年，全县共有纸槽 181 个，产改良纸 12 万刀（2.7 千克 / 刀）、毛边纸 3 万刀（3.25 千克 / 刀）、连史纸 6 万刀（1.35 千克 / 刀）。至 1954 年，造纸业有 236 户，从业人数 604 人。其中手工业生产合作社 1 个，从业人数 60 人，产值 0.86 万元。1956 年，造纸业通过社会主义改造，组织起来走合作化道路，共有造纸生产合作社 6 个，人员增至 280 人，当年生产土纸 74.34 吨，约 90% 销往省内外。后随机制纸的大量出现，土纸生产逐渐消亡。

1969 年 2 月，邵武造纸厂开始筹建，1970 年 1 月落成投产，为邵武第一个全民所有制机制纸厂，当年产量 80.8 吨。建厂后，生产稳步发展，产品逐步增多，有炸药包装纸、仿纸袋纸、牛皮纸、包装纸等，供销本省并行销江苏、浙江、上海等地，1971 年产量 3452 吨，1981 年至 1989 年产量万吨以上，最高产量达到 15049.36 吨，职工增加到 352 人。从此之后，邵武的造纸厂多次起起落落。

抗日战争时期，作为迁邵时期协和大学的学生吴子楠对邵武造纸历史，尤其是大埠岗古法造纸历史有过详细记事，他为我们讲述了造纸的故事：邵武造纸的区域，主要分布在东西南三个方向，因为东西南三面山区都盛产毛竹，赖此天赋的自然资源，自古就养育着邵武人民，繁衍生息，富裕发达。这三个地区造的纸均不相同。例如东路拿口、朱坊、水口寨等十余个自然村，主要生产毛边、毛八、中杠、小杠等四种纸。这四种纸，纸质虽然也比较精细，但色泽淡黄，其用途远不及白料纸之广泛。其次是西路沪洋、金坑、桂林等十余个自然村，主要生产斗方、草纸、时则三种纸。这三种纸都属生料纸，其原料没有经过腌制和漂白，所以纸质粗糙，色泽暗黄，只供古时吸烟引火，俗称纸媒，或制造冥币纸箔以及包裹等。第三是南路二十都，包括铁洋、前排、焙上、上路、王土坪、东溪、斜树坑、乌石坪、邓家际、肖家洋、朱公洋、王土岭等二十多个自然村，这些地方制出的纸，称内山纸。还有芜窟、村尾、大陂、宝积、李源、墩上、碓下、童家坊、大埠岗等9个自然村，都设有纸槽（纸厂）。这9个自然村制出的纸，称外山纸。内山纸和外山纸，统称白料纸。20世纪40年代，为顶替外来"洋"纸，纸厂加入明矾和白石等原料，制出海月和改良纸，以防渗透。这四种纸，纸质细嫩雪白，其中上乘的多用作印刷书籍，我国古代书籍，都是用这种纸印制。次等的用作书写文书、信函等等。最差的用作裱背墙壁，这可是北方人的一笔大消费。因为我国自古代到清末，凡房屋结构，均以黄土、杉木、土木和砖木结构为主，其屋内墙壁，都需用劣质连史纸粘糊，以防小蝎子在墙壁上爬行伤人。因此白料纸在邵武是历史最久、带来财富最多的产品之一。

自生产白料纸以来，大埠岗就是邵武白料纸的聚散地。槽户（纸厂）制出的纸，每五天一圩，圩日挑到大埠岗出售。本地或外地客商，也于圩日在大埠岗设点收购，经过选良去劣，修剪整张，压榨包装，然后由人力肩挑到黎川或邵武，再由水路运往福州、上海、南昌、天津等地。据大埠岗江氏族谱记载。清乾隆时间，江燮庵支下四个儿子，江敦化、江敦素、江敦御、江敦修，都经营白料纸，历经二十余年，发了大财。四兄弟各按自己的夙愿，在大埠岗留下百年积业。

这一时期，邵武白料纸的产量和产值，可谓登峰造极，鼎盛一时。在这四兄弟因年高歇业之后，邵武白料纸生产发达依旧。这时江西黎川不少客商继续在大埠岗设商行，做白料纸生意，未久同样发财致富。为沟通议事之方便，这些江西客商在大埠岗中街建造了一座二层楼的大厦，作为江西会馆，取名"财神阁"。大厦大门向街，两边有侧门，屋内紧挨大门有戏台，戏台前方为大天井，天井之后才是二层大厅。每年冬夏农闲时间，有戏班来演戏，演戏的时候，大门紧闭，看戏的人由两边侧门而入，可容四五百名观众。

江西纸商兴盛之后，大埠岗有一位名为傅学穹的人取而代之。他经营白料纸生意数十年，到道光初年，独占大埠岗纸商之首，盛极一时。他在大埠岗建造了两幢至今仍负盛名的上东昇号、下东昇号和一所私塾学堂。

从光绪到民国，邵武白料纸产销开始衰退。经营纸的人少了，挣钱的人更少了。1942年，因受抗日战争影响，外来纸张进口困难，内地供不应求，纸价突然回升。内山纸槽很快恢复生产，一年之内白料纸的产量就恢复到3273市担。

1941年，福建省参议会议长邵武人丁超五申请救济总署贷款，委托丁得义在宝积芜窟开办十四工厂，经过紧张筹备，1942年冬开始制造以改良纸为主的白料纸。这个厂的厂址设在芜窟沿村旁天灵岩溪上行三四百米的地方，占地8余亩，除了办公、生活区建设外，生产厂房很大，其中有8张槽，每张槽5位制纸技工，全厂人数有60人左右，一年共生产纸448担。在当时可以说是生意兴隆了。1948年，时局纷乱，这个厂陷入半瘫痪状态，基本停产。1949年邵武解放，这个厂由邵武看守所接收，恢复生产，但1951年停止生产。

古法造纸工艺，承载着中华民族的智慧与创新精神，更见证了纸文化的源远流长。如今，在大埠岗镇领导的重视下，成立了"临昌纸业发展有限公司"，恢复了几个古法造纸腌浸池遗址，在村部新建了古法造纸展示馆。

邵武古法造纸遗产项目相关的代表性传承人熊火金，从他的曾祖父熊灵昌开始，世代都开纸厂，从事造纸业，熊火金从小就帮助父亲造纸，从中学到了不少的造纸常识，走出校门后，因生活所需，拜师学造纸两年。

为传承好古法造纸，熊火金和其弟熊应坚，寻找本地造纸历史遗迹、到市档案馆查阅资料、走访老者记录口述故事，为展馆增加了许多第一手资料。不久后，古法造纸将在大埠岗重放光彩，为乡村振兴添砖加瓦立新功。

04 樱花小镇

最美人间四月天，若隐若现的晨雾，薄纱般地弥漫在身边。随处可见美丽的山樱花在报春绽放，花团锦簇、绚丽缤纷，仿佛在勾勒一幅山水园林画卷。而一声声清脆的小火车汽笛声鸣响，唤醒了沉静的田野。

这是一个充满浪漫情调的休闲之地，一个时尚与传统共存，历史文化与现代潮流相得益彰、互为辉映的地方。樱花小镇坐落在大埠岗镇境内，离邵武市区仅 30 余千米，汽车行程约半个小时。

樱花小镇的景观及规模堪称独特，创意不凡，为邵武旅游业注入了新形式、新内容。樱花小镇是依托嘉德农场、樱花园、小隐竹源景区，整合区域特色元素，以观赏樱花为主，融合农场采摘、生态休闲、太极文化、文化演绎、休闲度假等功能。

曾经因为山的阻隔、交通的不便，经济飞速发展的步伐到了这里便缓慢了许多。这方土地似乎太淡定了，只是默默地注视着来往的过客，看着繁荣与发展的无情离去。从十年前，大埠岗在寻找突破口，在酝酿着一个后发超越的发展计划。今天，我们终于惊喜地看到，在经受太久的寂寞之后，古朴的大埠岗镇开始焕发青春，迎来了新时代乡村振兴的唱响。

依托樱花园兴起的小隐竹源景区，融合有轨观光小火车、休闲山庄、木屋度假区、景观水系等要素，实现从苗木种植基地向观光旅游区转变，打造以樱花观赏为主导，集采摘、生态休闲、文化演绎、休闲度假等为一体综合功能。形成点、线、面的一体化多样性格局，突出湖光山色，色调多彩，四季相宜等特点，成为具有野、花、香、彩形态多样化的生态园林休闲基地，实现了在小隐竹源景区"坐火车、赏樱花、吃包糍、看傩舞、享清新自然"，打造了一张"樱"为有你，"樱"你而来的旅游名片。

小隐竹源景区所在竹源村，是国家级 3A 旅游景区、省级美丽乡村试点村、省级"十公里景观带""国家旅游扶贫开发试点村""森林人家"、南平市"五星级美丽乡村"。

竹源村土地总面积 1.82 万亩，其中林业用地面积 1.39 万亩、生态公益林面积 3378 亩，森林覆盖率达 67.21%。该村充分挖掘森林资源丰富这一优势，积极探索推行旅游 +"森林生态银行·四个一"模式，以培育"一村一品"为目标，做大做强石斛、中草药、锥栗、黄精等林下经济作物；以"百千工程"为契机，持续落实科特派、驻村干部下派制度，示范引领林业转型升级，进一步提升林产品附加值。该村积极引导有实力、懂技术、善经营的生产经营者，通过承包、租赁、转让等方式流转林地承包经营权，成立村级林业专业合作社，建立笋竹生产基地、黄精种植基地，采用"基地 + 合作社 + 农户"模式，带动村民就业近 30 人。目前已完成林下空间 827 亩，种植黄精 100 亩，黄精种植周期三年，预计一亩可产成品黄精 1500 公斤，每亩收入可达 2.4 万元，实现一亩山万元钱。

竹源村拥有国家地理商标、南平市非物质文化遗产"大埠岗包糍"，2016 年 4 月 15 日至 4 月 21 日由香港民政事务局与香港、福建、广东，广西、侨界等六大社团联合举办的"赏心乐食文化美食节""第 11 届中国餐饮食品博览会"在维多利亚公园隆重举办。作为闽北名小吃——邵武大埠岗包糍、脚掌糍代表南平市参加展示，这是闽北传统美食包糍第一次亮相国际大都市，被港澳事务办授予"八闽特色文化"荣誉称号。时任镇文化站站长熊木春赴香港进行现场制作和展示。包糍精选高山优质大米、水菊草，原产地冬笋、香菇、木耳、肥肠、时令蔬菜等十几种美味食材，经过千春百捏制作而成。

樱花小镇有国家级非物质文化遗产——"傩舞"助阵。大埠岗镇河源村因千年傩舞文化已闻名海内外，"傩舞之乡"河源村成为邵武的一张亮丽的文化名片。邵武的傩舞，保留了原始的"舞"，是傩文化的活化石，加上遗存有珍贵的文字史料，其在民俗、艺术、宗教等方面的学术价值得到越来越多学者的关注。

傩舞有两种形式。一种是"跳番僧"，由唐代三藏法师西行拜佛求经为原形，主要讲述唐三藏法师师徒四人去往西天拜佛求取真经，一般由六人组成。一位为红面獠牙开路神在前引路开道，第二位为白面笑脸的弥勒佛祖与开路神为唐僧师徒四人西行取经开道护航，师徒四人各自扛着番旗，一头悬挂着经书番旗，另一头悬挂大鼓，四人各执鼓槌敲击为"跳番僧"伴乐。跳番僧的基本律动在于跳，而作为被护卫的唐僧师徒，在这里仅是舞蹈中的配角，跳舞的主体是开路神和弥勒。开路神与弥勒在表演区内，象征着他们翻高山、越峻岭、跨险涧、过大荒，战胜妖魔鬼怪，历尽千难万险。另一种是"跳八蛮"，属于殿后的节目，由古代八名武官将领演绎为国征战，以行军布阵的形式展现。舞蹈中八名武将分为四组，每组两人，舞姿动作和道具各不相同。第一组为开路神，在演绎中手持锣与锤为"八蛮"队伍鸣锣开道；第二组为弥勒佛，在"八蛮"，演绎中手持双木杆棒配合开路神行军御敌；第三组与第四组在"八蛮"演绎中腰系战鼓行军作战中擂鼓助威。"跳八蛮"在表演时展示出五行八卦方阵，八人各自踏着八字步伐，在方位安排上处处可见"八卦""九宫"以及"太极"的意向。在舞蹈结束时，呈现一字横列，给人一种"九九归一"的启示。后来民间将这八位武将奉为神灵，在每年的祭祀仪式上祈愿着他们能保佑百姓风调雨顺、国泰民安。

傩舞表现特征在于粗犷、豪放、夸张、有力，同时也要体现出诙谐、俗趣、传神、优美。龚茂发是傩舞的传承人，自少年时代起他就对傩舞有着强烈的兴趣。20 世纪 70 年代末，小有名气的"舞痴"龚茂发，收到了公社社长请求组建一支傩舞队的特殊任务。刚组建傩舞队的时候，村民们没有报酬，又有很多农活要做，积极性不高，许多人学了一半就放弃了。于是，龚茂发就挨家挨户宣传，鼓励村民学习傩舞。龚茂发带领队员们练习，小到每一个转身动作，大到整体队形的排列，他都教得仔仔细细。在他的多年努力下，傩舞队已从最初的 14 人发展到了 60 余人，邵武的其他乡镇也陆续成立了傩舞队。

如今傩舞队的重任落到了龚茂发的儿子65岁的龚维德身上。龚维德打记事起，就跟着父亲学习傩舞，如今步入老年的他，仍乐此不疲地帮着打理傩舞队的日常事宜。"每年农历七月初一，大埠岗镇就会举行一年一度的傩舞踩街活动，我的两个儿子、两个儿媳还有我孙子都参加。现在，我主要负责维护秩序等工作。"龚维德说。

在每年的傩舞表演队伍中，舞姿最熟练、动作最刚劲有力的要数龚茂发的孙子龚邵华。作为邵武大埠岗傩舞的第三代传承人，如今也是傩舞队的主心骨。龚邵华从小跟在祖辈、父辈身后，模仿跳傩舞动作、帮助收拾行头。学会跳傩舞后，村里跳傩的活动他从未缺席，他熟悉表演中的每个人物角色和服饰穿戴，熟练掌握和运用傩舞表演中的全部技能。

在家庭的影响熏陶下，年仅13岁的曾孙龚俊荣也学会了傩舞表演，成为邵武大埠岗傩舞的新一代传承人。在他印象中，儿时缠着太爷爷、爷爷讲述傩舞故事和把玩傩舞面具是他最喜欢做的事情。

经过一代代如老龚家这样非遗"守夜人"的不懈传承，邵武傩舞走出大山，受到越来越多人的关注和喜爱。2006年，河源傩舞被列入第一批国家级非物质文化遗产名录；2007年邵武河源傩舞被命名为"福建省傩舞民间文化艺术之乡"；2012年大埠岗镇河源村的龚茂发被确认为国家级非遗傩舞传承人；2019年成立"邵武市傩舞文化协会"；次年乡贤捐资兴建"傩舞之乡"牌楼。独具特色的山村风貌，厚重的历史人文，丰富的文化遗产书就了绚烂的非遗文化。

邵武市邀请了专业人员对民间傩舞进行挖掘整理，使傩舞这一古老民俗民间传统艺术焕发出新的生机：邀请福建省歌舞剧院一级编导谢南创编傩舞《喊春》、省杂技团一级编导林影创编《傩之舞》、福建省师大舞蹈系陈雯教授编创《传承》、福建省歌舞剧院一级编导倪达文创编《傩魂逐梦》等傩舞艺术精品，参加各类全国及省内外的比赛与展演；先后参加了第七届武夷国际旅游投资洽谈会暨南平市海外交流会成立大会、闽越风武夷情大型民俗文艺演出、闽江大型文艺烟火晚会、第二届澳门妈祖旅游文化节和第六届中国湄洲妈祖文化旅游节等演出，受到海内外观众的一致好评。中央4套对邵武傩舞《喊春》进行实地拍摄报道，被邀请到武夷山拍摄中央电视台《魅力城市》《乡愁》专题片。

第九章

01 小荷尖尖

桃花尽日随流水，洞在清溪何处边。走进富屯溪畔的吴家塘镇，让人仿佛置身于城市中。放眼望去，通畅的道路，花园式的小区，宽广的学校，崭新的医院，美丽的公园，不远处标准化的厂房伫立，林中有工厂，厂里有绿化，一幅新农村的美丽画卷映入眼帘。

吴家塘镇位于市区东南部，距离城区 17 千米，是福建省级文明乡镇、南平市小城镇综合改革试点镇，同时也是福建省级循环经济示范工业园区、省级绿色园区——金塘工业园所在地。

缘何名为吴家塘？

据史料记载，古时富阳村头有一池塘，村里聚居着吴、张、陈、邱四姓，其中以吴姓居多，故名吴家塘。宋时，吴家塘地区属富阳乡，元代属富阳上乡，明清称富阳上乡八都；民国时属铁罗区铁罗乡；1958 年 12 月成立国营邵武吴家塘农场；1971 年 9 月成立吴家塘人民公社，辖 9 个生产大队；1976 年 9 月撤销吴家塘公社，3 个大队划归胡书公社，6 个大队归大竹公社；1979 年 4 月恢复吴家塘公社建制，仍辖原 9 个大队；1981 年 3 月分出 6 个大队成立大竹公社；1984 年 1 月设吴家塘乡；2000 年 10 月撤乡建镇。

现今的吴家塘镇是一个崭新的镇区，是一张白纸绘就的蓝图。吴家塘镇区所在地因金塘园区建设用地已经被全部征用，因而新镇区地址是新的、建筑是新的，一切都是新的，而这仅用了 5 年时间就完成，体现了"吴家塘速度"。

2011 年，研究院厦门分院对新集镇 1800 多亩用地进行了控制性详细规划设计，镇区功能定位以中心绿地为景观核心，以生活居住为主体，集办公、商贸、文教、休闲等功能于一体，设施配套齐全、环境优美，具有滨水特色。镇区聘请了海口城市规划设计院，完成了农村客运站、公安派出所、社会福利院、自来水厂的建设，完成了部分水、电、路、讯等基础设施配套建设；搬迁安置了群众 60 户。该镇抢抓小城镇综合改革建设试点的机遇，加快发展，全面打造"产城融合，幸福宜居"的现代新城镇。

美丽的鑫塘小区干净整洁，花圃绿草如茵，各种绿色植物郁郁葱葱，格外清新。小区广场上建造了供居民休憩的凉亭、小板凳，地面还铺设了大理石小道。几位老年人在小区的中庭公园休闲自得，天南海北，柴米油盐，说话拉呱，其乐融融。小区的旁边是新建的九年制学校，总投资 3100 多万，拥有崭新漂亮的教学楼、宿舍楼、塑胶草坪操场；新建的中心幼儿园，为村民和企业务工人员的孩子提供优质的教育资源。使得鑫塘小区不仅环境优美宜人，而且基础设施配套齐全、城市化特色鲜明。

工业园区为吴家塘乡民们提供了充裕的就业岗位的同时，大幅度提高了财政收入。2005 年镇财政收入仅 300 万元，现在吴家塘经济发展占据天时地利，2022 年全镇（含金塘园区）落户企业 97 家，以氟新材料和生物医药两个产业为主，力争 2035 年成为千亿产业集群，全镇（含金塘园区）实现工农业总产值达到 190.1 亿元；固定资产投资 43.52 亿元，财税收入 4.1 亿元，农民人均可支配收入 242 万元。

如今，金塘园区千亿绿色产业集群效应初显，新兴产业强势开局，项目建设态势喜人，5 家排名全国前十的氟新材料企业（三爱富、中化蓝天、新宙邦、永和、永太）入驻园区，4 个系列产业链齐全完备，开足马力生产，金塘园区一片生机勃勃。

在做好企业的同时，吴家塘镇不忘根本、不忘乡村，以促进村强民富为目标，进一步探索金塘聚宝，乡村振兴融合发展模式，立足各村（居）资源禀赋，大力推动乡村振兴这一方向，做好"公司＋基地＋农户"合作模式示范推广，努力提升以铁罗、杨家圩村为主的水稻、烟叶主导产业，扶持庄坛的香菇、草籽、坊上的蜂蜜等一系列特色产业；发展家庭小农场，通过家庭农场引领现代农业发展，实现集约化经营，为乡村振兴注入新动能。

2024 年夏天，在吴家塘镇铁罗村的万禾家庭农场大棚里，西瓜、香瓜、西红柿等长势正旺。一排排整齐排列的瓜果蔬菜大棚映入眼帘，一个个浑圆饱满的西瓜煞是喜人，工人正忙着给西瓜编号，另一些工人对瓜果蔬菜修枝、拔草，大棚内呈现出一片繁忙的景象。西瓜和西红柿还未成熟就已被金塘园区内企业订购走，实现了企地联合共赢。邵武市万禾生态农业发展有限公司除该大棚果蔬外，还流转集体土地 700 亩，"公司＋合作社＋农户"的合作模式，将村民闲置土地流转进合作社，进行机械化作业，扩大种养规模，推动土地流转集约使用；以培育家庭农场、农业专业合作社等新型农业经营主体，引导农民发展特色农业，实现最佳规模效益，使发展模式更加多样、经营产业更加多元，构建起绿色生态、长远发展、优质高效的产业体系，助力乡村振兴。

桑养蚕，蚕结茧，茧抽丝，丝锦绣，一分耕耘一分收获。吴家塘镇坚持"二产带一产促三产"的乡村振兴发展思路，发挥"千亿绿色产业集群"金塘工业园区所在地优势，聚焦产城融合、宜居宜业的绿色工业强镇目标，逐渐形成以企带村、以工哺农新路子。金塘村的聚宝促乡村振兴行动，先后引进了 21 个工业项目、8 个现代特色农业产业项目，提升了水稻、烟叶主导产业，扶持香菇、草籽、蜂蜜、冬瓜等特色农业产业，引导各村（居）成立物业管理、物流运输、生鲜配送、特色民宿等产业，逐步形成绿色安全、优质高效的乡村产业体系。

2022 年吴家塘全镇各村（居）村财总收入达 537.87 万元，村民人均收入 2.54 万元，初步实现了强村富民目标。2023 年吴家塘镇持续开展乡村振兴行动，完成 14 个重点项目，土地征转用报批 637.4 亩，房屋拆迁 2.3 万平方米，策划项目 18 个，总投资 17.8 亿元，申报专项债券项目 4 个，总投资 6.45 亿元，完成招商引资签约项目 7 个；全年开工省市重点项目 5 个，竣工项目 8 个。吴家塘镇紧紧围绕产城融合，聚焦金塘产业特色小镇创建，聚焦特色农业产业发展，着力打造农家乐和精品民宿，不断推动生产在园区、生活在社区、生态在改善的三生融合绿色发展。

02　时代新颜

要把产业振兴作为乡村振兴的重中之重。

产业振兴是增强农业农村内生发展动力的源泉，是乡村全面振兴的基础和关键。只有实现乡村产业振兴，才能不断完善农业产业链，培育农业产业新业态，拓宽农民收入渠道。在加快发展新质生产力、推动经济高质量发展的过程中，需要坚持系统观念推动乡村产业深度融合发展，注重以科技创新为引领培育乡村新产业新业态，最终实现以乡村产业系统化、科学化、规模化发展推进乡村全面振兴。吴家塘大踏步走在乡村振兴的前列，最明显的就是产业振兴，金塘工业园区的兴起。它由往昔的一个普通乡镇已然成为邵武工业、南平工业甚至福建工业的一颗新兴的明星。这蕴含着历届各级党委、政府驰而不息、久久为功的艰苦努力，其中也积淀着吴家塘镇党委、政府举全镇之力，配合园区开展工作，展现吴家塘人的力量、在乡村振兴上担当和奉献精神。

金塘工业园区规划面积 40.16 平方千米，建设用地面积 13.28 平方千米，分期开发建设 7 个平台，设吴家塘、下沙、晒口三个化工集中区，上海三爱富、深圳新宙邦、中化蓝天等 18 家上市公司在邵武投资落户。园区先后获评福建省首批化工园区（安全风险定级评定 C 级）、省级循环经济示范园区、省级绿色园区、全省 16 个标准化园区建设试点之一，被列入省"十四五"规划氟新材料产业集群平台。2023 年，邵武市氟材料产业集群入选全国中小企业特色产业集群。

为有源头活水来，说起金塘工业园区的建设，还与当代的一位杰出人物有关，他就是全国优秀县委书记廖俊波。那还是 20 年前，金塘工业园区于 2005 年 11 月启动建设，由时任邵武市政府副市长的廖俊波牵头组织筹建。在廖俊波身体力行地推动下，邵武市政府规划金塘工业园一期占地 1600 亩，定位为精细化工产业园。邵武市政府给了工业园 1000 万元启动资金，结果征地就花去了 970 万元。

廖俊波找到了邵武华新化工总经理王聪海，提出政企共建园区的探索。王聪海被廖俊波的诚心与所描绘的蓝图打动，出资 500 万元，占工业园投资有限公司 35% 股份。华新公司不仅解决了建园启动资金问题，还以商招商，带来几家化工企业落户工业园，为延伸邵武化工产业链做出了重要贡献。华新公司还投资 2 亿元引进德国生产线，在金塘工业园建设分厂。

金塘园区建立以来，按照福建省级第一批标准化建设示范试点园区，着力供水、排水、供电、供热、道路、通讯、场地平整等设施配套建设，提供"保姆式"服务。日处理 1 万吨（远期规模 6 万吨）的污水处理厂、110kV 吴家塘变电站、集中供热热电联产、公共实训基地、应急救援中心、企业职工公寓、排洪渠等项目陆续建成并投入使用。花园式园区、危化品运输停车场、门禁系统、创新实验室、中小试平台等一批配套项目，已启动前期规划设计，十四五期间将全部建成。园区成立海峡人才工作站、联勤中心、行政服务分中心；检察院、司法、人社、供电等服务职能部门均设立服务点，助力园区企业发展。

金塘园区将汇聚全球氟化工产业的尖端技术和优秀人才，共同书写氟化工产业的辉煌篇章。邵武市采取务实引才、柔性用才和服务留才等举措，绘制"万才汇聚邵武"蓝图，让更多的高士贤才集聚邵武、扎根邵武、建设邵武，为全方位推进邵武绿色高质量发展超越提供坚实的人才保障和智力支撑。

邵武拥有的国家高新技术企业、入库省科技小巨人企业、省级企业技术研究中心逐年递增，居闽北县级地方之首，分别达 21 家、16 家、5 个；创办的福豆新材料，总投资 3 亿元，生产我国超大规模集成电路（芯片）、人工智能、平板显示、光伏光纤、5G通讯制造用的高纯电子特气和电子前驱体以及服务福建省内制造业的普通工业气体，建成后年产值可达7亿。浙江大学博士研究生杨郭明到邵武创办润华化工，专注全氟丁基磺酸及含氟芳香族化合物的研发与生产，2020年以来先后被评为福建省科技型企业、福建省科技小巨人领军企业、南平市知识产权优势企业和国家高新技术企业，现已有20余项专利。

这些人才，有自己的投资项目，有自己的事业发展，用心且尽心。总投资24亿元的永和公司，在邵武打造面向氟化工高端领域的氟新材料生产基地，拥有十多名高级专业人才，还与科研院校合作在邵武建设永和氟化工研究分院，数十名高端人才将长期在分院开展研究活动。总投资100亿的三爱富氟新材料邵武公司已有5名硕士研究生及以上专业人才。邵武市政府与福州大学、西安近代化学研究所、中科院福建物构所等签订战略协议，有效加快了包括氟新材料创新中心和中试基地以及高新技术企业、高科技产品研发的建设；与武夷学院共建企业"人才专班"——"永晶班"，实行"订单式"教育培养。

金塘工业园区的"磁吸效应"，成就了氟新材料和生物医药两大国家战略性新兴产业基地之一，一个崭新的千亿氟新产业集群正在如火如荼地打造中。而在此之前，氟新材料产业已形成了从无水氟化氢到特种氟化盐和含氟精细化学品的产品体系，成为邵武市工业经济的重要支柱产业。随着上海三爱富、新宙邦海德福、永太科技、永和新材料等国内氟化工行业领军企业建成投产，金塘工业园区即将成为福建省乃至全国重要的氟化工产品生产加工基地，尤其在含氟电子化学品生产和高端含氟聚合物等深加工产品的开发上，走在了福建省和全国的前列。目前已落地氟新材料和关联产业项目50家，其中投产30家，在建12家，筹建8家，预计"十四五"末实现产值500亿元，2030年远景目标产值800亿元。

生物医药产业以医药中间体及相关精细化工原料为主，已投产企业16家，重点依托金山准点制药、广生堂药业、道御医药、海豚药业等重点企业，通过补链、扩链，引进成品药国有或上市企业为龙头，形成龙头带动的产业链集聚。预计"十四五"末实现产值100亿元，2030年远景目标产值200亿元。

在这片充满希望的土地上，金塘园区正以"千亿氟新产业集群"为核心，构建一个创新驱动、绿色发展的现代化产业体系。这个产业集群将涵盖氟化工、新材料、新能源等多个领域，形成一个上下游产业链完整、技术领先、具有国际竞争力的优势产业集群。这里，将诞生一批批具有国际竞争力的知名企业，培养一批批掌握先进技术的专业人才。这里，将成为中国氟化工产业的一张亮丽名片，引领中国氟化工产业发展的新潮流。

2024年7月，《邵武经济开发区美丽园区建设规划方案》通过国内专家评审。这是全国首个通过评审的美丽园区建设规划方案。来自北京大学、中国环境科学研究院、生态环境部环境工程评估中心、厦门大学的权威专家对《方案》进行了评审，他们认为：目前全国范围内尚无园区发布美丽园区建设规划纲要，邵武经济开发区有条件成为全国第一个园区级的美丽中国建设样本，为福建省、东南沿海地区乃至全国美丽园区建设提供实践经验和先行示范。

03　征迁往事

明月隐高树，长河没晓天，有些人和事是不能忘记的。

往事历历，峥嵘岁月。金塘工业园区自2006年开发建设以来，至今已经走过了十八个春秋。园区总规划面积40平方千米，分期实施，滚动开发，逐步发展，其中一期、二期面积3000亩，三期（行岭、七牧平台）规划面积10000亩。第三期建设行岭工业平台，需在吴家塘居委会和行岭村征地4000余亩，涉及2个村拆迁140余户，任务十分繁重。

谁都知道征地拆迁工作"天下第一难"，不仅仅是征收土地流程繁多复杂，要发布拟征地通告、征询意见组织听证、地籍调查、地上附着物登记确认等等，还要拟定"一书四方案"上报审批；征地补偿登记、拟定补偿安置方案；根据群众意见修改相关方案，进行公告；落实征地补偿与安置资金，交付土地……

吴家塘镇的征迁工作体量大、节奏快、对象广、责任重、事务繁，为此，镇党委政府要求镇村两级所有干部职工在知政策、控底线、事透明、摆公平、做宣传、服务好的前提下，每一个环节都必须做细致工作，确保万无一失，否则一有点差错，就极容易影响大局。

2012 年 8 月，行岭组的 60 多户村民需要全部搬迁，从现场勘查面积，到公示签订协议，再到发放安置补偿，工作组每个环节都秉持公正、阳光的原则，刚性政策，温情执行，力求政策宣传到位，工作落实到位，服务贴心到位。为了减少征迁户们在搬迁过渡期间的困难，镇征迁工作组下村入户，为他们提供全程到位的贴心服务，联系过渡住房、解决搬运家具的车辆和包装用品等。尤其是将残疾人、孤寡老人等困难群体列为征迁工作中的安置重点，通过费用减免、就业指导等方式解决他们安置后的生计顾虑，做好每一个服务细节，用实实在在的行动、真真切切的诚意，协调好群众利益和全局利益关系。和谐人性化的征迁赢得征迁户们的支持和认可。

五月的一天，时任镇党委书记给旧镇区整体搬迁项目组下达当日任务：三户拆迁户签订房屋征收协议、货币补偿协议、三联矿业厂房拆除。吴家塘的"旧镇区整体搬迁项目"，是百日攻坚战中拆迁面积最大的项目，共涉及 200 余户居民、数十家公建单位、1000 多人口，拆除总面积达 120 多亩。要在 100 天内完成征地 1105 亩，拆迁 6.5 万平方米，完成搬迁 181 户，完成公建单位搬迁 14 家；用 30 天完成园区永晶科技 120 亩交地任务；用 50 天时间完成全市工业固体废弃物及垃圾热解汽化项目，征地 160.9 亩；坊上大桥仅用 30 天完成征地 29 亩，拆迁 2680 平方米，搬迁 8 户，时间紧、任务重。

由镇村干部、拆迁测绘公司、相关部门组成了一支数十人的项目队伍，分成思想宣传引导组、联系群众工作组、入户核查材料组、审查组、拆迁工作组，编组联合作战，层层推进，成熟一户拆一户，成熟一片拆一片。由于方案做的细，征迁工作得以顺利完成。

为征得民心，迁出效率。金塘产业集中区建设征地把吴家塘镇作为征迁责任主体，发挥当地人脉的优势，由镇里负责所有征迁业务，再把征好的地交给园区，园区负责筹款。吴家塘镇果然不负众望，以往从农户签字到材料资金层层审核到打款通常要1个月，现在只要3天，有效合理的搭配既提高了征迁实效，也为其他征迁提供了借鉴模式。

再如弓墩桥和坊上村、毛厝巷等成片开发项目征地拆迁，涉及32户农户，征地面积15970.13平方米，金额720余万元。自4月30日征地拆迁百日攻坚行动启动后，吴家塘镇村两级干部多次入户，推动"和谐征迁""保姆式征迁"模式，用好吴家塘镇片区开发房屋征迁安置意向表，摸清群众搬迁意向，为征迁安置的调度推进提供数据支持，保障群众合法权益，对可能发生的矛盾问题，做到心中有数、分类施策、精准化解。在镇村干部共同协调和努力下，坊上村104户拆迁工作如期完成。在项目征地拆迁攻坚行动中，吴家塘镇共涉及26个项目，南平市下达征迁项目共13个，其中土地征收1868亩，土地征转用报批1868亩，供应（交付）土地1919.7亩；邵武市本级（第一批）征迁项目共13个，其中土地征收1003.7亩，土地征转用报批1003.7亩，供应（交付）土地1003.7亩。

吴家塘镇的征迁工作推动了金塘工业园区的建设，南平三爱富氟化学产业基地项目一期工程如火如荼的建设中。2022年8月，连日来的高温天气让人难以忍受，但这并未阻挡吴家塘镇的征迁步伐，签约、腾空、拆除……自吴家塘镇启动旧城改造成片区开发工作以来，"吴家塘速度"一次次被刷新，征迁工作依然在稳步进行中。镇党委、政府通过提前谋划、提前摸底、提前预热的方式，按照"先易后难、逐个击破"的工作思路和步骤，全力推动征迁工作有效进行。在短短两个月时间内完成158户的房屋征迁协议签订，累计拆除房屋9.72万平方米，百日攻坚期间征迁完成率高达135.36%。为方便群众签约，吴家塘镇、村干部将征迁办公室搬进现场办公。从咨询解答、困难诉求到安置补偿协议签订等实行集中办理，群众不用出远门便能在征迁一站式服务中解决。

除了在办公室，在征迁现场，随处可见征迁干部走家串户的身影，他们积极利用周末群众休闲在家时间，挨家挨户细致地宣传政策，耐心地与群众拉家常，认真听取群众意见，用温情的笑脸、贴心的话语，拉近了与群众间的距离。征迁干部尽自己所能，积极帮助诸如行动不便的老人协调一楼的过渡房、帮助正在纠纷分割财产的群众做调解等等众多的问题，获得了群众对征迁工作的支持。

行岭村是金塘工业园区一、三期平台主要坐落地，为吴家塘镇最大的征地拆迁村，因而征迁提留款是村财的一笔大收入。面对长期村财薄弱的行岭村突然暴富，村民眼红了，多次集体到镇里要求平分征迁提留款。

镇党委政府经过慎重考虑，提出了征地提留款"以钱生钱"的方案。这个办法得到村民们的拥护赞成。村里通过村民代表大会决定，用500万元的提留款购买了鑫塘小区的群楼店面，发展"房东"经济。在融入吴家塘镇小城镇建设的同时，又探索出一条村财可持续发展的路子，从根本上避免村集体靠征迁提留款过日子"坐吃山空"的现象。

随着吴家塘镇小城镇建设发展，店面经营收益成效凸显。行岭村2016年村集体全年收入10.44万元，其中店面租赁收入达8万元，之后呈现逐年增长趋势。镇党委在全镇推广"行岭模式"，引导吴家塘居委会、坊上、庄坛等村居在新镇区购买固定资产，让村财保值增值、细水长流。如坊上村2018年通过村民代表大会用200万元征地提留款购买鑫塘小区的店面，促进村财保值增收，可持续性发展。

随着金塘工业园区的发展，企业外来流动人口日益增多，作为园区所在地的吴家塘镇，镇区常住人口达1.7万余人。为了满足园区务工人员的居住需求，吴家塘镇探索加快实现园、镇、村融合发展和促进乡村社会治理有机结合，铁罗村的"租房市场"就是这样火起来的。

铁罗村紧靠金塘工业园区，村里的空屋多且居住环境尚佳，成为外来务工人员的首选租房地。"一开始是零散的人过来问有没有房子租，后来也有企业老板来问。那我们想既然村里有资源，企业有需求，我们可以主动对接，提供服务，把租房这一块做起来，不仅方便企业职工，也能让村里人有增收。"朱桂平说。

铁罗村通过摸排，清点出了适合出租的闲置房屋 30 栋，目前已对外出租近一半，每月一栋房屋最高可收租金约 1500 元。村民马清龙家有两栋房在出租，每栋有六至七间房，能住下二十来号人，每个月的房租对他来说是一笔可观的收入。他高兴地说："我和我儿子全家都住到城里去了，乡下房子空着也是空着，现在还能用来赚钱，改善了我们的生活。"

有一些房东家还兼做"食堂"，租客可以"在家吃饭"，省去了许多麻烦。便宜的租金、方便的地段、良好的服务让租客很是满意。租住在铁罗村的一名企业员工说："一个月租金 50 元，三个人一间，虽然环境一般，但房东人很好，有什么问题都及时帮我们解决。"

如今，在吴家塘镇的支持推动下，镇里许多村居都做起了租房生意，来镇务工的人不愁住，本村镇居民有收入，可谓两相欢喜。

每当夜幕降临时，小镇街边的餐饮店也逐渐升起炊烟。忙碌了一天的小镇居民聚集到各色餐饮店里，用美食消除疲惫，充盈快乐。

第十章

01 青翠卫闽

青翠卫闽，郁郁葱葱；花颜绽放，生机盎然。

卫闽镇地处邵武市东部，宋朝时属于富阳乡，元朝时属富阳下乡，明清时属十五都，民国年间称卫坊乡，1949 年属第七区，1958 年属红东公社，1959 年红东公社改洪墩公社；1981 年洪墩公社迁址卫闽村，称卫闽公社，1984 年改为卫闽乡；1985 年分设卫闽、洪墩两乡，1995 年 11 月撤乡建镇，行政区域面积 111.61 平方千米。

卫闽镇自然资源丰富，森林覆盖率达 71.6%，集体林 4462 公顷，毛竹 457 公顷，毛竹蓄积量 70 万根，生态公益林 1170 公顷。卫闽镇大力发展水果、烟叶、小径竹、食用菌、油茶、畜牧业等，种植蜜橘、胡柚、橙、雪柑、奈、李、琵琶、杨梅等水果 5600 亩，烟叶 2000 亩，小径竹 2650 亩、油茶 2500 亩，发展食用菌 200 万袋。我们兴致勃勃地登上附近的一个山头，从空中俯瞰而去，只见由水稻禾苗"绘制"而成的彩色稻田画里，"深学争优、敢为争先、实干争效"十二字，在夏日蓝天白云的映照下，显得格外耀眼。

2023 年，卫闽镇入选省级森林康养小镇与省级森林康养基地。得此荣誉，除却它山清水秀的风景外，还因它的历史文化。卫闽谢坊有座闽王庙，建于康熙三年（1665），为纪念闽王王审知而建。唐朝末年时，政治腐败，民生凋敝，致使农民纷纷起义。王审知兄弟三人投奔王绪起义军，随之入闽。由于王绪性暴，无辜滥杀将士，引起部队兵变，将士们推举王审知兄长王潮掌帅。王潮去世后，王审知继其位。后来，王审知接受唐朝廷任命，为威武军节度使。梁开平三年（909），朝廷封王审知为闽王。在他治闽的27年间，正是唐朝末年五代十国初期，群雄割据，武力争霸。王审知奉行"宁为它开门节度，不做闭门天子"的宗旨，始终坚持不割据，不称霸，不称帝政策，实行保境安民，发展生产的政策，使八闽大地老百姓能够安居乐业，经济和文化都有很大发展。王审知曾在卫闽一带屯兵屯粮，与士兵和百姓同安共苦，深得老百姓的拥护爱戴。老百姓为了纪念闽王王审知，就将居住的地方取名为卫闽，有保卫福建的意思。

福建是全国唯一冠有"福"字的省份，"福"是中华民族吉祥文化中最突出的祈愿用字，祈福是炎黄子孙最原始最普遍的精神活动之一。闽王庙中至今传承了独特的祈福文化——福字香。这是一种特有的供香，预制时放在朱漆托盘中，底层放些沙铺平，在铜铸圈内写成形态各异的"福"字圈放在沙上。在"福"字内填上当地用山茶壳干研制成的香粉，填满后取走福字铜铸圈，点燃后可以延燃十几个小时。福字香有专人管理，于每天早上点燃。

1000多年前，王审知在谢坊、曹坊一带扼守，见河边有大片富饶的平地，不由心中大喜。此地进退自如，在军事上可防止敌人从闽江上游发动对福建的攻击；在经济上又是一个农业种植，屯田养兵的好地方。于是王审知下令：调派数千名官兵长年在此安营扎寨。军队一边训练，一边种田垦殖，自力更生，养活士兵，不给当地百姓增加一点负担。

屯田的士兵来自五湖四海，回乡探亲返归时从各地带来一些果树种子，在卫闽的土地上试种，许多品种都成活下来，使得驻地瓜香果甜。后来留在此地的士兵后裔继承了种植果树的传统，守护着那祖先的期盼。这个传统扩展到全镇至今不变。人们都说卫闽土壤适合种果树，一直以盛产优质水果闻名。之所以后来，大家都称卫闽为瓜果小镇。

好地方人人喜欢。20 世纪 50 年代，修建鹰厦铁路的铁道兵部队也看中了这片临河的空地，铁道兵十一师师部就扎营到这里。他们一面修建铁路，一边进行农业生产活动，以充沛的农产品供应铁道兵战士。鹰厦铁路通车后，便捷的铁路将卫闽的木材、冬笋等土特产及时外运出去。一时间，卫闽镇人口增加、商贾云集、村民富庶，呈现出一派生机盎然、繁荣昌盛的景象。然而三十年河西，三十年河东。这些年，在城市化虹吸乡村的浪潮下，大批农民入城务工。人员与劳动力向城市大量转移，致使村落的生产生活瓦解，空巢化现象日益加剧，村落的衰退之路似乎在卫闽也势在必行。

卫闽的谢坊村，古属仁荣上乡十五都，古名"长垓"，因有大户谢氏所居，枝繁叶茂，显赫家族，更名为谢坊，又名绣溪村凤池坊。

邵武地方志记载的谢氏进士 13 个，大多与谢坊的谢氏家族有关。宋代登科录《绍兴十八年同年小录》载有：谢鸿，邵武军邵武县仁荣乡同福里，第三甲第二十九人。而这个谢鸿，与理学大师朱熹同榜。

谢源明，自然是谢坊最值得骄傲的名人。他于绍兴三十年（1160）考中进士，庆元二年（1196）任太府少卿兼权兵部侍郎、兼中书舍人、兼知临安府，庆元四年（1198）任工部尚书兼给事中。庆元五年（1199），他因言官以"源明居八位之崇，妄求序迁，倾险暴戾，学问空疏"之名而被罢职。

邵武古时的南厢大街，有一牌坊称尚书坊，就是为尚书谢源明而建立的。卫闽段富屯溪中有块巨石，谢源明题刻"绣溪"二字在石头上，后因高坊电站蓄水之后，水位上升，现已难得见其真容。据村民介绍，1975 年渡头上方的李家建房打土墙，掘土时挖出一方墓志铭，是谢氏的，后几经转手，至今下落不明，甚为可惜。

蔡开明是卫闽人，1995 年退伍后当过保安，开过餐馆。2019 年他利用土地流转等方式实行规模化经营，投资创办了福建华至生态农业发展有限公司，是卫闽镇发展"回归经济"的示范项目。他投资 6000 万元，试种猕猴桃、哈密瓜、火龙果等特色水果，试验巨型稻、水面漂浮稻，试验雷竹栽培加工，试验生猪工厂化养殖等多样化农业种养殖，探索形成生态循环的农业产业，成为"花果卫闽·食旅小镇"发展规划的重要标志。

华至生态农业企业定位就是生态园，是个高起点、高站位的农业企业，获得福建农林大学的青睐并被列为生态农业实验站，建立了企业与院校合作模式。该企业聘请福建省农科院原院长刘波博士、福建农林大学农学院院长曾任森为项目顾问，国家猕猴桃科技创新联盟常务理事陈义挺博士等一批科技特派员专家团队为技术指导，农林大科特派专家团队每个月都会安排一个周末到现场，对生产技术、土壤、气候等作物生长环境进行全程指导。如：通过检测分析卫闽土壤、气候等因素，确定以猕猴桃为主，套种若干特色水果的产业计划，引入浙江江山猕猴桃种植能手郑水祥合作经营。2021 年起福建农林大学每年安排 100 名本科生暑假到公司实习 1 个月，研究生 10 ～ 12 名常住公司 1 年，开展课题研究，科技特派员、学员们实实在在做到"把论文写在田野大地上"。正是专家团队的技术支撑，华至企业的实验基地企校携手，互为补充、互利互惠。

公司生产项目多样化，建成了比较完整的生态循环产业链。实施"生猪养殖＋生态种养"，生猪存栏 2600 头；投资建有基地 26 个，其中 50 亩以上的 16 处，涉及卫闽、高坊、谢坊、外石、王溪口 5 个村及曹坊、槎溪 2 个场，主要有猕猴桃 710 亩、哈密瓜 50 亩、火龙果 13 亩、沃柑 230 亩、雷竹 200 亩、黄桃 150 亩、白凤桃 150 亩、大雅柑 100 亩、油奈 100 亩，还有巨型稻、水面漂浮稻的试验田；建成高标准温控大棚，配套高效节水、智慧农业等系统 50 亩、普通大棚 125 亩、节水喷灌 590 亩，建成 3 间冷链仓库共计 3450 立方米，实现邵东片区冷库建设零的突破；投入 200 万元建设养猪场微生物异位发酵床，促进粪污资源化利用，每年为水果种植基地提供有机肥近千吨，形成产业循环发展态势。

"公司＋合作社＋农户"模式，在全镇有了示范带动，土地资源实现升值。全镇实现项目流转土地 2343 亩，其中抛荒地 1600 余亩，租金从每亩

100元涨到300元，实现变闲为宝；带动乡村振兴示范村、贫困村入股经营，村财年增收3~5万元；企业长期雇佣当地村民37人，其中贫困户4人、返乡农民7人，临时雇工数10人，带动村民创收200余万元；全镇果业面积扩大到5000余亩，品种增加至40余个，公司成立电商销售团队，注册"华至臻""柚见卫闽"等商标，做大卫闽水果名气，带动全镇上百万斤水果销售。

福建华至生态农业发展有限公司的实践，为我们解答了乡村振兴中农业发展方向，探索出农业产业走生态循环发展的新路子，即：现代农业要走科技化的道路，走集约化道路，走生态可循环道路。

卫闽镇贯彻落实"土特产"政策指引作用，在认真深入分析村庄资源的基础上，选择了具有耐旱耐涝优势、多年生、药菜同源的本地优质品种小叶"黄花菜"，通过流转闲置的复垦菜地、房前屋后及古树林下空地进行种植。并组织科技特派员服务队到田间地头进行种植技术帮扶指导，为农民增产增收提供技术支撑。目前该项目共流转土地20亩，带动农户30户种植。

除此之外，镇里还对林下空间进行高效利用，通过实施景观林提升工程，清理林下杂竹105亩、林地整理55亩，并发展邵武市外石林木种植农民专业合作社在外石古树林套种铁皮石斛、金线莲等中草药116亩；协调卫闽国有林场安排林业择伐指标500立方米以上，加大林场共建人员、资金帮扶力度，进一步开展林下中草药套种，预计每年可使村财稳定增收5万元以上。

网红小院、精致菜园、复古电视、旧石磨盘……

卫闽的"陈坊网红小院"越来越红，受到众多网民们的青睐。它是当地乡贤陈有富返乡创业的成果，小院利用闲置空地，就地取材，建设观稼台、小菜园、K歌区、泡茶休闲区、小鱼塘等，打造出一个占地约2000平方米、独具乡土特色的休闲娱乐、网红打卡的农家小院。陈有富介绍说："我们农家小院最让游客喜欢的是菜肴，食材都是本地的正宗产品，通过这些道地食材转化为本土佳肴，带给游客享受不一样的本地'土'味。"

刘春联是专业养殖大户，农村女致富带头人。她主动与困难户联系，先富带动后富，不仅传授养殖经验，还负责联系供货销路、定期上门收购服务。据统计，外石村已接受她扶持的养鸭农户有30多户，实现年养殖销售收入65万元，户均增收上万元。2017年，刘春联又创办起娟花布艺制作手工厂，向浙江义乌商家承接布艺手工制作业务，先后帮助近百位家庭主妇和农村留守老人。眼前这一处串接布艺小花的场所便是刘春联的家，一张桌子、几张椅子就能组织开展布艺小花串接，村里的不少家庭主妇和农村留守老人经简单的技术指导后就能上岗。而身为布艺制作手工厂老板的刘春联则是每隔几天就不断地通过物流从浙江义乌接货发货，忙得不亦乐乎。

民有所呼，我有所应。镇里根据群众需求，搭桥牵线，做好服务工作，集聚种植大户合力流转土地320亩，种植了南丰桔、砂糖橘、沃柑、沙田柚、猕猴桃等特色优质水果，利用短视频平台对外宣传"花果卫闽"的优美景观，吸引了各地游客前来开展采摘等农旅休闲活动。

02 外石村

时光煮雨，岁月缝花。

说起乡村振兴的故事，卫闽镇外石村是一个有说道的村庄。它从曾经的富饶落寂到贫困，从贫困逐渐走向富裕；从没落走向振兴，继而开始走向乡村文化的复兴。它是闽北一个历史文化底蕴深厚的千年古村。

外石村建于北宋初，人文景点不少，其中有清光绪十五年（1889）村民自发筹资在古桥上修建的一座廊桥亭，命名为"尚则亭"，寓意为崇尚自然法则。亭柱上镌刻了"尚天敬地道法自然，则他律己孝德同治"的楹联。"尚则"也就成为该村的文化精神力量，由此有了《外石村村规民约三字经》。

"再穷不卖看家狗，再富不宰耕地牛，再差不离家乡土。"可是现实中的乡村情景有些让人无语，前些年外石村同各地的乡村一样，人们纷纷离乡而去，到外面去寻找精彩的世界。

但外石村支书蔡开明始终坚信，世事沧桑，难以描述。总有起风的清晨，总有绚烂的黄昏，也总有流星的夜晚。外石村在数尽荒芜之后，必定会有新生出现，冷寂过后，终有一天会熠熠生光。从担任村支书的那天起，他就暗暗下决心发誓言，要让外石村重新振兴，让乡亲们走上致富之路。

2019年春天，蔡开明拜访了福建省农科院前院长刘波博士和省农林大学作物学院曾任森院长，聘请他们作为新成立的华至生态农业有限公司的项目顾问。在他们的策划下，公司开始在卫闽各个村庄租地盖大棚，流转土地2000余亩，种植猕猴桃、蓝莓、橘柚、哈密瓜、黄瓜等水果和青菜。

种瓜得瓜，种豆得豆，有耕耘便有收获。两年后的2021年，华至生态农业有限公司的各类水果产品总产量达到60万千克。这些产业带动了200多户农户，每年均增收2万元，土地流转为全卫闽农民增收300万元。

2021年夏天，福建师范大学老师郭辉来到外石村担任下派村书记。这无疑是如虎添翼，为振兴外石村的领导力量注入了新鲜血液。刚到外石村时，郭辉有些茫然，因为村民们平时说的都是方言，听不懂本地话成了交流沟通的障碍。他便经常到农民中去听他们聊天，自己在一旁揣摩和学些简单的本地话。一段时间下来，他除了基本可以听懂本地话外，也能搭上一两句简单的方言沟通交流，很快缩小了和村民的距离，工作起来顺利了不少。

如何让村里长期地富裕下去？郭辉经过细致的调查研究，他深感到乡村振兴、村民要富，除了争取资金和项目以外，更重要的是让乡村精神文化也富足起来，缺少文化和核心价值观，难以有前进的永久动力。眼下乡村振兴已经成为共识，但后劲不足，乡村振兴要持久地发展下去不容易，必须让文化之花开满外石村，只有文化才是最终的持久动力。而要做到这一点，最最关键的那就是人的文化素质要提高。

郭辉和蔡开明一起制定了一个村民容易接受的、接地气的本土文化——尚则文化。就是以村里的廊桥"尚则亭"文化建设为依托，开展"孝老爱亲""崇学向上""感恩律己""创业致富""诚实守信"等一系列文化活动。两位村支书心往一处想，力往一处使。他们争取到一笔资金，修旧如旧地修复了村里破旧不堪的古桥尚则桥。桥修复后，村民十分喜欢在这桥上聚集，谈天说地侃大山。郭辉就会在桥上和村民们聚在一起，讲国家大事、讲邵武讲卫闽讲外石村的历史和典故。村民们听得津津有味，从中慢慢悟到传统文化的重要性。过春节时，郭辉备好纸墨来到桥上，为村民们免费写春联，内容都与中国优秀传统文化有关。渐渐地，不叫村支书而叫郭老师的人开始多了起来，村支部虑心开展的"尚则文化"也渐渐融入到村民心中。

曾几何时，贪婪的人们疯狂地不间断地挥舞着罪恶的斧头，把上千年的生态林砍伐殆尽，大山里的树一批批倒下，一批批被运走。所幸，在有识之士的保护下，还保留了为数不多的生态原始林。

外石村就保留着一片美丽的古树林，这片古树林是外石村人对故土的精神认同，见证了外石村的历史岁月沧桑和变迁。古树林是祖辈留下的财富，亦是外石村惜福感恩的体现。这片原始古树林非常难得，它有60余米宽、1300多米长。神奇的是，有了这一片树林，每年富屯溪涨水时都不会涨过古树林，冬天的北风不会吹进村，一年四季保护着村庄。古树林中名木古树种类繁多，共有林木近2000株，其中古树86株，树龄达300年以上的有33株；树种有香樟、枫杨、枫香、苦楝、朴树、苦槠、蕈树等，其中国家、省级重点保护名录中的树种有3种共130株，如香樟、苦槠等，兼具植物研学、生态保护和水土涵养功能。在静谧优雅、古朴醇厚的林边可以看到脉脉的河水，静躺着嶙峋的礁石与对面的巍峨群山，观赏其山、水、林、石四景合一的绝佳景色。

外石村决计把尚则亭文化与古树林文化结合起来，让古树林焕发出绿水青山就是金山银山的有力佐证。因古树林生存在尚则亭后面的河边，于是村里把这片古树林称为尚则林。大家为它割灌除草、劈除杂竹、深翻修枝等，对古树林进行全面清理，既改善了树木生长环境，还美化周边环境。在不到一年时间里，原来的一片杂草丛生，无法走入的古树林，变成了一处井然有序的景区。树林里的人行步道建成后，人们可以在树林里沿步道散步赏景。步道基本沿河而建，沿着碧绿河水向下游望去，一群礁石赫然出现在眼前，还有一个仿古而建的小码头静静地待在河边，形成了集山、林、湖、水、田、石为一体的碧水青山。就因为这片古树林，慕名而来的人多了起来，从而把外石村的旅游也带动了起来。如今这里成为一个网红打卡点和婚纱拍照基地之旅游胜地。村里独有的自然资源亦为村民致富贡献出一个功劳，村民们对古树林愈发是珍惜与保护，请来了林业专业人员对古树进行普查、建档，把古树林列为生态区位改造提升示范基地。

为丰富尚则古树林的结构特征，保证林中树木的世代更替长盛不衰，村里在保护现有树种的基础上，补种了楠木、野鸦椿、樱花、桂花、紫薇等乡土树种近2000棵以及罗汉松、枫香、桃花、紫兰等观赏树种共1000棵。郭辉说："这些树不仅适合这里的生长环境，还能起到花化、彩化、绿化、香化的作用，能营造四季如春的氛围。"

走进这片古树林，仿佛置身于一个庞大的天然氧吧。阳光透过繁茂的枝叶，洒在林间小径上，形成斑驳的光影。微风吹拂过，树叶轻轻摇曳，发出沙沙的声音，如同自然的交响乐。这里不仅是一片绿色的氧吧，更是一个充满神秘和生机的生态系统。

2023年10月23日，外石村古树群入选"福建省最美古树群"，有关权威专家的鉴定论证是："尚则林古树林已经形成了多树种、多层次、异龄林、高价值和健康稳定的天然林生态系统，成为省内相关高校专业学生开展野外实践教学的重要基地。"也因为这片最美古树群，外石村随后不久也被评为"福建省森林村庄"。

在外闯荡多年的外石村村民程绍裕，在得知古树林品牌带动乡村旅游村里要大力发展乡村游时，便果断地回到老家。他凭着家传的手艺酿制销售蜂蜜酒，成为畅销品，自己也成了村里的一张旅游名片。

程绍裕高兴地对我们说："生意不错，一听到游客是冲着我的蜂蜜酒来的，我心里真的比吃了蜜还甜。"

曾经无人问津的古树林，如今催动成立了农产品加工合作社，发展林下种植和农产品加工，推出"蔬果果脯""果酒""蜂蜜酒"等产品；引导村民开发"薯粉加工""土茶加工""石头雕刻""绢花制作""插花技艺"等游玩体验项目，古树林内外呈现出"以景带业、一村多品、三产融合"的乡村振兴新气象。

如今，卫闽镇启动了古树林休闲摄影基地建设项目，一期投入500万元，在规划长1314米（意"一生一世"）的步道两侧，围绕相逢、相知、相爱、相伴等主题，配套修建打卡点。对原有的风雨亭、石凳、石桌等修旧如旧，增设若干仿古景点，完善富屯溪亲水平台等休闲设施，打造集花卉园艺、教育科普、民宿度假、休闲采摘养生等为一体的生态农业综合体。

2024年1月9日，卫闽镇外石高速简易出入口正式通车，该出入口虽然仅限小型客车通行、一出一入、车道采用ETC收费，但通车后将极大改善卫闽镇外石村对外交通环境，促进辖区经济发展，对提升沿线群众生活质量、带动卫闽乡村振兴、打造生态旅游、康养胜地具有重要作用。

2024年3月，植树节来临之际，外石古树林旁热火朝天，镇、村两级的干部、党员群众、志愿者等共计60余人参加义务植树。搬运树苗、挥锹挖土，种下了500余株黄槐树苗，为保护古树林注入了鲜活的绿动力。

外石村之行，意犹未尽。田野中有一阵微风拂过，眼前是一种难得的明净。天空中飘洒着稀疏的细雨，就如同浓雾挤出的小水滴，不密亦不湿衣。乡野的味道从四面八方弥漫而来，深吸上一口，清心润肺、心旷神怡。外石村顺应自然，见素抱朴，守住了记忆里最美的风景，古树林如同一幅中国水墨丹青的山水图，简洁自然、朴实无华、清远闲放、超然尘埃。

03　见素抱朴

　　卫闽镇的乡村旅游景点很有特色、可圈可点，其中的植物迷宫是一个被称为有趣有智、有勇有氧的景点，是值得你去探险的地方。它处于卫闽镇政府边上，富屯溪畔，原是小径竹基地，面积约 530 亩。植物迷宫从 2015 年开始建设，第二年第一主体工程建成开园。经过多年的打造，卫闽植物迷宫已经是国家级 3A 旅游景区，是福建省目前最大的植物迷宫，也是南平市科普教育基地、南平市委党校和光泽市委党校现场教学点。

　　植物迷宫主体呈葫芦形，由 2 个中心向外层层蔓延，十层圆形植物墙、九层通道及迷点组成一个大葫芦图，蕴含着"福"的意义。如水中央投了块大石头，形成的植物波浪越往外圆形越大，最外层的是最大的圆形。以 40 厘米宽、约 180 厘米高的红叶石楠带作为迷宫墙，蜿蜒曲折的游走步道长 2600 米，路面由鹅卵石、透水砖拼装而成，完成全程探险大约需要 1 个小时。葫芦的两个中心点是高台，属于休息处，设立了休息座位，其中内侧的高台更大些，建立一座观景亭，可观赏到全景。美丽的富屯溪从景区边上流过，远处山林如黛，景区与溪水、远山相映成趣，更增添了意境。

　　迷宫入口前，是个鱼塘。人们经过曲曲折折的木桥，观赏着脚下荷塘里随行的鱼儿，池中雾气弥漫，如入仙境。20 多米高高的旧水塔库容被改造为大壶，远远看就像是一个大酒壶在迎接来往的宾客，这成为卫闽的地标之一。

　　景区建设了真人 CS、户外高空拓展、射箭馆、沙坑乐园、双人相扶路线、竹林休闲娱乐、自助烧烤等项目，配套游客服务中心、龟山书院、会议室、竹林复古餐厅、帐篷露营区、竹林里杆栏家庭式二室一厅一卫的分散休闲木屋。

　　卫闽铁道兵营农旅园休闲渔业基地是一个有情怀的老地方，它位于卫闽镇曹坊农场，基地占地面积271.4亩。近年来，依托铁道兵营农旅园，卫闽镇整合顺鑫泰生态渔业养殖基地、富屯溪流域、AAA级卫闽迷宫小镇景区等现有资源，以渔业生产为载体，打造集观赏旅游、休闲垂钓、餐饮美食、铁道兵营住宿为一体的"渔+旅"特色产业运营平台，2023年吸引游客2万人次，旅游收入300万元。前不久，福建省"水乡渔村"休闲渔业基地名单公布，全省共有22家入选，卫闽铁道兵营农旅园就名列其中。卫闽镇趁势以此次入选为契机，继续加强基地配套设施建设，深入挖掘本地特色资源，丰富创新业态类型，开辟休闲渔业产业新的增长点，打造业新、民富、生活美的宜居宜业和美乡村。

这是一处与乡村旅游不同的项目——卫闽镇小凤鲜百万羽蛋鸡养殖项目现场。只见挖掘机、推土机等数台大型机械在工地中来回穿梭作业，一排排厂房整齐排列，4栋别致的小鸡舍让人眼前一亮。

近年来，卫闽镇在巩固传统产业基础上发展特色蛋鸡养殖业，大力引进主导、优势产业项目，促进一二三产业融合发展。眼下小凤鲜百万羽蛋鸡养殖项目的中央鸡库和2栋小鸡舍已经建好，有机肥场地路面正在硬化，2024年12月下旬将达到育鸡的标准，预计在2025年农历正月十五引进育雏小鸡11.4万羽，正式投产生产。

小凤鲜百万羽蛋鸡养殖项目总投资1.2亿元，占地面积约100亩，主要建设内容包括建设12栋标准蛋鸡舍、办公用楼、有机肥车间、饲料库房以及其他附属配套设施，并采用国际先进的智能化电脑管理系统，实现喂料、鸡蛋收集、通风、清粪系统全自动化控制和调节，生产高品质鸡蛋及精深加工产品。项目建成投产后，鸡舍可养殖雏鸡100万羽，年可产鲜蛋1.1万吨，配套有机肥生产车间年可产约3万吨肥料，预计可带动50名以上周边群众实现在家门口就业，有效带动了当地老百姓就业增收，助推乡村振兴。

第十一章

01　兔子小镇

清风徐来，绿萝轻轻摇曳，给人以清新、舒适之感。天上飘着如雾的小雨，路边田园里摇曳着一片金黄色，那是油菜花在风雨中随风摆动，有着一种别样的美。我们进村看见村部的外墙上画了一只穿了小红衫的大白兔，下面还书写着几个大字"邵武下沙——兔子小镇"。有趣，这只可爱的兔子立刻激发起了我们的好奇心。

来到下派驻村第一书记张敏强的办公室，他谦虚道："兔子小镇得名的由来和支部书记、村委会主任龚春生有着密切的关系。他正在办事，一会他就过来了，你们可以好好聊聊。"

事先我们了解到，2006 至 2023 年，龚春生连续六届被选举为下沙镇屯上村党支部书记。村民们信任他，他是种粮、种烟大户，而且带领屯上村民走上了一条致富路，是屯上村的致富带头人。说话间，龚春生走了过来，他虽说已经 50 多岁了，可是依然身强体健，走路风风火火。知道我们的来意后，他说："我做村支书，想法很简单，就是要让村民们富起来。"

之前的屯上村是一个开口向镇里伸手的"贫困村"。2006 年，龚春生任村支书，村财收入为零，连 7 位干部的工资都发不出。每次龚春生去镇里伸手要钱，镇领导都头疼："老龚，你看，一直靠镇里助贫也不是办法，你们就不能自己动脑筋，找出路吗？"一句话把龚春生点醒了。他想，是啊，老伸手要钱也不是办法。所谓拿人家的手短，人要硬气，还是要靠自己。

可怎么才能致富？农村没有别的，只有土地，那就问土地要钱。

那时技术人员下乡指导农民种烟叶，一些农民不愿意种，怕不挣钱，龚春生就带头种。2004年，整个屯上村的烟叶种植面积只有7亩。龚春生知道，大家的眼睛都在盯着他看。头一年，龚春生靠种烟叶挣了上万元，这下有的村民坐不住了，他们找上门来："龚书记，种烟叶挣钱，你带我们也试试？"

就这样，一些村民开始尝试种烟叶，虽然辛苦，但他们从种烟叶中尝到了甜头，纷纷自愿做起了宣传员："种烟叶拿得到真金白银，可以干。"

2008年，屯上村的烟叶种植面积达到了50亩。此后连续7年，村里的种烟面积都保持在50亩以上。屯上村成为全镇种烟大户，种烟收入累计达100余万元。龚春生趁热打铁："大家都看到了，这些年我们村靠种烟累计收入达到100多万元，种烟叶能致富，再不上车，就赶不上趟了。"在他的发动下，一些还在观望的村民也纷纷开始种上烟叶，全村的烟叶种植规模效益逐年提高。

屯上村是革命老区村。在2017年之前，村财收入主要来自高速与山场建设征地补助，来源单一不稳定，每年只有10万元左右。虽说种烟叶之后，村民的手上宽裕了一些，可距离走上致富路还差得很远。要致富，就得动大手笔、整大动静，以变求发展。

2017年，龚春生带领村两委找路子，他听说养兔子的效益好，就带了几位村骨干去青岛康大兔业考察。在这里，他了解到法国伊拉肉兔具备生长速度快、饲料转化率高、屠宰率高、繁殖性能强等特点，心想：这肉兔好啊，果然是个宝！看来养兔可行！

主意拿定回到家，他立刻向镇里汇报了此行的收获和想法。镇里对他的想法很是支持："老龚，这是大好事，做好了，你们就能挖到第一桶金。"

2017年5月，屯上村与青岛康大集团达成合作协议，成立了福建康大肉兔发展有限公司。当年9月，福建康大兔业发展有限公司落户屯上。村民们有的进了公司上班，一个月拿到了两三千元的工资；有的在专家的指导下学会了养殖技术，开始发展家庭小规模肉兔养殖。尝到招商引资和项目开发的甜头之后，村委们统一认识，积极配合镇里开展各项招商引资工作，利用村集体所有的土地、闲置房产等资源资产进行综合利用开发，谋求致富路。2017年，屯上村又引进了万丰模具项目。该项目总投资1000万元，安置就业30多人。

02 聚沙成塔

太阳升起一竿子高，天气懒懒散散的。一只黄斑母鸡带着一群小鸡在草丛中觅食，咯咯咯地叫着。在它的旁边是村里的废弃厂房，这些年无人问津，杂草丛生，一片荒芜。这些废弃厂房是压在龚春生心上的石头，看见它们就心焦。这天，他在这些废弃厂房前来回走动，突然间一拍脑袋：有了，把厂房也租出去。

就这样，村里用废弃厂房引进了浙江义乌润洲玩具有限公司。该公司在屯上建立了两条玩具生产线，安置劳动力200多人，人月均收入可达2000元以上。原本废弃的厂房成了金饽饽，村民们纷纷说："变废为宝，还是龚书记和村委有能耐，有魄力。"

2021年，屯上村引进华圆福（福建）新材料科技有限公司后，屯上村把闲置的6亩地出租给其建厂房仓库以及新产品研发中心，同时上马了一条年产3万吨聚羧酸高性能减水剂生产线，项目建成投产后，年产值达到3000万元，新增就业岗位20个。

乡村振兴的落脚点是生活富裕，要让群众腰包越来越鼓、日子越过越红火，更有获得感、幸福感、安全感。2018年，村党支部牵头，联合下沙、洛田两个村，36户贫困户参与成立富生旺中药材种植合作社，流转土地178亩种植互叶白千层。通过开展对农户种植技能的培训，让他们共同参与经营管理，提高了农户的自我发展能力。

2021年，村集体流转了100多亩土地，交付鑫茂源果蔬种植农民专业合作社种植生姜，村财收入每年增加10余万元，村民也从中领取到土地租金。拿到土地租金村民纷纷叫好："没想到有了合作社，我们不用干农活，坐在家里就能拿到土地租金。"

屯上村的产业兴旺引起了远在他乡的村民的关注。当初离开家乡去外面创业，那是因为家乡穷，如今家乡旧貌换新颜，一些在外打拼的村民开始回归。

村民高伟也回到家乡发展，2020年，他流转了百亩土地种葡萄、百香果、辣椒等水果蔬菜，建设集观光、采摘一体的标准化现代农业种植基地。他对村支书说："作为屯上人，我也想为建设富美屯上出力。"龚春生鼓励说："我们支持乡贤回来投资，最近村里打算买下废弃的海鲜工厂，我看就作为冻库租给你的观光园。只有大家一起努力，屯上村的明天才会更好！"

龚春生由致富个人成为村里的致富带头人，他的工作能力和一心为公的精神得到村民们的一致认可。2018年，他被授予福建省劳动模范光荣称号。在他的带领下，屯上村逐渐成为一个附近闻名的明星村。屯上村党支部也被南平市委组织部评为"金星村"；2020年，屯上村被评为"省级乡村振兴试点示范村"；2022年，被评为"省级乡村治理示范村"；2023年，又被评为"第二批省级乡村振兴试点示范村"。

屯上村在2022至2023年两年间，累计有800万元乡村振兴专项资金可用于村子建设发展。屯上村用活政策，用活资金，推进资金变股金，资源变股权，把乡村振兴专项资金用来为村里办实事、盘活固定资产。村里去年修缮老村部闲置办公楼，进行道路硬化、厂房翻新，办公楼装修后整体出租给邵武市苏泽设备安装工程有限公司使用，每年向该公司收租金6万元，还获得税收分成5万元。

2021年8月，从部队退伍的邵武市公安局干部张敏强被正式下派屯上村任驻村党支部第一书记。长得白白净净的他刚上任时，村民有些担心："村里工作开展不容易，要沉下心做事。你在城里待习惯了，在村里待得住吗？"

张敏强大声应道："啥也不说，看我的实际行动吧。"

上任后他虚心请教，摸遍了村子的情况，他与村支书龚春生以及村委商议，在屯上村烧了人们常说的新官上任三把火。第一把火，带领村两委先从制度入手，用制度管人管事。他说："没有制度做不成事，我们要制定完善村干部绩效考核机制和基层党建、乡村治理等多项制度，让接下来的工作开展有序、办事有力。"

第二把火，是争取资金修整村委会办公楼。原本破旧的大楼如今被他整得面貌焕然一新。在办公楼外面的场地上，他还立了一块大屏幕，屏幕上播放的就是屯上村的发展视频。他用 2 万元，在整个办公大楼一共装了八块大屏幕。通过屏幕，村里介绍的村情可以时时更新，而且开视频会时也好用。张敏强介绍说："阵地焕新，干部有劲。村部是村庄的核心和灵魂，必须有一个姿态。"

第三把火，是聚沙成塔，抱团促发展。这是一把很旺的火，把周边的几个村子都点亮了。他来村之前，在老支书龚春生的努力下，屯上村村财节节攀高。2020 年，村财收入 40 多万元；2021 年，村财收入 59.6 万元。村财的节节攀高，让村民们欢欣鼓舞。但是，如何让村集体经济更上一层楼，突破百万元大关呢，这是张敏强绞尽脑汁在思考的问题。

为了找到发展的新路子，在率领村"两委"领导班子进行深入调研后，张敏强得出一个新思路。他认为屯上村有三多，即非农用地多、农业产品多、交通车辆多。综合这三多的优势，张敏强决定在全市建立起首个乡村振兴村级产业园。

产业园主要打造农副产品仓储保鲜冷藏库，其冷链仓储能力达五千吨，补齐了周边生姜、葡萄、肉兔等生鲜仓储冷链短板。张敏强在镇党委的支持下，联合下沙镇各村探索"聚沙成塔，抱团促发展"的共富路径，按照"投资自愿、退资自由、强村担险、合作共赢"的原则，通过"党支部主导、公司经营、企业承租"的模式，吸纳了周边 5 个村抱团齐发展；通过招商选资，入驻了一批稳定的、优质的项目，每年仅场地租金就有 50 万元收益，这种模式可持续持久，能为一代代村组织创造收益。

2022 年，屯上村村财收入为 103 万元，终于破了 100 万元大关。看到这令人欣慰的数字，张敏强笑了。为了方便村民办事，张敏强引导村民建立了一支由小组长牵头的为民服务队伍，并设立"小组长＋项目"和"四单服务"的机制，采取村民点单、村委派单、服务队派单、村民评价的模式，按时完成点单项目。他带着服务队积极为群众解决疑难杂症 3 件，办理各类实事 10 余件，化解村民矛盾数件。他每天都在村里转悠，把村民的小事放在心头上，随叫随到。

这些年，屯上的各方面建设都走在镇里的前列。除了注重人居环境，村里还为 60 岁以上的老人购买了意外伤害保险，让他们有了一份保障，村里的老人对此都很满意。在屯上村部的展厅，我们看到了屯上村发展的详细介绍。张敏强说："屯上村有今天，是历代人努力的结果，不是一蹴而就的。我们注重跨村联建，聚沙成塔，目的就是为了让 6 个村一起发展，共同富裕。"

下沙镇由驻村书记、建制村党组织书记组成"聚沙龙"议事会，每月定期商讨研究解决区域内产业布局、经济发展、村庄规划等问题，实现对策共商、大事共议、难题共解、实事共办。"聚沙龙"议事会有实效，目前已经议定了高标准农田、乡村振兴产业园、数字乡村建设等事项 12 个，推动 6 个联建村制定村庄规划，其中屯上、下沙村庄规划纳入自然资源厅项目库。

离开屯上村时雨已经停了，空气格外清新。远山、田野、村庄相互映衬，构成了一幅美丽的山水田园画卷。我们相信，在不久的将来，欢乐热闹的"田间休闲图"一定会成为现实！

03　菌香四溢

2024 年底，我到邵武市绿农食用菌有限公司采访，郑朋武自豪地拿出手机演示着银耳制菌、生产的"温、湿、光、气数字化管控,视频观察"全程数字化,一机在手,全程管理,农业现代化技术展现无遗。而公司正通过"小东下乡主播"出货银耳产品"菇蕾蕾"2000件,价值31.6万元,一时声名鹊起。冰冻三尺,非一日之寒,这是他40年苦寒后凝结成的"菌香"。

郑朋武的启蒙老师是父亲,叫郑中国。郑中国1961年因古田库区建设搬迁至邵武下沙镇胡书村。改革开放初期,古田县银耳种植成功,郑中国即将银耳种植技术引进邵武,试种成功后,成为当地最早一批的万元户。

而作为家庭制菌的小跟班郑朋武,也学到了其中一些门道。高中毕业后,1985年他正式在下沙镇胡书村从事银耳栽培,从种植专业户到科技示范户,从家庭作坊到菌种场,从菌种场到开发部,从开发部到有限公司。一辈子只干一件事,但年年有进步,从而铸就了他的辉煌事业。郑朋武潜心食用菌栽培研究40年,获得授权的国家专利有10项,其中低碳高产栽培茯苓的方法、栽培银耳的方法、食用菌接种装置等3项是发明专利。他发明的银耳工厂化周年栽培技术,破解了银耳无法周年生产技术瓶颈。

2007年创办邵武市绿农食用菌有限公司是郑朋武的转折点,公司目前建有现代化厂房8座,标准化车间、温控食用菌培养室50多间,面积7000多平方米,日产菌包3万袋,鲜菇6吨。公司2020年建设智能化控制出菇房9间,数字化观察;2024年全面实现数字化,智能化控制,数字化联网管控,是福建省级龙头企业、省农业科学院核心示范基地、国家高新技术企业、省数字农业创新应用基地。

公司"菇蕾蕾"牌银耳通过国家"绿色""有机"农产品认证,同时获"福建省名牌产品""闽北十佳食品"、南平市"武夷味好食材"荣誉,获选"金砖国家领导人厦门会晤选用产品"、2023年全国两会福建特产展示品、南平市"武夷山水"区域公用品牌、邵武市"南武夷"政府品牌授权使用产品。

"小东下乡主播"高度认可"菇蕾蕾",与公司签订3年销售协议。此外,"菇蕾蕾"还得到多家上市公司的认可,步入全国渠道全面拓展的新时代，其中比较大的销售渠道有厦门元初食品股份有限公司、南平旅发集团、"小东下乡主播"等，产品供不应求。

郑朋武的另一个重要食用菌种植是竹荪，他1988年从古田县引进竹荪田栽技术，初始以竹片、木片、芦苇为培养基生料栽培，搭阴棚加薄膜内棚，亩产10～15千克；经过1992年、2003年两次技术升级，亩产量80～100千克；2022年，公司研发出"竹荪液体菌种＋标准化竹荪栽培技术"的应用，菌种培养时间缩短一半，产量大幅度提高，有效菌种量达95%，竹荪亩产量100～150千克。

公司常年与福建省农科院、福建农林大学、南平市农科所等高校院所合作，先后选认科技特派员13人、团队3个，开展银耳绿色周年生产技术研究、竹液体菌种繁育关键技术研究及产业化应用等省级项目6个，研发以木粉和莲子壳为主料的绿色培养基配方的有机银耳自动化生产栽培技术以及速食银耳羹和冻干银耳生产集成技术。近年来公司开展竹荪液体菌种繁育工艺的研发，解决了传统竹荪菌种生产培养周期过长、菌种质量不稳定等问题，实现产量增加40%；取得2项发明专利、2项实用新型、7项软件专著等自主知识产权成套专利技术；建成一条可年生产100吨新鲜银耳生产线及冻干生产线、一条日接3万袋竹荪菌种的自动化竹荪液体菌种生产线。

作为科技特派员的郑朋武，2023年派驻下沙镇胡书村指导食用菌生产，与胡书村建立村企合作机制，建设竹荪高产示范基地10亩，运用"竹荪液体菌种＋培养料高温发酵＋菇棚活动通风＋打孔增氧＋留草遮阳降温保湿"等技术措施获得高产，平均产量128千克／亩，平均产值28600元／亩，平均利润12600元／亩，总利润126000元，同比增收50%以上。他举办"竹荪液体菌种运用＋标准化栽培技术应用"培训讲座6场，参训菇农300多人；2024年带动胡书村200亩竹荪种植；2024年被南平市委市政府授予"南平市科技特派员工作优秀个人"荣誉，福建省食用菌行业协会授予其先进个人称号。

2009年以来，郑朋武作为邵武市农业特色产业"一袋菌"产业带头人，实施"公司＋基地＋农户"的管理模式，为农户提供优质竹荪菌种，采用食用菌产业技术推广应用与培训，有效提升了农户食用菌产业的种植技术水平，每年带动1000多户菇农年种植竹荪1万多亩，增收近2亿元，助力邵武市成为全国最大竹荪种植基地。

04　工业重镇

下沙镇素有邵武东大门之称，距市区仅12千米，东与建阳市麻沙镇相毗邻，西至灵杰塔，南通晒口街道办事处，北与水北镇接壤，属于近郊型乡镇。镇内322国道和武邵高速公路、鹰厦铁路贯穿东西，设有高速屯上互通口。全镇总面积9337.31公顷，耕地面积11723亩，林地面积10.79万亩，森林覆盖率达71.78%。2022年全镇全年实现税收收入1029万元，规模工业产值19.77亿元。

下沙镇是一个邵武老牌工业重镇，改革开放初期，由于"国防小三线"建设的布局，邵武有一定的化工工业基础。1965年，福建省化工厅在下沙筹建邵武化肥厂，于1966年6月建成投产；1969年8月，福州轮胎翻制厂内迁邵武下沙，定名邵武轮胎翻制厂；1995年6月，邵武化肥厂与漳州草酸厂合资组建的邵武精细化工厂在下沙建成投产；1999年5月，邵武精细化工厂二期草酸扩建工程竣工投产，产值1.6亿。在几个大型企业带动下，这里形成了下沙工业聚集区，工业生产欣欣向荣，带动了人口就业和镇区的繁荣。至2005年，下沙镇获"福建省百强乡镇"荣誉。

过去下沙镇是工业重镇，说起下沙工业，那可是风光无限好，是实力派，但后来进步很慢，甚至是停滞不前。现在作为邻居的金塘园区远远超过了下沙。进步慢就是退步，下沙镇反思后认识到差距，开始振兴起来，利用区位优势，主动融入千亿氟新材料产业园中，以月嫂式的服务，筑巢引凤，在新时代的要求下做强做优做大，有了长足进步。

目前，全镇拥有工业企业共33家，其中规上企业6家，和丰布业、正兴武夷轮胎、天泉化工、家之彩等老牌企业根基稳重实力强，涉及化工、纺织、竹木加工、橡胶制品、活性炭等多行业产业。同时，下沙镇坚持产业发展不动摇，通过以商招商、产业招商、"一把手"招商，让一批大项目、好项目在下沙落地生根、开花结果，传统产业老树新枝、新兴产业绿柳成荫。2022年，下沙镇全年招引中矿优必选萤石精选、华人生物医药等"一把手"招商项目13个，总投资达43.2亿元，谋划海宁铜制品、和丰环保科技等亿元以上项目12个，总投资34.4亿元。

近年来，下沙镇加强企业平台征迁、服务企业，服务投资11亿元的省重点项目邵化技改项目用地建设需求，完成邵化平台征地530亩；完成金塘园区下沙片区溪头平台征地拆迁3800多亩；完成勋村整体搬迁、兔子山征地工作。为了公平公正，镇里将征地政策、征地范围、补偿标准等信息以公告形式公布，并对每户的征地面积、补偿金额张榜公布，保障拆迁户的知情权和监督权；坚持拆征地政策宣传到位、征地方案落实到位、征地工作程序到位、征地资金补偿到位，并且保证绝不让第一个签订协议的人少得一分，也不让最后一个签订协议的人多占一毫。

下沙镇拥有已建成的下沙工业平台、下王塘工业平台以及正在建设的下沙镇小微园区、乡村振兴产业园等4个镇级工业园区，镇区又纳入省级工业园区——邵武市金塘工业园区规划范围，与金塘园区同规划、共发展，具有投资环境好、发展空间大、技术力量雄厚等特点。目前，下沙工业平台已落户邵化化工、轮胎厂等企业10余家，园区总投资达30亿元，企业用工1500余人；下王塘工业园区已开发180亩，有家之彩、鑫恒碳业等8家企业落户。2022年总产值5.5亿元，企业用工300余人。2022年来，下沙镇抢抓邵武市委、市政府"1+N"小微园区建设方针，目前在建的下沙镇乡村振兴产业园拟用地100亩，建成后可入驻10家企业；下沙镇小微园区拟用地30余亩，建成后，可入驻生产型企业4家。正是辖区内工业园区建设，助推了下沙镇工业发展破浪前行。

第十二章

01 竹叶关情

世人对自然界的风物各所好焉，爱树、爱莲、爱菊、爱梅、爱兰，不一而足，但喜竹者却是为众为甚，解落三秋叶，能开二月花。过江千尺浪，入竹万竿斜的风致韵味。诗人苏东坡曰：宁可食无肉，不可居无竹。无肉令人瘦，无竹令人俗。故大医者言：久处凡俗，竹就是最好的治愈。

清代最喜画竹的郑板桥曰："举世爱栽花，老夫只栽竹。霜雪满庭除，洒然照新绿。"王羲之的儿子王徽之更是竹痴，他曾寄一户人家空宅内暂住，首要之事是令手下在园内种竹。人问："暂住何须烦尔？"王徽之指竹曰："何可一日无此君！"自此，何可一日无此君遂成传世名言，引得后人叙说无数。"此君"二字亦成为竹子的别称。

在中国园林中，竹子是绝不可或缺的。竹坞寻幽，移竹当窗，粉墙竹影，竹径通幽，都是经典的美学竹画面。没有竹，不成园。居有竹，人不俗。中国人的居住环境里有了竹子才算雅致，才算有韵。竹子风骨清朗，高风亮节，具有气节之象。

邵武人就有一句顺口溜说："最好吃是笋炒肉，最好听是火烧竹。"那切成薄薄的笋片与五花肉，加上辣椒、大蒜，一阵快锅爆炒，香喷喷、辣酥酥，入得口中其味无尽；而那火烧竹子的噼啪声一点也不亚于鞭炮声，其散发出的气息比炮仗更有人间烟火味，也就有了爆竹一声除旧岁的说法。

竹子更是一种品格和精神。竹与梅、兰、菊并称四君子，与梅、松并称岁寒三友。竹象征挺拔坚韧、虚而有节的君子。千磨万击还坚劲，任尔东西南北风，无数人都以竹自况，以竹明志。

竹深受国人之喜爱，自是大有可为。它的作用不仅是供文人墨客观赏，或编些竹篮竹篓之用，它的前景不容小视。邵武人民将竹为民生发挥了作用，并借此发家致富，"衙斋卧听萧萧竹，疑是民间疾苦声。些小吾曹州县吏，一枝一叶总关情"。一条"北有水立方，南有竹立方"的风景线出现在人们的视野中，以竹代塑、绿色低碳、赋能未来中国竹的行动已在边城邵武拉开序幕。

02　曾经青翠

历史不能忘却，过往的教训不能忘却。

常言道：靠山吃山，靠水吃水。福建是一个林业大省，尤其是闽北山区，八山一水一分田，主要以山显势，以林显优。山，大爱恩泽，普施人间，不分厚此薄彼，一视同仁。哪怕在物资匮乏的饥饿年代，它依然是一如既往地，源源不断地奉献着自己的所有。儿女们对她行孝献爱、知恩相报，乃义不容辞、天经地义的事。邵武境内大山起伏、峰峦叠翠、土地肥沃、气候温和，得天独厚的自然条件使得山里的林木长得郁郁葱葱、片片成林。

可惜的是，从20世纪80年代起，山区刮起了一股乱砍滥伐、盗砍森林、贩卖木材的黑风，刮了二十几年。要想富上山去砍树，成了当时最时髦的一句口号，令人悲哀。

自从实行家庭联产承包责任制以来，村集体经济来源逐年减少，哪怕有点家底积蓄的村，也日渐坐吃山空。时至后来，出现了许多"空壳村"，村集体已没有一分钱了，有的甚至还欠了一屁股债，穷得叮当响。令人遗憾的是在农村中的一些乡村，不是想办法创业脱贫，而是想到卖家当，卖什么呢？唯一的办法就只能是"卖青山"了。

当然这所谓的"卖青山"，并不是卖山，而是指山上的树木。那时山里巨树参天，棵棵挺拔高大、亭亭如盖。别说那品种繁多的阔叶树，单就那天然杉树，大的直径足有六七十厘米，都有几十年的树龄。这"卖青山"根本就没有根据林业部门砍伐的规定采取科学的间伐、合理的采伐，而是将山上所有的带绿色的东西一扫而光。砍完之后，再一把火烧掉那山外表上的杂草，真叫"三光"政策，寸木寸草都不留，就剩下光秃秃的黑头山了。

在山区农村，家家户户都有一个特点，那就是锅大、灶大、厨房大。说句毫不夸张的话，那家家户户的灶就如同一个个小型加工厂的小锅炉，一日三餐，一年 365 天不知要吞蚀掉多少木材，故人们都把它称为"老虎灶"。虽然人们有时也掺杂着烧一些松树枝、茅草等，但大部分都烧的是硬木（阔叶林树）。那一棵棵成材树大都是天然阔叶林，小的有胳膊粗、碗口粗，大的有腰粗盆粗，从几厘米到几十厘米统统伐之、砍之、锯之、劈之，然后堆垛在每家每户房屋的一面外墙上。整个村庄前前后后，四处可见这木柴堆成的墙壁。

不仅如此，那些年农村中冒出了许多更大、更厉害的"老虎灶"。因各地都在想法子调整农业产业结构，而种烟叶是比种粮收入更多的一个产业，是一个当年生产当年收益的短平快项目，被誉为是县富、乡富、村富、民富项目。烟叶一亩的产值可达到 1500 元左右，与同面积的水稻种植相比，种烟效益明显比种粮食来得高。农民们也从种烟中尝到了甜头，种烟的人由少到多，面积也在扩大。所以在农村中看到的那一个个炮楼式的泥巴楼，都是家家户户的烤烟房。烤烟叶需要消耗大量的木材资源，平均每亩烟叶烤干需用材 1 立方米，而且所砍伐用于烤烟的薪材，绝大多数都是阔叶林。天然阔叶林燃烧点高、火焰大，久经耐烧，平均一个县一年 5 万亩的烟叶要烧掉整整 5 万立方米的阔叶林木材。

严重的还有那些众多的吃林企业，像林浆厂、人造板厂、造纸厂、地板木厂等耗材企业，规模越大，破坏性也就越大。从老虎灶到烤烟房，从耗材企业到卖青山，所有这些都是砍、砍、砍！伐、伐、伐！所以当时林业局的林场只有伐木场之存在，而没有采育场之说。老百姓比喻滥伐乱砍林木是：乱丝难理，泼妇难治，风不紧，车不转，风若紧，地道战。

大部分人或许还不知道这人工林和天然林有着本质的不同。人工林在保持水土、稳定土壤、改善小气候包括保护生物多样性以及在增加农民经济收入等方面根本就无法与天然林（阔叶林）的功能相比较。

21 世纪初，人们做出了明智而伟大的反思，人类要与大自然和谐发展。人们意识到当今社会的发展与环境的矛盾问题，森林乱砍滥伐、水源严重污染、生态的恶化等问题，已经严重威胁到我们的生存。自然生态逐渐得到了修复。然而十年树木、百年树人。一棵小树成为木材需要几十年的时间。也之所以，竹木、竹木，只有竹而没有了木。竹子的生长期相对短而快，取之不尽，用之不竭。所以靠山吃山的说法，还得靠竹来兑现了。但由于竹子太普通、太容易得到的缘故，没有得到世人的高度重视。有一首竹诗诉道：

想当初，绿鬓婆娑尽婀娜。自归郎手，叹今青少黄多。
历经风波，受尽几多折磨。莫提起，提起珠泪洒江河。

写诗的是一位爱竹之人，句句都是形容人们对毛竹命运的不公。竹的平凡、竹的普通，使得毛竹被人轻薄而轻看，竹子大有一种在郁闷之下，本欲起身离红尘，无奈影子落人间的愤慨。

不管怎么说，树少了，树不能砍了，乡村振兴的担子落在了竹身上。但长期以来，竹产业也面临缺乏技术型企业、高附加值产品的困境。为此，福建省积极引导竹产业企业对接科研院所、攻关关键技术，加快新产品研发，补齐设计短板，推动"一根竹子"向价值链高端拔节。

03　走出困境

2019 年 7 月，由邵武市政协组成课题组对邵武市竹产业发展现状和存在的问题进行了深入调研，写出了一份有质量的调研报告，得出了关于邵武市竹产业发展现状和存在的几个突出问题。

近些年来竹山管理倒退，一产不断萎缩。20 世纪 90 年代，全市共有毛竹山面积约 50 万亩，实行竹山生产承包责任制之后竹山面积逐年扩大，竹山面积至少在 60 万亩以上，极大地提高了竹农生产积极性，竹山管理水平和笋竹产量大幅度提高。1996 年以后年产毛竹达到 1000 万株以上，2010 年前后毛竹产量突破 2000 万根，鲜笋产量突破 5 万吨，达到历史最高峰。2015 年以来全市笋竹产量开始呈现持续下降趋势，近 2 年全市竹材产量不足 1200 万根，鲜笋（尤其是春笋）产量更是因笋罐头厂全部倒闭而严重萎缩几乎可以忽略不计。竹产业一产出现萎缩与邵武市社会经济状况变化密切相关，究其原因主要有以下几点：一是竹产区常住人口减少，导致竹山失管现象愈演愈烈。竹山垦复、施肥、标号等速生丰产措施已很少见到；二是竹山收入比重下降，导致农民对竹山的重视程度降低。在邵武市毛竹产区农民家庭总收入中竹山经营收入所占比重逐年降低；三是竹材价格增长跟不上竹山经营成本上涨速度，实际收益不升反降。当前竹山经营用工成本增长较快，砍竹、劈山等竹山经营活动日工资需 300 ~ 400 元，再加上竹山主要分布在交通不便的偏远高海拔山区，竹材运输成本高，因此虽然竹材收购价格持续保持在高位运行（2019 年达到 720 元 / 吨，全国最高），但竹山经营利润却较为菲薄，多年来每亩竹山年均纯收入徘徊在 100 元上下。

二产迅速扩张，发展遭遇瓶颈。邵武是福建四大林产品加工中心之一，现有竹加工企业 280 余家，竹加工产业规模全省第一，2018 年产值达到 41 亿元，已经形成从竹拉丝、竹条、竹烤串、一次性竹筷等竹材初加工，到工艺竹筷、竹餐具、竹工艺品、竹家居用品、竹家具、竹胶合板、竹刨切板等竹材精深加工以及竹刨花板、竹纤维板、竹炭等竹下脚料加工利用的完整竹加工产业链，实现了竹材全株利用，真正做到了对竹资源的吃干用尽。全市竹产业形成了全国最大的竹材初加工基地和半成品集散地，现有竹拉丝厂130家、成品竹筷厂50家、竹勺厂27家、竹串厂13家、竹地板条厂10家、高尔夫球钉厂10家、精品竹筷厂7家，是国内最大的竹材初加工基地和竹材精深加工产业原料供应基地。

邵武市形成了国内竹板材主要生产基地，已拥有全国唯一一条100%以竹拉丝下脚料为原料的竹刨花板生产线——福人公司竹刨花板生产线，品质上有绝对优势，是宜家生产厂商最大竹原料供应商。除此之外，还有3家竹密度板材生产企业、10家竹胶板生产企业、1家竹刨切板生产企业，已成为国内重要的竹板材生产基地。

竹制小家具生产渐成气候。近年来杜氏与宜家合作生产竹家具，诚安蓝盾应用竹刨切板生产竹贴面板家具，味家在国内知名销售平台上有自己的竹家具品牌，还有8家竹家居生活用品企业。邵武市在竹制小家具生产上已呈现良好的发展势头，市场影响力和占有额不断扩大，并开始形成一定的产业集群效应。

形成了对周边竹资源的"虹吸"洼地。邵武市竹加工产业需要消耗大量竹材，加上下脚料加工利用产业对各类竹加工下脚料的需求巨大，维持着市竹材收购价格和下脚料价格长期在高位运行。2019年竹材收购平均价格达到700元/吨、下脚料价格达到360元/吨，远远高于国内其他地区，从而吸引了周边10余县市的毛竹资源的流入。据不完全统计，邵武市全年加工消耗毛竹约4500万根，其中2/3来自周边县市。

然而因受自身固有缺陷和环保政策趋严等综合因素的影响，邵武市竹加工产业发展也遇到一些明显的瓶颈：结构两头重中间轻，产品附加值不高；环保压力大，发展空间受挤压；产业配套不齐全，产业链内部有失均衡；竹产品交易市场建设滞后产品销路受制于人。

鉴于此，邵武市专题调研并提出了关于推动邵武竹产业良性发展的思考与建议：打破传统思维束缚，厘清竹产业发展思路。

一是准确定性，将竹林培育列入农业生产范畴。以笋竹生产为主的竹林培育业是竹产业生存发展的基础，竹山产出的笋竹产品是为竹加工产业提供大宗原料的资源型产品，竹林培育与农业生产一样属于为国计民生和工业生产提供原材料的第一产业，其经济效益与大宗农产品一样上升空间有限。这么多年来毛竹价格增长幅度远远跟不上物价涨幅指数，竹山经营的纯收入多年未见明显增加，在物价指数不断攀升的背景下竹山经营效益实际上是在不断下降。因此在主要毛竹产区应该将竹林培育业视为与农业产业具有相同性质的第一产业，而在工业化背景下农业产业的生存发展是离不开政府的补贴扶持的。因此应该加大对竹林培育产业（一产）的扶持力度，稳定竹林培育产业的规模和效益。

二是重新认识，正视竹拉丝产业的作用和地位。目前全市已成为国内最大的竹拉丝产业基地，也是国内最大的竹精深加工产业上游原料供货基地，在竹加工产业（二产）中竹拉丝（初加工）所占比重达到 6 成以上。但还是应该正视竹拉丝产业的地位和作用。目前邵武有各类从事竹材粗加工的企业 200 余家，从业人员 5000 人以上，企业年创造利润在 30 ～ 50 万元，工人平均年工资收入 5 万元。可见竹拉丝产业对全市稳定就业、增加人民群众家庭收入具有重大意义。

三是科学定位，明确精深加工产品发展方向。竹材是一种生长周期短、产量高的原材料，其本身价值并不高，加上竹制品具有使用寿命短的天生缺陷，竹制品主要市场在于廉价易耗生活用品领域，比如一次性竹筷、牙签等。廉价易耗生活用品产业的特点就是薄利多销以量取胜，从全国现有竹制品市场看，低值易损耗的竹餐具用品占竹成品市场 80%，竹板材及加工占 10%，竹凉席、竹帘加工占 10%。全市竹拉丝生产的终端产品中 80% 都是竹餐具系列，同时用竹板材生产简易、小件竹生活用品企业开始呈现良好、加速发展势头。因此邵武市竹产业发展要抓两头：一头抓竹板材深加工、附加值高的高端产品生产，一头抓竹餐具加工产业。

夯实产业发展基础，优化竹加工产业结构；推动竹山流转工作，振兴竹林培育产业。在邵武市委、市政府的策划与推动下，知名品牌"北有水立方，南有竹立方"诞生。

第十三章

01 竹立方

缘分使然，你若在等我，我便一定来。

癸卯年夏的一天。我前往邵武竹立方。一俟步入竹立方馆，便觉自然幽雅，有股山水清气，涤净俗尘的气息扑面而来，让人忘却了酷热严暑，从心底萌生出一注山泉般的绿色清凉。近身之处，几朵含苞初荷，云堆一处、绿叶罗裙，亭亭玉立，在微风中摇曳招手，煞是可人。我犹如一脚踏入了荷田之中，拔起了满腿的山中泥香。

竹立方还是有寓意的。在古语中，立方是六面皆方之立体，给人以立体感、空间感。许多的立方体可以组合出百变的空间，可以延展无数的可能。取名竹立方，乃取竹之可塑性强，也取立方的立体百变。同时，竹立方，也是竹的三次方，《道德经》有云一生二、二生三、三生万物。竹的一次方只是竹，是它最自然最生态的一面；竹的二次方，是一个竹的平面延展，是传统的竹席、竹编、竹手艺，是竹的柔韧和气节；竹的三次方，是竹的立体延展，是与三生融合相呼应的无限可能。从这点而言，北京有水立方，邵武有竹立方，亦是可以说得上是有关联的。绿水青山，遥相呼应，相得益彰。

数学里有个美好的词，叫求和；有个遗憾的词，叫无解；有个霸气的词，叫有且仅有；有个令人扼腕的词，叫无限接近却永不相交；还有个模糊的词叫约等于，遥远的词叫未知数，单调的词叫无限循环，坚定的词叫绝对值。但是乘法中，一方为零，结果都为零。无论在哪个行业，你都可以用专业知识来表达人世间的万物，这样的思维逻辑，非常贴近我们的现实生活。一方为零，结果都为零。这真的能让人联想到很多很多，也终于让人明白为何零排在最前面，无论人生拥有多少阿拉伯数字，最后都为零。

行事有远见，有谋方显智。邵武主政者深知：力无所用与无力同，勇无所施与不勇同，计不能行与无计同的道理，科学发展、决策有方。

竹立方生态科创馆是统筹做好竹产业、竹科技、竹文化、竹工艺的竹产业发展平台。它是目前全国最大、全省唯一集创新、展示、体验、营销于一体的优质竹产品一站式服务平台。竹立方生态科创馆是邵武倾力打造的产业发展平台，是践行"两山理论"转化的实验基地和关于生态价值产品转化的探索和布局。该项目总投资 4000 万元，总面积约 6300平方米，设有主题书吧、竹产业发展长廊、产品展示区、多功能厅、茶空间、全竹家居生活馆、直播电商基地、产品超市等十余个模块，打造竹文化、竹产业、竹科技"三生融合"的标准化空间，引领带动全竹产业链深度融合发展。

谋大者不计小利，志远者岂在朝夕。这是我们古贤达庄子的一句话，说的是凡事不图眼前之利，谋大者不在小利，志远者岂在朝夕。真正的大格局、做大事的人，不是刻意用言语表达和表现出来的，而是显露在干事的行动上。一个城市主政者的眼界有多开阔、格局有多大，潜力就有多大。我们的目光所及之处，就是未来。要站在一个长时间跨度上审视问题。竹立方亦是有寓其中，意义深远。竹立方的格局与档次，自是与邵武主政者的格局息息相关。所谓的格局也是布局，便是一步一行，一举一动，都在正确的规划之中。有了规划的格局就像航海时竖起了的灯塔，就算前路颠簸辗转，浪高风大，最后也能到达目的。

大格局不是与生俱来的，邵武人做事的格局反映了他们的远见卓识与责任担当。层次越高，眼界越广。一个城市进步的方式，就是在不断地打破认识和格局，从底层的台阶走上高层的楼台。格局高的人做事定会事半功倍。所以在有大格局的邵武，竹立方的格局自然也就不会落至低层次。

这些年来，邵武紧紧围绕一根竹的特色产业，立足产业基础和资源优势，科学合理布局竹产业小微园，大力发展竹制品精深加工，做活做强"一根竹"文章，推动竹产业高质量发展。

借绿生金，竹立方生态科创馆以搭建服务平台、拓宽融资渠道、发展云上经济，用增强品牌效应等方式服务产业实体，通过坚持政府引导、市场主导，构建一站式"买全球、卖全球"的运营模式，凡涉竹相关企业、高校院所、科研机构、创业大众等主体均可依托科创馆开展原材料和产品的设计、采购、销售、展示、售后服务、碳汇交易、技术交流与人员培训等活动，促进竹产业上中下游及相关产业集聚发展，加快竹产业绿色升级。未来，竹立方馆将紧抓"以竹代塑、以竹代木、以竹代钢"的产业发展机遇，努力践行"小竹子要做深加工，小竹子可以做成大产业"的指示精神，立足中国，面向全球。

贤者曰："因可势，求易道，故用力寡而功名立。"做事情不能不考虑外在的环境和形势，方式、方法很关键，选好路子，往往能够事半功倍。做事，往往要借力，好风凭借力，送我上青云。

邵武的决策者们是智慧的，他们集众思、广纳谏，尽善尽美，怀有智者千虑的远识打造了竹立方。在日渐红火繁荣中，竹立方亦开始显现成效。有人说竹立方为邵武抓住了机遇，什么是机遇？机遇就是给予具有某些掌握资源者的选择和回报。邵武有大格局，有周密的发展规划、周密的安排，为取得成功作出了保证。一个地方的发展首先要寻找适合自己发展的广阔空间，其次要审时度势，顺势而为。

"北有水立方，南有竹立方。"盖因极具特色的竹立方魅力四射，从一砖一瓦、一景一物之中，体现出建造者恢宏的手笔，磅礴大气。邵武竹立方生态科创馆以竹制品、竹产品、竹工艺、竹空间的设计手法创新、技术工艺创新、运用领域创新，斩获了 2023 年法国设计奖"展览馆、博物馆"品类金奖。法国设计大奖是全球设计的风向标，致力于为全球设计师提供一个更广阔的平台来传达他们的设计理念，展示优秀的设计作品，引领全球设计创新。能获得法国设计大奖，得到世界著名设计大师的高度认可殊属不易。

竹立方顺势而为，应运而生，自然地绿，自然地翠，它是在乡村振兴中诞生的一座新兴体。蛟龙得云雨，终非池中物。在日渐红火繁荣中，竹立方亦开始显现成效。相信竹立方在不久的时日定会华丽绽放，欣然四方，大而无愧、大而完美。

02 竹之远景

邵武是南方集体林区重点县（市），林竹资源丰富，是国内最大的竹材加工基地和精深加工产品原料供应基地，亦是中国著名的竹家居之都，福建省四大林产工业基地之一。其竹林面积超 68 万亩，立竹量达 1.35 亿株，年可采伐毛竹 1500 万根。

21 世纪，邵武已形成了从初加工到半成品，再到精深加工产品的完整产业链。全市现有国家林业重点龙头企业 2 家，国家级高新技术企业 5 家，国家级绿色工厂 2 家，2022 年获评"中国竹家居之都"。

围绕竹产业"强链、补链、延链"的战略布局和扩大全竹产业链集群效应以及科技创新的发展需求。邵武市立足实际、深度谋划、高位推动，通过集聚提升，助推产业转型升级，致力让邵武竹产业真正走出南平，立足中国，面向全球，"武夷竹立方"生态科创馆应运而生。

2023 年 4 月 11 日，竹立方生态科创馆开馆仪式在福建省邵武市黄峭广场隆重举行。开馆后，"武夷竹立方"举行"张三丰杯"竹产业国际工业设计大赛颁奖典礼及中国竹家居之都、福人超薄竹刨花板产品授牌仪式，同时举行邵武市人民政府与中国林产工业协会特色区域共建、邵武市人民政府与南京林业大学校县合作等合作项目签约仪式。在这首次竹产品订货会上，20 家国内外知名企业参加，成交金额达 2.27 亿元。

竹立方馆的工作人员告诉我说，竹立方以设计为切入口，通过竹材料在各种产品的极致运用将"以竹代塑""以竹代木""以竹代钢"的运用场景以多元化业态呈现出来，带给大家震撼的视觉冲击的同时，有一种对竹应用的联想。展馆外立面通过竹集成材进行创新打造，是目前单体结构全球最高、跨度最大的竹建筑外观，高度达 16.86 米，赋予竹产业"旭日东升"寓意，彰显竹文化刚柔并济的太极之道，馆内设有竹产业发展历程区、竹产业链产品展示区、全竹空间运用体验区、创新业态孵化区四大功能区域。

伫立在绿意盎然、清新悦目的竹立方，但见全馆运用全息投影技术，打造沉浸式竹林体验空间，智能化、信息化、数字化多维度展示全竹产业链发展的第一场景，系统展现了从竹建筑、竹景观到竹装配式装修，再到竹家具、竹家居用品等全竹产品的应用，完整体现了对竹材料在运用上的无限想象和灵感设计，全方位展示竹产业发展历程和蕴含在竹产品中的浓浓禅意。

竹立方通过文化赋能、创新赋能、科技赋能，为邵武本地优质竹产品打造一个集展示、体验、营销、活动组织为一体的一站式交易平台，满足了企业在新品发布、宣传推介、供需对接等多方面需求，通过"线下体验 + 线上下单"，打通全竹产业定制化、标准化销售渠道，打响"武夷竹立方"区域公共品牌，着力构建一站式"买全球·卖全球"的现代化销售模式。

馆内建有竹产业大数据平台，通过"数字云展"定期发布和宣传展会、展品等信息，培育壮大"云上经济"；导入先进的供应链管理系统和搭建领先的"数字云仓"，发挥直播电商孵化基地的效应，链接全国一二线城市优质电商、渠道和流量平台资源，为竹产业企业和竹产品提供营销路径，推动跨境电商、直播带货等营销体系发展。同时，馆内的无人购物超市展示有竹盘、竹筒、竹根雕、竹挂画等竹工艺品、竹生活用品，游客可随时现场扫码下单，自由选购；竹家居生活体验馆系统展示竹产品在空间领域的运用和软装陈设，满足市场个性化、定制化的需求。竹立方馆内设有书吧、茶室、中庭景观带、多功能中心等区域，旨在打造一个集合"文旅 + 休闲 +

购物"多元业态的市民休闲活动场所，为市民提供休闲、学习、交流等城市共享空间服务。我留心数了一下，全馆设有十个独具风格的全竹茶空间。看来设计者是要结合享誉全球的武夷岩茶，做好茶竹一体的深度融合示范，充分展示出竹的优雅和独特的韵味。

在竹立方馆，精致的竹茶盘、温润质朴的竹茶桌、素雅的竹椅、简约大气的竹茶亭、环保耐用的竹床琳琅满目，通过空间布局设计搭配成茶室、洽谈室、多功能会议室、户外休憩区等"竹空间"。

在一楼大堂左侧设有"书香邵武"竹主题书吧和轻饮休闲区，方便企业家、创业者们在此进行学习、交流，营造浓厚的学习氛围，同时也为广大市民、参观人员和游客提供一个休闲的网红打卡场景。置身其中，我涌出"伊人竹下坐、烟雨绕竹帘、枫影竹韵、竹里风生月上门"的意境来，亦明白了竹林七贤为何喜在竹林之下，喝酒、纵歌、肆意酣畅的缘故了。

竹立方的打造者在美化人们文化生活的同时，打造了一个创新孵化基地。他们坚持"产业＋品牌＋业态"立体化发展战略，布局森林生态银行、碳汇交易中心、科特派展示区，通过林权集中流转、林下空间流转、碳库核算、碳汇交易等模式，打通绿水青山转化为金山银山的快速通道；建设竹产业大数据平台，通过先进的供应链管理系统和数字云仓搭建，推动跨境电商、直播带货等营销体系发展，扩大邵武竹产业全球市场份额，抢占全竹产业制高点；设立产业发展基金，整合高校、科研机构、竹产业权威组织等社会资源，为企业自主科技创新和知识产权赋能，助推产品迭代和产业升级，实现政产学研用深度融合。

邵武竹立方问世不久，很快就有了它大显身手的用武之地。2022年11月，中国与国际竹藤组织在第二届世界竹藤大会上共同发起"以竹代塑"倡议。在"以竹代塑"上升为国家行为的当下，竹产业无疑将迎来新机遇。

福建竹资源丰富，现有竹林面积1845万亩，约占全国的17.5%。如今在福建，"一根翠竹"培育了上游竹拉丝、竹片，中游竹胶板、重竹板，下游竹地板、竹家具、竹工艺品以及竹下脚料再利用、笋食品加工等在内的完整产业链。2022年福建竹业总产值达1052亿元，规模居全国前列。近年来，福建省积极推进竹产业高质量发展，竹产业逐渐由生产竹拉丝、竹条、竹胶合板等传统产品逐步向重组竹板材、竹炭、竹家具、竹工艺（日用）品、竹纤维浆纸、竹化工等高附加值产品发展。

福建省委、省政府近期作出了关于推动竹产业高质量发展的工作部署，制定了2023～2025年福建省加快推动竹产业高质量发展行动方案。

紧接着南平市人民政府出台了南平市竹产业千亿的行动方案，围绕做好竹产业、竹科技、竹工艺、竹文化文章，举全市之力做大做强做优竹产业，助力乡村振兴，切实将南平市竹资源优势转化为经济优势、产业优势，着力打造竹产业千亿产业集群。到2025年，全市竹产业全产业链将实现产值500亿元以上，基本形成链条紧密、三产融合、科技创新、优质高效、生态安全的竹产业高质量发展体系。竹产业方面，竹一产产值将达110亿元以上，丰产竹林面积380万亩以上，占全市竹林面积58%以上；竹二产产值220亿元以上，年产值10亿元笋竹企业10家以上，年产值30亿元竹制品龙头企业4家以上，实现自动化数字化生产的高端笋制品龙头企业2家以上，制订竹原材料标准4个以上，培育竹标准材加工大型企业4家以上；竹三产产值170亿元以上。竹科技方面，全市高新技术企业达35家以上，省科技小巨人企业40家以上。到2030年，全市竹产业全产业链将实现产值1000亿元以上，形成一二三产融合发展的现代竹产业体系，实现经济效益、社会效益、生态效益多赢局面。竹产业方面，竹一产产值将达150亿元以上；竹二产产值500亿元以上，产值超10亿元笋竹企业20家以上，年产值超30亿元竹制品龙头企业10家以上及实现自动化数字化生产的高端笋制品龙头企业5家以上，制订竹原材料标准10个以上，培育竹标准材加工大型企业5家以上；竹三产产值350亿元以上。

所有这一切，吹响了竹行动的集结号。

03　竹笛声声

新创立家居用品公司是邵武一家消耗毛竹量最大企业，走进这个公司生产车间，我看到机器飞速运转，工人们正紧张有序地进行生产工作，一派繁忙景象。

近年来，公司积极引进先进生产工艺和设备，不断研发新产品、新工艺，产品和市场竞争力显著增强。今年来已实现产值4100多万元，同比增长34.1%。

截至目前，邵武市已有竹木加工企业292家，其中规模以上企业21家，产品涵盖竹拉丝、竹筷、竹条、竹板、竹刨花板、竹家具等几乎所有竹制产品。2022年，全市竹产业实现总产值63.1亿元。

2023年6月24日，竹立方生态科创馆隆重举行福越日用品入驻"竹立方直播电商基地"签约仪式。竹立方生态科创馆创新孵化器负责人周鑫敏与邵武市福越日用品制造有限公司总经理钭荣安在入驻协议上签字。邵武市福越日用品制造有限公司创建于2010年10月，注册资本人民币1500万元，公司主营竹餐具、竹工艺品、洗碗布、湿巾、消毒巾、家具、菜板、合金筷生产销售；兼营日用百货、文化用品、厨具、餐具批发零售；以及货物和技术进出口业务等；已注册"福万竹、捕筷、福越心品、巴拉熊"等四大竹制品品牌分别在天猫店、京东店、阿里巴巴、淘宝店、拼多多等网上销售。

2023年6月中旬，竹立方生态科创馆与邵武市影动未来信息科技有限公司举行了签约仪式，引进AIGC虚拟数字人项目，推动竹产业企业品牌化进程和智能化进程，实现全竹产业高质量发展。

该项目赋予了竹制品企业巨大的增值潜力，为企业打造了一个24小时直播间，提供全天候展示产品的新形态，同时通过1：1形象声音克隆技术，使得企业的代表能够实时进入直播间，更灵活地与观众进行面对面的沟通和互动。通过本次签约，双方实现了资源互补和合作共赢。

影动未来信息科技有限公司总经理危博群说："我们首先是被竹立方的平台资源所吸引，它不仅有邵武所有竹制品企业的资源，还因为竹立方属于一个公用品牌，全球有 1000 多家竹制品企业入驻。对于我们 AIGC 的技术来讲，专注于抖音直播带货，通过入驻竹立方，我们会更好地接洽到 1000 多家竹制品企业，更好地为竹制品企业赋能进行线上销售。"

竹意禅味，可拙可雅，可浓可淡。

置身于竹立方馆中，好似行走在一座竹产业大观园。一根竹的千变万化，竹子在光影的作用下，呈现出一种通透的美感。从竹根做成的工艺品，竹兜生产的竹勺和竹高尔夫球钉、竹家具等，到竹材制作的竹吸管、竹空间、竹纤维浆纸、竹炭等，再到竹下脚料制成的重组竹板材等高科技含量、高附加值的竹产品，一根竹子全产业链条、上下游环节的各种竹制品呈现在大家面前，让人目不暇接。

竹立方生态科创馆运营负责人黄志勇介绍说：竹立方是竹产业生态价值转换的创新实践，通过搭平台、链资源、促协作，做好竹产业、竹科技、竹工艺、竹文化的文章，汇智聚力推动竹产业高质量发展。尤其是 AI 技术的导入，对于丰富竹立方的电商业态起到一个至关重要的作用，对于竹立方的电商服务战略起到一个关键的转型发展和升级。

在竹立方展厅，我们还看到一瓶黑色硬炭负极材料样品，浓缩了南平全竹利用创新成果的精华。元力集团是全球最大的活性炭生产商，目前，公司与中科海钠深度合作，开发高容量硬炭，拟投资 10 亿元建设年产 5 万吨硬炭生产线，第一条生产线年内将投产。

第十四章

01　玉竹华章

风摇青玉枝，无地不相宜。竹子不择土地的贫瘠或富饶，它总能拔地而起，借势而上，风生水起。在竹立方的催化之下，一场竹子的新生在邵武土地上兴起，在吴家塘镇庄坛村的苦竹源毛竹山林地，一派热火朝天的作业景象。

庄坛村是典型的山区林区村，拥有丰富的林地资源。近年来，由于城镇化持续推进、外出务工人员增多、劳动力成本攀升、原竹市场价格下跌等因素叠加，该村竹林经营效益低、获利难，打击了村民经营竹林的积极性。

为破解这一难题，吴家塘镇将庄坛村作为林地改革试点，创新竹林经济发展机制，加快竹山流转。在不改变农民林地承包权的前提下，村委会通过公开招标的方式，选取成片毛竹林经营者，通过"村委会＋经营大户＋村民"的联营模式，统一经营、利益共享、风险共担，让荒废多年的竹山活了起来。2023年庄坛村成功流转了707位村民的1226亩竹林。每位村民得到了利润分红，还增加了村财收入。

庄坛村下派书记、科技特派员黄春庚说："刚开始时，竹山联合经营的模式，为了打消村民们的顾虑，2022年2月开始，庄坛村党支部多次召开专题部署会和党员大会，发动党员带头支持竹山经营由'散'转'聚'。我们走访了 86 户农户，积极宣传毛竹林集中经营优势。在征得大部分村民支持后，村委会牵头组织村民小组长、村民代表，联合镇林业站深入林间，通过 GPS 精准定位测量，对竹林进行界线划分、面积测绘等。同时聘请有资质的评估公司对毛竹山经营价值予以评估，保障村集体资产保值增值，产权清晰透明。林改全过程采取决策公开、结果公开，切实保障村民的知情权、质疑权，使得竹山顺利完成招投标。"

咬定青山不放松，节直心宽动清风。如今的苦竹源毛竹林经过半年多的经营，原来齐人高的杂草灌木被清理，山中寸步难行的荆棘路变成了林农口中的高速路。看着生机勃勃的竹山，握着鼓鼓囊囊的钱袋，村民们喜笑颜开。村民林奕发是第一批拿到林改分红的人，他高兴地说：我家有 7口人，这次林改总共分到了 17000 多元。庄坛村的联营模式，一方面实现了村民增收、村财增资、企业增产、竹林增值，另一方面也保护了生态环境，让绿色竹山逐渐成为村民的幸福靠山。

在邵武城郊镇香铺村福越日用品制造有限公司的生产车间里，工人们正熟练地操作机器，有条不紊地加工竹制品。

香铺村村主任李国民介绍说："产业兴旺了，村里人的日子也跟着兴旺起来。竹产业是香铺村的支柱产业，我们围绕竹产业建立'企业 + 合作社 /村集体 + 基地 + 农户 + 市场'经营模式，带动毛竹加工产业链形成，目前在竹企业工作的村民超过了 800 余人。"

旭日东升竹春风，绿韵清新添毓秀。

在邵武经济开发区香林园区，开往广东、山东、四川等地的货车不断驰骋四方，每天都要运出四五百立方米的竹香板。福人集团森林工业有限公司总经理叶世俊说："福人森工利用鲜毛竹加工后的竹粉生产出的竹刨花板，散发出淡淡的竹香味，在海内外市场享有'竹香板'的美誉，产品应用于家电、家具、厨卫、建筑装饰、车船制造等行业，成为当地人造板行业的龙头企业。"

福人森工在 2013 年退城进园后，迎来发展新阶段。竹拉丝厂的竹节、竹兜、竹粉等废物很多，当时园区每年有数十万吨竹加工剩余物被当作垃圾丢弃或焚烧。为了变废为宝，福人森工研发团队放弃节假日，经过不懈努力，终于解决了竹刨花黏附、筛分、挂胶等一系列难题。

邵武市竹产业协会会长吴裕富从 20 世纪 90 年代起就在邵武从事竹制品加工经营。他回忆说："在竹产业发展的原始阶段，山上的竹子除了做脚手架，就是靠手工把竹子中间的部分破成篾片、竹片，编成篾席、土箕、脚手架片，其他的都只能烂在山上，利用率不到一半。那时候竹制品生产工艺粗糙，产品单一，产品价格低，工厂利润微薄。直到 2000 年后，城市房地产开发带动了竹产品市场，短短两三年内，邵武竹拉丝厂急剧增加至100 多家，竹加工产业链开始了初步的上下游配合。"

2017 年，全国唯一的一条百分之百以竹拉丝下脚料为原料的福人森工竹刨花板生产线正式投产，邵武竹产业链得以进一步完善，实现了将竹子吃干用尽：竹兜做竹勺，中间部分做竹条压板，竹尾端做筷子、竹串，锯下来的竹粉做刨花板，垃圾也变成了抢手货。

在青山环绕、绿意宜人的村庄。我们步入一户农家，只见客厅的墙上挂着一顶斗笠，由黄色指宽的竹篾编成，圆锥似的外形，轻巧便携，可遮风挡雨，可蔽日纳凉。而在不起眼的角落里叠放着众多的竹箩筐，等待着收获的秋。用青色竹篾密密编制的竹筐，两边提手挂着悠悠的扁担，用来挑笋稻、担瓜果，行走在山间田埂，发挥着盛物运送的作用。用竹篾编制的竹篮尤其精致，散发着竹香清雅，而形状则像一只可爱的鸟巢，造型独特，可盛瓜果、可装鲜蔬，哪怕什么都不放，也是一道典雅的风景。如今，一般的竹签、竹碗、竹勺、竹板、竹筷、竹节人、竹蜻蜓等竹制品已经不能满足人们对竹的喜好了，竹子的深加工产品在不断翻新：竹笔、竹键盘、竹鼠标、竹音响、竹浆纸、竹浆吸管、竹炭鞋垫、竹纤维衣服等，不断刷新着人们对竹的认识。

前不久，拿口镇竹小微园区包括 6 栋标准化竹加工厂房在内的主体建筑已全部完工，配套的办公楼、宿舍楼、设备间、环保房已落成，规范化的路网、电网、太阳能路灯、供排水网络也基本完善。园区正在进行砌围墙、建大门、做绿化、清垃圾等附属工程的收尾工作。

拿口园区以租赁形式委托福人集团森林工业有限公司开展招商经营，同时园区的竹加工下脚料由福人集团统一收购利用，生产生态板材，形成竹产业循环产业链。镇里积极融入市里的长期规划，打造竹产业小微园，既可以实现当地资源当地消化，也可以减少毛竹运输的过程，降低安全隐患，同时通过创新研发、成果转化、平台共建等方式，推动竹木材料的全球应用。

上述之例，只是邵武大力发展竹产业的窥豹一斑。有道是绿竹半含翠，新梢才出墙。邵武久久为功，充分发挥竹资源富集优势，引导鼓励竹农成立集约经营合作组织，全市现有竹木专业合作社 16 家，经营面积达 80899 亩，年产值 3000 多万元。

一根小竹子，正成长为竹农们的"摇钱树"，立竹资源、做竹文章，坚持全竹利用、全链开发，聚力竹子深加工，努力把小竹子做成大产业。庄坛村、香铺村、福人森工、拿口镇竹小微园区等仅仅是邵武乡村振兴中的个例，而更多的事例正在乡野田园中如火如荼地兴起。是的！我们正处在前所未有的变革时代，干着前无古人的伟大事业，唯有像毛竹那样在成长时把根扎深、扎牢，不断厚实知识储备、拓展工作能力、磨砺意志品质，方能取得成功。

积水成渊，鱼才会聚拢；树茂林密，鸟才会集栖。邵武围绕做好竹产业、竹科技、竹工艺、竹文化文章，举全市之力做大做强做优竹产业，助力乡村振兴，切实将邵武市竹资源优势转化为经济优势、产业优势，着力打造竹产业集群。到 2025 年，邵武竹产业全产业链将实现产值 500 亿元以上，基本形成链条紧密、三产融合、科技创新、优质高效、生态安全的竹产业高质量发展体系。

站在高处看，竹立方馆建筑似乎是一个龙飞凤舞、大气磅礴的"道"字。它应天时、地利、人和而生，应形势、应民生、应民需而成，亦如道家的一生二，二生三，由微致大，衍生无限。2023年4月11日竹立方开馆的当日，就有国内外20家知名企业现场签约订货，成交金额达2.27亿元，入驻7家直播企业，实现单日直播销售额300万元，茶空间5家茶企与6家外贸公司签订协议，订单额500万元。

竹立方通过全方位展示竹产业链优势，构建一站式"买全球·卖全球"运营模式，目前已有200多家竹制品企业、5000多种产品入驻，是全国最大的竹制品选品库，成为推动邵武竹制品走向全国及海外市场的新平台。

历史给了邵武这座城市的气质底蕴，造就了这个城市的文化个性、文化风格、文化品位，体现了它卓尔不群的气质。时至今日，它在继续升华，继续积淀着自己的特有气质。铁心拼搏，争创一流，赋予了这座城市的时代新追求、新精神。激情创业、舍我其谁的新气质在源源注入。竹立方的诞生，让邵武有了更加迷人的气质与魅力。

"新竹高于旧竹枝，全凭老干为扶持。明年再有新生者，十丈龙孙绕凤池。"相信邵武竹立方，如今是边城人初知，他年天下谁人不识君。

02 康养胜地

绿意渐浓，万物生机勃发。暖风轻拂，花颜绽放，绚丽的色彩交织成一幅美丽的画卷。多年来，邵武认真践行"两山"理念，持续深化"森林生态银行"，在福建省率先发放林下空间经营权证，让邵武展现丰盈的森林生态康养魅力、成绩颇丰，获评国家级生态文明示范市、全国第六批"两山"实践创新基地、百佳深呼吸小城、省级森林城市等。同时，以邵武为主体的闽北探索林下空间流转机制，入选为国家林业和草原局《林业改革发展典型案例》。

依托森林资源优势，将森林康养作为重点产品建设，培育康养的高端产业是邵武市一大特色。2023 年，景区二都、云灵山两地入选国家级森林康养基地；邵武市入选省级森林养生城市；肖家坊镇、水北镇、卫闽镇入选省级森林康养小镇。同时，天成奇峡、千岭湖、卫闽迷宫、大埠岗问道等被评为省级森林康养基地。这些都为邵武乡村经济注入源源不断的活力。加强林业发展、振兴乡村经济，这是一个充满智慧与挑战的命题，也是一个富有诗意与远方的梦想。

近二十年来，邵武林业践行"绿水青山就是金山银山"理念，经历"采伐型林业"向"生态资源保护型林业"的转型，探索出一条将绿水青山转化为金山银山的新路子。特别是二都国有林场等一批企业带头大胆实践，大力发展林下经济和国家康养基地，在采伐量锐减的情况下，经济效益却稳步提高，推动了林场摆脱困境，成功绿色转型，成为"世遗 1 号"风景道上一颗璀璨的明珠。

二都国有林场空气清新，环境优美，森林覆盖率高达 90%。1958 年建场的二都国有林场，曾经是福建省国有林场的一颗明星，林木采伐、造林抚育等，均走在全省前列。随着我国对生态环境保护要求逐年提高，并出台了一系列限制木材采伐的政策，二都国有林场林木采伐量开始逐年减少。从 2012 年的木材年产量 2 万多立方米降到现在的不足 0.5 万立方米，林场何去何从？经过林业人的探索，找到了突破口，实现了绿色转型。

金线莲的种植，就充分利用了二都的森林资源，实现了生态与经济的双赢。这种独特的种植模式不仅保护了生态环境，还为当地农民提供了就业机会，增加了收入。二都林场经营区总面积达 10.6 万亩，其中有保护良好的生态公益林 2.6 万亩，林下土壤疏松肥沃，湿度光线适中，土质中富含大量的矿物质和微量元素，被联合国农林考察团誉为"第三世界营林典范"。而金线莲是一种比较名贵的中草药植物，具有很高的药用价值，可预防高血脂、高血压、高血糖症。过去因此金线莲的市场价位高、行情好，有不少村民满山遍野地采挖，导致野生金线莲大量锐减而濒危，所以后来金线莲被国家列为二级保护植物。

需求就是市场，二都国有林场从保护珍贵植物和满足人们需求的双重因素出发，决定试验仿野生金线莲种植。2011 年林场技术人员在一片阔叶树林地下多次试验种植金线莲，基本上掌握了金线莲的生长习性。2012 年技术人员试种金线莲成功，尔后扩大了生产规模。2019 年以来，二都林场依托南平市森林生态银行，林业股份合作经营模式全面推广，创新林下空间流转机制，就是将不同产权的可利用林下空间登记录入森林生态银行，建立林下空间数据库，实现分散资源规模化、合作流转便捷化，并参照林权发证模式，在不动产系统内增设"林下空间经营权证"子目录，保障林下空间经营主体权益。这种方式吸引了社会资本进山入林，目前二都林场已吸纳引进了北京盛诺基生物医药公司等 3 家企业参与流转面积达 1918 亩，引进社会资本 500 多万元投入林下种植；并以林下种植示范片为依托，不断增加扩大林下种植品种和种植面积，引进和培育了金线莲、铁皮石斛、三叶青、淫羊藿等 6 个适宜当地种植的品种，累计种植面积达 5600 亩，成为福建最大的仿野生种植名贵中药材企业，被国家科技部授予国家林下经济示范基地和国家农业科技示范园区。

二都林场在实现林下经济的探索后，又打造森林康养基地，潜心发掘优质生态产品，让群众在绿水青山中尽享自然之美、生命之美、生活之美。一是完善基础设施建设力推发展，以环武夷山国家公园世遗 1 号风景道核心区建设为契机，高起点、高标准实施推进二都国家森林康养基地建设，安排投入资金 6000 万元，重点聚焦森林康养会议中心、中医药养生文化及科普走廊、药浴馆等森林康养配套设施展开施工建设，进一步完善旅游观光和休闲娱乐服务，实现一、二、三产业有效闭合，推动森林康养往高标准、深层次发展。二是推动森林康养产教融合发展，二都林场与福州大学、福建中医药大学、福建农林大等大中专院校开展对接合作，就学生教研实践基地项目已与多所院校签订意向协作协议。三是积极引入社会资本进山入林共建发展，在现有林下种植中草药资源上再挖掘、再提升，以打造一条集中草药种植、加工、成品销售、中医康复理疗为一体的产业链为目标，让社会资本参与森林康养基地建设。比如引入福建省正和堂养生咨询有限公司共同参与建设，累计投资额达 3000 多万元，建成"福九味"的科普文化步道、道地药材谷、国医馆、品香馆、药膳馆等极具中医药特色的康养场所，为社会资本进山入林共享优质森林资源、推进"两山"转化提供良好示范。如今二都林场康养基地已入选国家级森林康养基地名录。

2024 年 6 月，二都国家森林康养基地正赶建宾馆等基础设施，林场场长刘红跃说："今年完成 6000 万元一期投入，接待能力可达两三百人，我们基地已纳入环武夷山国家公园保护发展的重要结点，将打造成集森林游憩、运动健身、药膳调理、慢病疗养、自然科普教育于一体的旅游项目，二期还将投入 2 个亿。"

邵武的康养基地从无到有，从少到多点，并得到越来越多人的认可，这里有集科普、观光、识别、采摘、品尝为一体的百草园科普基地，园内种植黄精、金线莲、华重楼、金樱子等名贵中药材达上百个品种，同时每种药材都附有二维码，可以随机利用中药材识别讲解系统对药材、功效听取详细介绍。

云灵山景区亦是国家级的森林康养基地，依托海拔高达 1370 米的云灵山峰，开发出了长达 10 千米的福禅溪及两岸旅游资源，是集康养、观赏、游览、运动、农业、科普、餐饮、住宿、休闲娱乐为一体的综合性森林康养基地。邵武有数十个理想的康养景点资源，到过的游客无不称道，无不赞叹邵武森林生态胜境。

龙斗村在云灵山打长期工的村民有 20 多人，季节工近 100 人。云灵山康养项目入驻，还给村集体带来收益。他们将溪流作为资源入股，第六年开始收 10 万租金，此后每 5 年增 10 万元，最高增至 50 万元。村里还在每亩林地征用款中拿出 4000 元入股，企业每年按 10% 利息分红，让村里有了一项长期收益。

肖家坊镇是福建省级森林康养小镇，是全省打造"清新福建"示范点，依托境内独特的生态资源优势，大力发展康养产业，聚焦"吃、住、行、游、娱"旅游核心要素，不断加大旅游基础设施投入力度，着力打造区域性旅游品牌。

在天成奇峡景区内，一条绵延19千米的森林步道正处于最后提升阶段，将石康养步道建设完成，锦溪上码头焕然一新，河段护岸、绿化工程、亮化工程纷纷动工，步道、护栏、广场、木屋、路灯、亭廊等21处基础设施得以改造提升。

与此同时，吉宝原中医药文化实践康养中心的建成，更为肖家坊镇的康养产业发展增添了一把"火"，以优美自然风光和特色种植道地中药材为依托，以专业性的养生课堂、针对性的理疗体验、特色性的健康食疗为卖点，研发出艾灸条、姜艾泡脚粉、养生茶等一系列特色中医药保健产品，进一步夯实康养旅游发展基础。特色中医药养生服务，吸引了不少周边群众慕名而来。

躲避闹市的喧嚣，漫步田园栈道，在风光秀丽的小镇中诗意栖居、健康养生；感受文化底蕴，学习科普知识，在祖国的大好河山里强健体魄、坚强意志。随着健康需求和旅游观念升级，康养研学成为旅游市场的新风向。如今，不少村庄依托绿水青山，办起了民宿、农家乐，端上"生态碗"、吃上"旅游饭"。

邵武康养胜地建设从"小药材"抓起，助推乡村大振兴，依托国家农业科技园、国家区域性中药材良种繁育基地等平台，充分发挥道地中药材资源优势，全面加快中药材产业供给侧改革，通过建一个园区、优一份服务、强一组融合，打造特色中药材生态产业集群，把道地中药材种成农民的致富良方。

据介绍：邵武康养胜地建立了以道地中药为主基调、以种源创新为突破点的现代中药产业综合开发特色园区，实施核心区、示范区，辐射区的三区布局；建立起以财政投入为引导、企业投入为主体、社会投融资为补充的科技项目引领模式，推动各级科技、科特派、农业、林业等政策资金向园区科技研发项目倾斜，吸引社会资金投入园区产业研发。2019年以来，多花黄精良种选育等技术研究开发累计投入5500万元，实现年可培育多花黄精种苗2000万株。通过项目成果交易会平台，园区高校合作，积极搭建黄精茶、黄精膏等科技研发平台，推动科技与经济有机融合，截至目前累计建成各类技术研发平台、示范推广基地、技术研发服务机构 16 个；强化园区技术研究中心、重点实验室、新型科研机构大型仪器设备投入等创新要素投入达 1.18 亿元；累计创建各类品牌 38 个，培育地理标识产品 1 个。

目前参与园区服务的科技特派员有 105 人、科技特派员团队 6 个。园区建成国家级科技特派员创业基地 1 个、闽北科技特派员中药创业基地 1 个、科技特派员示范基地 33 个；搭建"联盟式"成果转化平台，与中国医学科学院、福建中医药、福建农林大、省农科院等高校院所建立技术合作，形成产学研一体化科技成果转化联盟。园区现有省级以上成果转化合作平台 22 个，取得发明专利 20 个、药材营养补仓等实用新型专利 70 个，引进推广金线莲良种繁育等国内外新技术、新设备 200 余项，带动企业农户增收超 3.2 亿元；累计培育新型中药材产业"田秀才"332 人、新型中药材产业经营主体 65 家，服务指导药农 20 万户。

园区利用国家区域性中药材良种繁育基地，推动"福九味"中药材产业产、研、销、延一体化发展。片仔癀与润身药业、国药集团与承天药业均达成订单式原药供应战略合作；黄精茶、黄精面、黄精芝麻丸等 8 种药食同源深加工食品已经投产外销。现今，福建邵武国家农业科技园被农业农村部认定为全国农村创业园，邵武中药材被认定为福建省特色农产品优势区。目前，邵武市已种植中药材 30 余味、面积达 3.7 万亩，年可供多花黄精种苗达 2000 万株，中药产值达 18.3 亿元，带动周边农户就业 13 万余户。

在邵武乡村土地上，中药材作为一种独特的资源，正逐渐成为乡村振兴的新引擎。看似微不足道的小药材，在乡村振兴的大潮中展现出不可忽视而令人称道的大作用。

03　闽台情缘

心中若有桃花源，何处不是水云天。

台胞吴龙振在福州从事房地产生意多年，在两岸农业融合发展的新机遇下，怀揣着现代农业梦想的他毅然举家扎根在邵武，把事业与生活，从热闹的城市转战到了寂寞的乡村，拉开了他在闽北发展农业的序幕。为了这一梦想，他一干就是二十多年。

吴龙振是台湾苗栗人，早在1996年，他的一个朋友在邵武市大埠岗镇投资了一家果场，但是经营得不太好且资金不足，希望他能注资。吴龙振考察后说自己可以接手这个果场，但是所有股东都得撤出，注资流产。

2001年初，大埠岗镇领导长途驱车来到福州，诚恳邀请吴龙振到大埠岗镇投资果场项目。吴龙振想起几年前曾考察过这个果场项目，印象很深，再三斟酌之下，他认为这或许是一种缘分，于是在当年5月，签下了大埠岗镇平墩山整体转让1000亩山林地、投资1000万元建设现代生态农业园区的50年合同。在不到半年的时间里，吴龙振带着专业的农业专家和团队办起了嘉德农场，种下了100多个品种的果树。

2003年由于受非典疫情影响，市场销售量大幅度降低，收购价格也急跌，致使农场经营状况不佳，财政捉襟见肘、入不敷出。2010年，他筹措资金再次从台湾引进香水百合、彩色海芋、剑兰等花卉，却又遭受罕见冰雹袭击，致使花卉大面积倒伏，原本签订的3500多万元的花卉订单无法按约交易，农场严重亏损。但挫折并没有将吴龙振打倒，他仍然咬牙坚持了下来。

随着国家对闽台农业融合发展的重视，两岸农业交流合作日益深入，吴龙振破釜沉舟，卖掉了福州三坊七巷的15间店面回笼资金，在嘉德农场重新引进种植台湾脆桃、台湾蜜雪梨等果树700余亩。

吴龙振说最初这片果场最吸引他的是土地面积大，但请台湾农业专家看过后，专家说如果要种植果树，必须先改良土壤。这土壤一改良就是5年，当时大型机械无法进场，因为地里都是大大小小的石头，有的石头大到三四个人都抬不动。吴龙振脱下了西装和皮鞋，穿上了下地干活的粗布衣服和鞋子，与在周边雇来的村民一起在地里刨石头，然后种毛豆。待毛豆开花结果后，直接就地砍掉埋在土里，他说这样的操作是改良这片土壤最经济最好的做法。

紧接着，吴龙振对农场的土地进行平整细耕、架设喷灌、滴灌等设施，又种上了引进的台湾高产毛豆、油菜进行种植，成熟后仍将其作为绿肥回填土地改善土质。长达五年的土壤改良完成后，吴龙振引进了阿里山脆桃、台湾蜜雪梨等14个优良品种，终于试种成功，还从国外引进100多个品种的水果在试验田里试种，也获得成功。其中的蜜雪梨因为口感好、甜脆受到了大家的喜欢。

在闽北创业的二十多年里，吴龙振经历了人生的一次又一次起伏，他渐渐地明白，任何事只要认准了就干到底，把它干好！他决定一边发展特色产业，一边推广现代农业种植技术，指导帮扶困难群众走上增收致富的道路。2021年，在大埠岗镇党委、政府的牵头指引下，他与回归的乡贤黄勇军达成合作协议，将平墩山的土地继续扭转，打造"森林人家，花香世界"，建设以樱花旅游产业为主导，以果苗、药材等特色种植为补充的田园综合体，带动当地百姓致富奔小康。随后他还参与了农业扶贫计划项目，通过和村支部合作，以提供种苗、介绍技术、帮助成立合作社等方式，投资种植金针花100余亩，带动了34户贫困户以土地扭转、资金入股等形式每户增收2.04万元。

结缘桃花田，两岸一家亲。

2023年春天，邵武市闽台青年交流会暨肖家坊2023桃花文化活动周，以桃花为媒，加快闽台农业在肖家坊镇的融合发展。

在肖家坊镇金狮文化公园举办的活动周开幕仪式现场，来自台湾的舞蹈团登台表演了《中国茶》《旗袍秀》等节目，来自台湾的嘉宾代表、企业代表作了热情洋溢的发言。这次桃花文化活动周，以桃花为媒，架通两岸联系桥梁，旨在吸引更多的台胞前来投资兴业，走农旅、文旅融合发展路子，为乡村振兴赋能。在活动周期间，肖家坊镇与四季桃农业发展公司签订了《台湾青年创业孵化基地投资协议》，邵武市鳗鱼协会与南平市四季桃农业发展公司达成战略合作伙伴协议。这只是闽台合作的一个缩影，近年来，邵武市出台《关于促进乡村产业振兴专项资金管理办法》，市级财政拿出 1000 万元，用于扶持特色现代农业设施大棚、特色名优果业基地、中药材产业、特色畜牧业、特色现代农业有机肥推广应用、提升品牌、农产品深加工、冷藏等项目的农业经营主体。目前引进台资企业 28 家，建成了和平镇百香果生产基地、大埠岗镇嘉德农场梨果酵素加工基地、肖家坊四季桃种植基地、沿山镇上樵村台湾农业园、水北镇大乾村优质稻种植基地等为主体的产业园核心带，年产值 2 亿元；同时还建成了配套的 8 座 50 吨规格的组装式冷藏库以及 6 座 100 吨规格的组装式冷藏库，这为水果保鲜销售提供了设施保障。

2019 年 12 月，福建省农业农村厅、福建省委台港澳办正式设立邵武闽台农业融合发展（果业）产业园，打造以百香果为主的台湾水果果旅产业园，先后引进了台湾蜜雪梨、"台农一号"百香果、白玉苦瓜、台湾肉瓜等台湾农业良种 50 多个，示范推广"五新"技术 20 余项，面积 1 万余亩，力争创建国家级台湾农业园。

就在 2024 年 12 月初，农业农村部、国务院台湾事务办公室发布批复：同意福建省设立 8 个台湾农民创业园。邵武荣幸上榜成为国家级台湾农民创业园。邵武市台湾农民创业园以和平镇、大埠岗镇为核心区，辐射带动其他区域，形成"两核引领、环带联动"的全市推进布局。以发展药用植物和优质林果产业为主导，以打造黄精、百香果产业发展高地为目标，以园区台资和合资新型农业经营主体为载体，力争将邵武建成两岸林果林药产业融合发展高地、台湾精致农业大陆推广示范基地、闽西北对台农业融合示范基地和环武夷山风景带农文旅融合发展标杆区。

邵武市台禾生态农业有限公司投入 2000 余万元，在福建省内率先利用提纯复壮、脱毒无病菌种苗培育等先进技术开展规模化种苗繁育研究，并与省农科院果树所联合监测，成功驯化改良百香果新品种"福建一号"，年繁育优质嫁接苗超 400 万株，年产值 2500 万元，种苗供应由省内辐射至广东、海南、贵州、云南等 10 余个省份，推广种植面积达 5 万亩。

进贤村的周卫东与台湾南投县吴记合作，注册成立了邵武市台禾生态农业有限公司，启动了对原种植基地的改造和建设，先期建设 150 亩百香果园和 50 多亩台湾夏黑葡萄、50 多亩红心猕猴桃种植基地，还有 250 亩种植烟、稻、菜。由于有了优良品种、成熟技术以及高标准的建设投入，加上闽北的生态环境及独特的土壤和气候条件，种植获得成功，尔后和平镇的进贤、罗前、鹿口等附近 3 个村劳动力 100 多人实现在家门口就业。

台湾月香国际投资集团董事长卢月香投资 1000 万元、流转荒坡地 1000 亩，打造了台湾农民创业园和配套适应闽台农业融合发展的基础设施，还有肖家坊四季桃种植基地、沿山镇上樵村台湾农业园、水北镇大乾村优质稻种植基地。

卢月香出生于福建龙岩永定县，是地地道道的客家人，也有着客家人风风火火的性格。在台湾学习了不少先进农业技术的她，决定回到家乡，在龙岩永定打造出自己的招牌产品——"永定越光米"，主打台湾稻种、大陆生产。2020 年，她投资 1000 万元在肖家坊镇肖家坊村木岭下组落地，成立了"台湾精致农业研发基地"，共流转 1000 亩荒坡地，预计打造两期项目。一期项目在基地观光园引进种植台湾"四季桃"300 亩，套种菊花、金银花、黄花菜等药用花卉 100 亩及越光米 50 亩。

当地政府的有力支持，让卢月香全身心地投入乡村振兴的行动中。目前，她在基地完成了喷灌、水沟等基础设施后，仓储、加工于一体的厂房和台商驿站已完成征地拆迁平整；二期将建设邵武市台湾青年创业孵化基地，为台湾青年来大陆就业创业搭建服务平台，为乡村文创、农副产品提质、技能培训等一系列创业需要提供载体。

借鉴台湾"生产、生活、生态"观光休闲发展理念和文创理念，打造一批优质乡村农旅项目，引导农旅融合新潮流、市民休闲新方式，嘉德综合农业公司立足特色水果种植，打造了具有台湾元素的康养小镇。利辉农业开发公司在水果、花卉等种植基础上，结合周边天然阔叶林资源，打造了集农业种植、观光、休闲、养生为一体的闽台农业综合开发项目；以黄峭"家"文化为支撑，发挥和平古镇4A景区"引力"作用，促进闽台文化交流。台湾苗栗县黄氏宗亲会每年会到邵武和平镇进贤村寻根谒祖、座谈交流。

和平镇和平村开展闽台乡建乡创合作，引进台湾建筑师团队，通过民房的改造，树立具有地方产业特色和可持续发展的农、文、旅结合的示范品牌为主要服务内容，开展乡村产业振兴陪伴式服务。"十天茶宿"原来是一栋破旧的古民居，经过台湾建筑师团队的修缮改造，古民居重新焕发生机，成为古镇街区一道靓丽的风景线。

在闽台乡建乡创样板县项目金坑乡重下村施工现场，装修工人正在紧张施工。金坑乡重下村项目预计总投资575万元，围绕"适老化、宜居化、民宿化"三化理念，重点提升改造毛主席避雨亭、红军徒步道及沉浸式沿线打卡点、红色研学基地等6个样板项目。

此次改造项目中的民宿计划投资24万余元，将废弃的烤烟房"变废为宝"，主动向"特色、精品、高端"民宿的新型旅游业态方面转型发展，让美丽生态有效地转变为绿色经济。该民宿以花园式前庭小院、螺旋式楼梯两层独栋设计，上下层沿景观面均采用大面积落地窗，形成推门可见稻田、驻足可听溪流的特色网红打卡"靓"点；同时结合多元化发展趋势，加强产业融合和产值带动，有效激发集乡土风貌、特色文化与旅游需求于一体的乡村民宿更强生命力，助力乡村全面振兴迈上新台阶。

2024新年伊始，大埠岗村的村民梁春发住进了新屋子，开始新店面的营业。屋内窗明几净，外间的小卖部货架整齐，商品丰富，里间厨房、餐厅、卧室、卫生间一应俱全，设计简洁合理、舒适新潮。实际上这些"新"

是由"旧"改变而来的，这得益于邵武闽台乡建乡创宜居化农房改造提升样板项目的实施。

梁春发在自家老宅的一楼经营着一家小卖部。他因小儿麻痹症导致腿脚残疾，屋子装修前，由于空间和功能分布不合理，对于他来说无论在日常生活还是商店经营中都有不便之处。房屋经过闽台乡建乡创设计服务团队改造后，在一楼实现了日常居住全功能，梁春发再也不用拖着不便的腿脚楼上楼下两处跑了。此外，房屋还增设了无障碍辅助设施，卫生间实现干湿分离，重新规整了货架，方便经营，极大提高了他的生活品质。

2023年以来，大埠岗镇全力推进闽台乡建乡创有关工作，立足群众需求，围绕宜居化、适老化和民宿改造提升了6栋农房的改造，正陆续投入使用中，为提高乡村颜值、提升乡村居民生活品质、助力推动乡村振兴持续发力。

拿口镇集镇改造成为福建省集镇环境整治样板、金坑乡金坑村闽台乡建乡创等十几个项目也都取得了成功。两岸一家亲、闽台亲上亲，邵武市闽台农业合作，历经从单一企业入驻到企业入驻全面开花，从闽台农业合作推广示范县到农业融合发展产业园，实现凤凰涅槃。邵武闽台农业合作从2001年第一家台资独资企业邵武市嘉德农场开始，经历20余年的发展历程，重点支持发展精致农业、林竹花卉、水产养殖、农产品加工，拓展"农业＋"文化、旅游、教育、康养等特色优势产业。目前，产业园共有台资农业企业28家，其中2023年新增福建省闽台奕家园农业发展有限公司、南平北藤译赢科技有限公司、南平市泽发农业发展有限公司等农业台资企业3家，扶持项目12个。在邵武，闽台交流互动活动频繁，每年都有客商、学者专题来调研交流。闽台农业融合发展推动了邵武农业的转型升级，优化了传统农业产业结构，农业效益得到明显提升。产业园先后引进台湾农业良种35个，五新技术（新品种、新技术、新农药、新化肥、新机具）40余项，示范推广面积1万余亩，年产值近2亿元。招商引资成效凸显，为邵武农业发展提供了新思路。

邵武与台湾情远缘深，在民族英雄郑成功攻打台湾，赶走荷兰殖民者时，从邵武把四都窑罐带到台湾，被称为安平壶、国姓瓶，成为军用和民用的重要物资。邵武黄峭的后裔有许多在台湾，每年都会有所互动，他们回到邵武谒拜祖地。近年来，台湾与邵武民间通婚的比较多，在台湾的"邵武新娘"携带家庭回邵武探亲也比较多。邵武与台湾的感情是历史积淀逐步形成的，建立产业园这么快、这么顺，也就在情理之中了。邵武市已连续四年得到省级闽台农业融合发展产业园专项资金支持，共 1950 万元。2023 年闽台农业融合发展产业园基础设施建设专项资金 500 万元，主要用于产业园内 12 家台资农业企业（含个体工商户）的基础设施建设、厂房建设、台湾优良品种的引进、农机具购置等项目的补助，激励闽台农业融合企业配套投资 500 余万元，每年可新增产值 5000 万元，全力推进闽台农业融合发展产业园建设。

第十五章

01 世遗一号

在乡村振兴的道路上，世遗一号展现出远方更美的风景。

2023 年 8 月，在邵武市水北镇故县村至二都国有林场的水泥路白改黑路段施工现场，沥青摊铺机声隆隆，炎热的天气和沥青的高温让建设者们汗流浃背。故县村至二都国有林场路段，是邵武市环武夷山国家公园保护发展带世遗一号风景道的北段部分。为确保 8 月中旬全面完成该路段沥青路面的摊铺任务，邵武组织成立了五个施工班组，投入了 30 多台 (辆) 施工机械，采取"5+2"和"白 + 黑"的工作方式，全力推进项目建设。

什么是环武夷山国家公园保护发展带？

2021 年 3 月，习近平总书记来闽考察，第一站到了武夷山，在绿水青山间，他留下了"坚持生态保护第一，统筹保护和发展，有序推进生态移民，适度发展生态旅游，实现生态保护、绿色发展、民生改善相统一"的谆谆嘱托。

为了保护好武夷山国家公园，推进人与自然和谐共生，南平市创造性地提出了打造环武夷山国家公园保护发展带，通过围绕武夷山国家公园，划定 4252 平方千米缓冲区，用大的外圈来保护内圈，以更高的站位、更宽的视野、更大的范围来保护好国家公园。南平市将环带打造为"生态典范、文化高地、绿色引擎"的景地，在总体空间格局上，以"一环三带"为骨架、"四核多节点"为支撑，通过严保护、促转化、融城乡、优服务、强保障，把环武夷山国家公园保护发展带建设成为人与自然和谐共生的国家样板。

武夷山国家公园 1 号风景道，则是环武夷山国家公园保护发展带建设的标志性项目，道路全长 251 千米，寓意"爱武夷"。风景道武夷山市、建阳区、邵武市、光泽县的 11 个乡镇 40 个村，串联起了途径武夷山主景区、黄坑景区、楠木林景区、考亭书院、五夫朱子故居、云灵山景区、和平古镇、天成奇峡景区等 30 余处核心景区和文化景点，构筑起大武夷生态旅游环线，全面展现闽北优质的文化和旅游资源。

环武夷山国家公园保护发展带方案提出后，邵武市主动融入环武夷山国家公园保护发展带建设，连接南平环带 251 生态旅游环线，开发衔接武夷山世界文化与自然双重遗产至泰宁世界自然遗产的风景廊道，以人为本，打造形神兼备的富春山居图。

和平镇首当其冲、身负重任，作为重要人文风景乡镇被列入南平环带总体规划的空间节点布局，通过连接武夷山和泰宁两个世遗景区，串联起和平古镇、天成奇峡樱花小镇、生物研究与开发观光基地等景观节点，激活沿线自然、生态、历史、人文等资源，推动文旅经济高质量发展，带动乡村全面振兴。邵武市谋划的环带一系列重点项目，被列入南平环带"十大支撑"项目，总投资 25.69 亿元；暂列南平"五大行动"项目的有 24 项，总投资 78.51 亿元；暂列南平"六大示范"项目的有 10 项，总投资 9.54 亿元；梳理、策划两园项目共 59 项，总投资 128.73 亿元。其中绿色生态产业园项目 44 项，总投资 108.36 亿元，文化双创园项目 15 项，总投资 20.37 亿元。围绕国家、省上推进国家公园建设若干财政政策相关文件精神，根据南平环带先行先试综合示范项目的 6 大工程和 16 个项目谋划方向，邵武策划项目 49 项，总投资 129.18 亿元。

邵武世遗 1 号风景道建设谋划专项债项目，可以说是前所未有的一艘"航空母舰"，多部门积极行动，谋划争取资金项目。由文体和旅游局牵头谋划的邵武市全域旅游基础设施提升项目（一期）总投资 4.9 亿元，计划争取专项债资金 1.3 亿元；由林业局牵头谋划的邵武市二都森林旅游基础设施提升项目，总投资 3.2 亿元，计划争取专项债资金 2.5 亿元。围绕文化传承发展"专精特新"资金投向，策划邵武市武夷山国家公园入口门户小镇及自然教育基地建设项目，总投资 0.6 亿元，计划争取中央预算内资金 0.43 亿元。邵武市金塘投资发展有限公司作为出资公司，出资 1000 万元（占股10%）并配合南平市环带办组建环武夷山国家公园保护发展带投资运营公司（即南平市武夷云谷建发股份有限公司）。

邵武市在建设中注重加强生态系统的保护，一是强化森林屏障修复，2023 年已完成环带生物防火阻隔带建设任务 22.22 千米，完成率 100%；清理枯死松树 3.6 万余株，清理率 100%；完成防治性采伐任务面积 3.09 万亩，占任务的 139.47%；完成疫木除害处理 5.6 万立方米，除害完成率 100%。二是加强水环境生态保护，实施富屯溪水环境综合治理、晒口溪流域水环境、大乾水库饮用水源地环境整治与生态修复工程等项目，总投资 27.94 亿元的邵武市富屯溪综合治理与环武夷山国家公园保护发展带生态文旅开发（EOD）项目被列入中央生态环保金融支持项目储备库，成为南平市首个EOD 模式入库项目。三是持续推动污染防治，推动蓝天、碧水、净土工程，邵武市主城区环境空气质量总体保持优良水平，集中式生活饮用水水质达标率均为 100%，11 条小流域Ⅰ～Ⅱ类水质比例为 100%。

据悉，世遗 1 号风景道总投资约 4 亿元，主线加支线全长 101 千米，涉及邵武 6 个乡镇、21 个行政村，建成后将进一步优化邵武及周边区域沿线旅游资源，是一个利在当下、功在千秋的大项目。邵武市紧紧抓住这个难得的发展机遇，重新梳理邵武辖区内的旅游资源，激活沿线自然、生态、历史、人文等资源，带动乡村全面振兴，借风景推动全域旅游提档升级，唱出"邵武是个好地方"的最强音。

打造世遗 1 号风景道是邵武主动融入环武夷山国家公园保护发展带建设的战略举措，也是探索人与自然和谐共生现代化的生动实践。突出保护优先，进一步发挥好林长制、河湖长制等机制的指挥棒作用，持续推动沿线花化彩化和生态人文资源传承发掘，实现保护和开发并举。突出系统推进，在点上提品质，在线上增合力，在面上引客流，讲好文化故事、乡土故事，形成具有本土特色的旅游产品矩阵，不断提升世遗1号风景道的知名度和美誉度。突出项目引领，围绕建设需要，强化向上对接政策资金，积极探索风景道运营新模式，实现硬件提升与业态植入相辅相成、互促共融。

初冬时节，暖阳如煦。我们来到世遗1号风景道建设工地，正巧碰上世遗1号风景道大埠岗镇改造项目举行开工仪式。按照邵武市委、市政府关于建设世遗1号风景道工作部署要求，全镇上下铆足干劲，结合世遗1号风景道建设细化20个项目，全部落实"三化五定"工作机制，实行倒排工期，加快施工进度。据了解，大埠岗镇区改造项目计划总投资2亿元，分为一、二期建设。一期项目：主街道路的青石板铺设、大松线—北大线白改黑、镇区三线下地、部分立面改造、南北示范巷建设、民宿集群的打造等，预计在明年开春前后完成。二期项目：建设"九馆一社"，打造古树林、邵南游客集散中心"风景道会客室"等。通过实施镇区改造项目，为世遗1号风景道增加旅游业态，为全面提升乡村品质，加快大埠岗农文旅融合发展注入生机和活力。

和平镇领导信心满满地告诉我们：和平镇要全力打造有特色、有亮点、有"味道"的世遗一号风景道品牌，更好地融入大武夷旅游圈建设。以"党员带动、党群互动、村民行动"的模式，发动群众自发对庭院垃圾、杂草杂物等进行搬家式的清理；镇河长办组织志愿者、河道专管员开展河道清理专项行动，集中整治禾田溪沿线的环境卫生。行动中，志愿者、河道专管员清理河面上漂浮的零星垃圾、杂草枯枝及河道周边塑料袋、矿泉水瓶等垃圾，确保河底清澈、河岸整洁，营造干净、优美、舒适的河湖生态环境。清理和打扫村庄周边环境，包括道路、公厕等公共区域，定期开展大规模的卫生整治行动，清理垃圾和杂物，保持村庄的整洁和美观。

大武夷二都养生谷首开区是邵武世遗 1 号风景道启幕的亮点，以高端野奢帐篷酒店、水岸阳光婚礼草坪和贵宾级水上餐厅为核心业态，依托二都林场所在离尘山谷、野境溪流、旷野森林及保留的场部老建筑，打造中国第一家以"植物能量"为核心主题的度假区，为大武夷塑造具有标杆性的新一代度假产品。目前已初步完成首开区样板场所建设，项目全部建成后预计日可接待近千人。

大埠岗镇是世遗一号风景道建设中重要的节点，和平镇成立了景区创建专班，根据创建 4A 景区要求，结合实际制定"三化五定"表，理清乡村"一区一带两轴"规划（"一区"改造镇区、"一带"即融入环带、"两轴"即南大线和大松线）发展思路，大力推动景镇联合，努力绘就樱花小镇好风光。

乡村旅游休闲等产业的迅速崛起，为邵武乡村发展注入了新的生机与活力。世遗一号风景道的建设铺开了一幅乡村振兴的美好蓝图。

02　田园乡味

中华文明根植于农耕文明。从中国特色的农事节气，到大道自然、天人合一的生态伦理；从各具特色的宅院村落，到巧夺天工的农业景观；从乡土气息的节庆活动，到丰富多彩的民间艺术；从耕读传家、父慈子孝的祖传家训，到邻里守望、诚信重礼的乡风民俗，等等，都是中华文化的鲜明标签，都承载着华夏文明生生不息的基因密码，彰显着中华民族的思想智慧和精神追求。

2023 年 10 月 15 日，洪墩镇河坊村历史上第 1432 个一年一度的"抢酒节"开启。在洪墩镇河坊村村口临时搭建的坊门上写着"醉美洪墩，千年传承"的大字横幅。到处喜气洋洋，热闹非凡，家家户户庭院收拾得干干净净、焕然一新，村民、商家、来客笑容可掬，节日的气氛带给大家美好的心情。

河坊村坐落在邵武东面的一个盆地间，这里有一座顺邵高速公路最长大桥——河坊特大桥，长达 1712 米，设 57 跨，横跨河坊田间高架桥，有效地保护了良田。河坊特大桥与富屯溪、塅面田、周围的山地形成了山、水、田、桥合一的最佳搭档风景线，是摄影师最爱的拍摄点。邵武市是国家级商品粮基地县，有 5 个大的塅面田：洪墩镇河坊、沿山镇古山、和平镇进贤、拿口镇朱坊、大竹镇官墩。其中洪墩镇河坊村塅面田超过 1 万亩，为邵武最大连片的塅面田。

每年农历九月初一至初九，河坊村都会举办"抢酒节"。热闹又独特的河坊抢酒节肇始于隋代。据当地《桃溪冯氏族谱》记载，隋开皇年间，隋文帝派兵部尚书冯世基率 10 万兵马南下，镇抚蛮夷。冯世基来到现在的邵武洪墩镇，看到境内有一大片由富屯溪和桃溪冲积而成的平原既可以驻军又可以垦荒，于是就留下 1.2 万人屯荒。隋开皇十一年的农历九月初一，冯世基从邵武城到河坊村视察，驻军与村民杀猪宰羊，将自己生产的粮食酿成的新酒摆上宴席，隆重宴请他。冯世基感慨地说："我们在这里屯垦，当居安思危，一旦战火燃起，诸位就要像赵子龙那样，一身是胆，以勇取胜。"

后来，河坊村的村民在村西修建了一座将军庙，供奉赵子龙的神像，每年农历九月初一都会举办一次酒会祭祀。这个习俗一直延续至今。

河坊村民对"抢酒节"的热衷程度不亚于春节。节前几天，村民们就早早地开始忙碌，磨米粉，做米粿，杀鸡宰鸭，买鱼买肉，打扫卫生，备香烛鞭炮，全村上下洋溢着过节的气氛。

从各地来看抢酒节的客人兴奋不已。首先映入眼帘的分别是一字排开的活动大型文化墙宣传版面，长 100 米、高 4 米，很有视觉冲击力。上面是传统酿酒文化内容介绍，让人感受优秀传统文化的魅力；另一边是洪墩镇各村的特色经济和文化、全镇经济社会建设成果的宣传版面。

在"洪墩味道"特色市集农产品展销区，有 60 多个展位两边排开。右边设置 30 个邵武小吃展位，展有洪墩土粉、洪墩薯包、邵武藕芋、邵武包糍、邵武第一包、邵武游浆豆腐、邵武脚掌糍、邵武包糍等 20 多种邵武特色小吃。这些小吃以邵武本地食材为主，具有明显的地方特色，尤其是烹饪技术和制作工艺更为独特，蕴含着浓郁的本土文化。左边摊位设置有 30 个洪墩土粉、蜂蜜、百香果、卫闽柚子、碎铜茶、老鼠干、板鸭、红菇、菇蕾蕾等农特优产品展位，是最佳的旅游伴手礼。

抢酒点就设在村子的街道中央，街道旁边有一个篮球场，抢酒时，街道与篮球场的面积相加有近 2000 平方米。周围的房屋 2 至 3 层都是极佳的看台，站满了观看的群众。

抢酒节活动从暖场开始，黄、红两头狮子在场中央表演着，时而互相追逐、时而左摇右摆、时而狮头朝天，在搭好的舞台上跳上跳下对观众们作揖祝福，生动有趣。

狮子舞罢，抢酒舞蹈登场。这是为抢酒节活动精心编排的舞蹈节目，具有洪墩独特的民俗风格，诠释了洪墩人民忠勇、爱国，对美好生活的向往与追求。尔后是歌曲演唱、川剧变脸等丰富多彩的文艺节目，接着是开坛仪式，嘉宾们将封坛酒和着当年的精酿红酒，注入写着"丰收酒"可盛装千斤酒的专用大木桶中。"河坊 1432 周年抢酒节"活动主题呈现出浓厚的注酒仪式感，在主封人的带领下，嘉宾们经净手、上香、祭酒，以神圣虔诚之心完成"河坊红酒 2023 年"封坛仪式。

现场已经腾出一块 200 平方米椭圆形的空间，在椭圆的两个焦点各放置了盛满红酒的大木桶，酒桶上张贴有红色的"丰收酒"三个大字，酒桶里的酒散发出阵阵酒香。穿着蓝色上衣的 60 多位河坊村壮汉，手持酒勺和备用小酒桶，目光聚焦于大酒桶，都做好抢酒的准备。

随着一声令下，壮汉们呼喊着冲到大木桶边，你推我挤地争着舀酒。要把酒舀至各自的小桶里并不容易，在观众呐喊助威声中，抢酒汉们彼此干扰、碰撞，碗中、桶里的酒四处飞溅，许多人酒没抢到多少，浑身却被酒花淋湿了。一时间欢声四起，呐喊声此起彼伏，气氛进入高潮。其实，他们并不在乎能抢到多少美酒，而在乎能享受其中的欢乐。当木桶里还剩下些许红酒时，抢酒活动就宣告结束了。这时，村民们将大木桶推到田边掀翻，让最后的红酒流向稻田，滋润大地，寓意着对土地无私奉献的感恩。

这是抢酒节最富有意义的环节。

抢酒节也是邀客节。民风淳朴的河坊村民，一俟节日临近就会邀请亲朋好友来家中庆祝。抢酒节期间，无论你从何地来，无论是否相识，随便走进哪户人家，你都会被当作贵宾，受到热情的款待。村民们还以待客多为荣，每家每户少则接待二三十人，多则五六十人，来客越多，说明其人缘越好，来年喜事也就越多，福气也就越旺。来客与主人欢聚一堂，或高兴地开轩面场圃，把酒话桑麻；或共抒五花马、千金裘，呼儿将出换美酒，与尔同销万古愁之豪情。佳肴飘香，美酒醉人。醇醇的民风，酽酽的情意，让整个河坊村都醉了。

河坊的抢酒节，注入了浓郁的传统民族文化情愫。2007 年 8 月 28 日，"邵武河坊抢酒节"被列入第二批福建省级非物质文化遗产名录。

2023 年 3 月，沿山镇。春暖花开，春风拂面。高台之上，随着德高望重的族长一声"开犁啰"！几位手持号角吹出"呜呜呜"的号令，几位老农驾着耕牛，扶着犁耙翻开出第一块泥土，掀开沉睡了一个冬天的土壤。

这是邵武市第五届春社民俗文化节的开犁仪式。当日早上活动还没开始，田野上就已经热闹非凡，处处彩旗飘扬、人头攒动。上午 9 点半开犁仪式开始，村里德高望重的老人在祭祀台前以传统习俗的方式诵读了祭祀词。随后，舞龙队队员登场，个个身手矫健，不断变化阵型，为村民送上春的祝福。

"开犁节"在沿山镇区主街设置了 100 多个展位，分为沿山包糍制作体验区、各乡镇街道特色小吃展销区和乡村振兴产品展销区三个区域，当中不仅有包糍、和平豆腐、圆子、笋饼等地方特色美食，也有茶叶、百香果、登高粉、竹荪、银耳等农特产品，每个展位前都门庭若市。

以吃"沿山包糍"为主题，镇区的另一条主街道设置了"千人宴"，上百张桌子呈四行排开，场面壮观；村民家家户户摆设家宴，招待来自四面八方的亲朋好友。

各类特色美食让游客大快朵颐，而各项民间文艺表演更是让大家大饱眼福。上午 10 点，喜庆喧天的鼓乐表演《威风锣鼓》拉开了序幕，各种精彩节目轮番上演，一次次将现场气氛推向高潮。其中的"钱棍舞"最受百姓喜爱，它是流行于邵武市沿山、大竹等乡镇的一种民间舞蹈，当地村民在传统节日中经常表演，是农人丰收之后喜庆的写照。

据传在很久以前，为庆祝粮食丰收，当地的小孩们会用家中的吹火棍到村上各家各户门口进行敲敲打打表演，讨赏钱。吹火棍象征着村民的日子红红火火，大人们为图吉利，会给每位小孩一个铜钱，并装入吹火棍中，用布或纸堵塞吹口，装有铜钱的吹火棍被小孩们舞得唰唰响。吹火棍经代代相传和改进，结合当地的民情、民风、民俗，逐渐演化为当地民间的特色舞蹈，形成了风格独特的钱棍舞。传承钱棍舞的人，目前都已年届花甲，还有八九十岁的老妪。

钱棍舞中的钱棍，是舞者手中所拿的道具，过去是一根内装 12 到 24 枚古钱币的竹棍，一般长 1.0 到 1.2 米；现在钱棍内一般不装古钱币，而是在竹棍外安装 6 到 12 个响铃，有的还在竹棍上绘五彩花纹。表演时，舞者通常双手各持一根钱棍，忽上忽下、时左时右地敲击身体的肩、背、腰和四肢，或敲击地面，或与他人对打，边打边舞，模拟农事活动中的耙田、插秧、收割、打谷等动作，使铜钱或铃声不断地发出有节奏的音响。表演时，有站、蹲、跪、转身打等，轻重、强弱、快慢错落有致，动作优美自然，整个舞蹈优美清新，生动活泼。

农历三月三，拿口镇。风微起，春正长。

拿口镇池下村"三月三"畲族民俗文化节拉开帷幕。池下村是福建省畲族少数民族村，共有 314 户 1375 人，其中少数民族人口 867 人，有雷、钟、蓝（兰）三姓。池下村是个有故事的村庄，这里有千年名刹宝林寺，旧称楠林庵、楠面庵，位于池下村罗汉山的深山老林之中，始建于后晋天福元年（936），清康熙年间被焚毁，废弃了三百余年。1989 年，当地百姓重建该寺，定每年农历七月初七为庙会。1991 年，住持云水僧释透印法师居于此，经数年扩建后成规模。寺后三棵古杏树，树龄已一千多年，每到秋季便是最美的观赏时节，宋天禧元年（1017），进士余谔诗曰：银杏参天翠，钟声越古松。岩泉映月碧，野果满巅峰。中眠弥勒脚，寺在宝林中。宝林寺历任住持唐惠光、宋了然，元空灵、无相，明法藏、法空皆会行医治病，采药配药，悬壶济世，故又有药师菩萨道场之称。池下村的"龙脊梯田"春有"油菜花""云水影"、夏有"苗禾翠"、秋有"金稻浪"、冬有"雪冰亮"。2022 年 8 月，池下村《龙脊梯田》组图摘得全国美丽田园摄影大赛一等奖。

农历三月三这一天，池下村男男女女穿上崭新的传统服装，先拜祭祖谷神，再载歌载舞，以歌会友走亲戚、交流感情，热闹非凡。在畲族民俗文化节上，池下村畲民自发组织演唱畲歌，畲歌里包含着对生活的热爱、采茶丰收的喜悦。节日这天畲族人做乌米饭、酒糟米糕、菅叶粽，用以缅怀祖先、款待来客。自然的馈赠与独特的美食相结合，岁月的记忆里，伴随着长辈口口相传，这是山哈人家内心深处难以割舍的情结。

蒸制乌米饭是节日中的重要环节，做法亦十分讲究。先将乌稔叶洗净杂质，切碎后放入石臼捣烂，再把乌稔叶装袋放入水中，将汁液揉搓出来，随着叶片的充分溶解，天然的黑色染剂就此诞生了。尔后再将糯米放置到乌稔叶水中，搅拌均匀浸泡一夜。白色的糯米并不是一步就能变成乌米的，浸泡过乌稔叶水的糯米先是呈青色，这是"青米"的过程。经过四十分钟的蒸煮，乌稔叶的清香充分沁入糯米之中，白嫩的糯米换上了乌黑发亮的外衣。畲家人常说"一家蒸饭百家香"，单是闻到乌米饭的香味，就已经让人食欲大开了。

除此之外，畲族人端午节用五节芒（又名芒草、管芒、管草、寒芒）叶包粽子，包长筒形的。包粽子前碱水是用山上的碱树烧成灰，再把灰浸泡在开水里，过滤后得到黄色的天然碱水。包粽子时畲民常在糯米粒中加肉、红枣、绿豆、花生、鲜果等做馅，使粽子更加美味。

多年来，拿口镇高度重视民族文化特色挖掘，切实加大畲族文化的保护和传承，加强少数民族村基础设施和环境整体提升，扩大畲族、畲乡文化影响力，促进民族团结进步。

　　发展红色旅游，赓续红色血脉。2023 年 7 月 12 日，邵武市金坑红色旅游节在金坑乡研学基地盛大启幕。随着气势磅礴的"金坑龙"拉开了活动的序幕，活动为期两天，以"邵武是个好地方"为主题，按照福建省文化和旅游厅、教育厅等部门的部署，做热周末及暑期文旅市场。活动除"剧本杀"外还开设了书香邵武悦读、乡村振兴展等公益活动，以体验、沉浸的方式展现在大家眼中。活动现场红旗飞扬，随处可见的红色标语、红军雕像，营造了浓厚的红色氛围。

　　从 2019 年至今，金坑乡成功举办了五届红色旅游文化节，擦亮了金坑红色旅游名片，助力金坑成为福建乃至全国红色旅游的经典景区之一。

　　邵武乡村节日活动项目丰富多彩：水北街道文玩生活活动；大埠岗镇傩文化活动；城郊镇端午活动；吴家塘镇人才活动；卫闽镇暑假大学生帐篷活动；大竹镇樱缘文化旅游活动；张厝乡开路活动等众彩纷呈，各有特色，乡愁在这些活动中落根发芽。

　　全面推进乡村振兴，既要塑形，更要铸魂。文化振兴，包括历史文化、民俗文化、红色文化在内的文化，是乡村振兴的"根"与"魂"，是全面推进乡村振兴提供的精神动力。把这些可传承发扬光大的文化融入乡村田园文化之中，让村民对自己生活与熟悉的村庄进行再认识，重新感知并发现故乡之美，重新认识乡村的文化价值、情感价值与生态价值，重新建立人与乡村的联系，让人与历史文化、人与村庄产生强烈共鸣，既是找到每个村子自己的文化底蕴，更是寻找到村民的文化认同点，从而唤醒乡村在情感价值上实现回归。

03　留守老人

有道是人易老，事多妨，梦难长。

三分浅土，半壁斜阳。随着城市化进程的加快，不少乡村开始凋敝和颓败，村庄"空心化"日益严重，偌大的村子只有老人留守，空置的房子有的杂草丛生。村民们自己都嫌弃家园旧土，能搬走的都进城了，留下的大都是老人与孩童。这是眼下乡村不争的现实。据统计，我国60岁及以上老年人口已超过2.67亿，占总人口的18.7%。到2035年，这一比例将超过30%。老龄化给我国带来了沉重的养老压力和财政负担，尤其是农村老人经济收入来源有限、养老金水平较低、自理能力下降、医疗保障需求增加。老年人身体机能逐渐衰退，疾病也越来越多，医疗开支不断攀升。农村地区养老服务供给不足，许多农村地区缺乏专业的养老机构和服务，老年人难以获得适当的照料。

岁月如河，悄无声息地流淌而去，离开乡村的人亦悄无声息地前行，但乡村留下的温暖印记难以忘怀，土地的恩赐、岁月的恩赐不能忘，尤其是父母的恩赐不能忘。家中的老人是离乡人的惦念，家中的老人是召回离乡人乡愁的柔软处。关心与照顾好留村的老人是当地党委政府的事，邵武在这面体现了无微不至的关怀，为离乡的人做好"孝子"，不让留村的老人们失望寂寞。人同此心，心同此理。

金坑乡有个"金夕阳守护队"，专门为当地空巢、独居、孤寡、留守老人提供关心服务。随着城镇化进程加快，金坑乡的中青年大多选择外出务工，乡里留守老人、孤寡老人等特殊困难群体不断增多。为了提高他们的生活质量，让老人们住得顺心、家属们在外放心，金坑乡党委政府积极探索农村特殊困难老年人关心关爱机制，2022年9月创新建立了"金夕阳守护队"，对乡里特殊困难老年人进行定期探访，完善特殊困难老年人关心关爱机制，以"探访式""互助式""互动式"等模式为抓手，为特殊困难老年人提供多样式服务。

不到两年时间，金夕阳守护队力量不断壮大，由成立初期的十来个人，发展到如今的 11 支队伍 56 名队员。守护队伍结构与人员类型也得到了优化，以综合巡查员队和民政协理员队为主力军，队员类型多种多样，有的是村两委、村民小组长，有的是网格员、保洁员。

每一次的志愿者守护行动高凯都参加，别的队员有轮岗，而他却保持着全勤。对此，他深有感触地说："我本身是金坑人，父母也都在金坑的乡下住，平时工作忙没时间陪老人家，特别能理解老人和外出子女想陪伴在身边的心情。乡里成立守护队我觉得是一件符合老人们需求的大好事，是人之常情的善事，谁家都有老人，将心比心，将情度情。我能参与其中感到欣慰与荣幸，辛苦一点也值得。"

金夕阳守护队的队员们每个月至少两次到老人们家入户走访，提供代买代办、义诊义剪、心理抚慰以及健康知识宣传等服务。平时他们还通过电话联系，了解老人们的日常生活需求，关心他们的健康情况。只要他们有需要，一个电话就上门。民政协理员危雪梅说："现在村里老人的医保基本是我们帮忙交，因为他们不会用手机，我们都代办了。"像这样零碎的事情还有很多，只要能做到的守护队都尽心尽力。

有一次空巢老人李桥山的儿子李文杰突然打不通父亲的电话，就联系了危雪梅问询情况。危雪梅一边电话安抚李文杰，一边立马放下手中的事情赶到老人家中，当看到老人在家中安然无恙时才松了一口气。之后她了解到老人的手机是因为欠费被停机了，危雪梅立刻帮忙代缴了话费。电话拨通了，老人一家和守护队的心也连上了。

李桥山老人夸赞守护队员，说："他们服务非常周到，有事随叫随到。有一次下大雨，家里屋顶有点漏水，他们知道了主动去修理，逢年过节还送东西过来。前段时间来台风，雪梅特意过来好几次嘱咐我们不要去山里边，要注意安全。真心感谢他们！"

守护队成立以来，已经开展了守护行动 800 余次，还为每位特殊困难老人建立了健康信息台账，形成了爱老、护老、助老的浓厚氛围，老年人幸福感、获得感、安全感不断提升。

金坑乡党委书记对我们说："接下来金坑乡将持续探索特殊困难老年人关心关爱服务机制，不断优化与充实金夕阳守护队伍，真正让老人们老有所依、老有所乐、老有所医、老有所安。"

为有效解决老年人"食"有所依的问题，水北镇投入资金近30万元，对王亭村敬老院闲置地点进行维修、改造，建成王亭村"长者食堂"，可容纳40余人同时就餐。这既是深化乡村治理工作的重要举措，更是一项重要的民生和民心工程，有效地解决了留守老人、空巢老人、分散特困老人等特殊困难群众"吃饭难"的问题，给老年人提供了一个休闲娱乐、交流陪伴的温馨环境，让他们都能够感受到温暖。

2024年1月2日，肖家坊镇养老社区举办了一场集体生日会，为三名当月生日的老人共同庆生，为长者们带来温暖与关怀，展现了敬老爱老的传统美德。工作人员和志愿者一大早就开始布置场地、准备水果、杀鸡宰鱼、现包水饺。社区的老人亦齐聚欢庆，一同包饺子、切蛋糕，其乐融融。最年长的李奶奶作为长者代表，与志愿者一同唱响生日歌，送上真诚的祝福与关爱，养老社区里不时传出欢声笑语，洋溢着一片欢乐祥和的氛围。

集体生日会不仅加强了党群之间的联系，也让更多的人意识到敬老爱老的重要性。肖家坊镇领导表示，今后将以养老社区为载体，把集体过生日作为助老志愿服务项目定期开展下去，把敬老爱老的种子种进每个人心里，在未来的生活中继续传承和弘扬这一传统美德。

是的，生命的旅途，长的是岁月，短的是人生。曾经的过往旧事，总是在渐行渐远的时候开始明澈。在乡村振兴的路上，时光在指缝间悄然远去，或许人间的烟火气在历经沧桑、看破了红尘之后，有了一种云淡风轻的解脱。但不论时光如何流逝，不能忘记人世间的情，不能忘记父老乡亲。

第十六章

01　乡村思考

青灯黄卷，有史可鉴。费孝通先生所写的《乡土中国》曾经影响甚大，他在书中言道："作为中国基层社会的乡土社会究竟是个什么样的社会？从基层上看去，中国社会是乡土性的。"他的文章回答了"乡土中国"和"乡土重建"这两个大问题。我们为什么回农村？因为喜欢农村，希望唤回原来那种充满人情味、烟火味的农村。

在乡村振兴的行进中，我们不该忘记和抛弃优秀的好传统、好习惯。小时候，我常看到农民们挑着粪桶挨家挨户去居民家中收粪便，每担粪便还能卖2角钱；还有那鸡鸭粪便、灶膛灰也都收集起来，往农田里送。"积肥"是我们过去的一个好传统，学校里常组织学生们开展积肥活动，许多单位也会开展这项活动。这积肥便是把烧后的垃圾土以及鸡鸭粪、草木灰等收集起来，再送往农村的田里，这种肥料也就是我们所说的农家肥、有机肥，不但能使农作物增产，而且能改良土壤、保持地力，种出来的粮食、蔬菜瓜果也特别好吃，也就是人们常说的"绿色食品"。可惜，这一好传统如今已丢失，许多农民也为图省力很少干这些活了。因为有了化肥以后，人们便懒了许多。

我国每年化肥施用量达4100多万吨，占世界总量的三分之一。在第六次全国环保大会召开时，有近百位专家汇聚北京，呼吁为水稻减"肥"，树立农业增产新观念，但是没有提出重视和恢复积攒农家肥，如今农民们到城里来挑粪已经成为历史。

其实，大自然早就把这个秘密告诉人类了，遵循大自然的循环规律，才能生生不息。那"粪"字的结构就有"米"字与"共"字，"粪"必须回到土中，才能又种出米来，是循环的道理。然而却少有人去琢磨这事了。

许多年前在没面巾纸的时候，几乎人人口袋里都有一块手绢，方便且实用。哪怕是上幼稚园的儿童，大人们也会把手绢叠成长条状，用别针把手绢别在孩子的衣服上。后来不知从什么时候开始，面巾纸问世，逐渐成了大众的常见消费品，人人习惯之。南方的竹子这么多，取之不尽，编个竹篮不是问题，可为什么大家不再用竹篮子买菜了呢？勤俭节约似乎已成了过去的事情，而浪费和奢侈成了日渐的时尚。"新三年、旧三年、缝缝补补又三年"成了过去。一位老人说："乡村振兴是大好事，我们举双手赞同，从心里感谢。但是有些做法不接地气，有违我们农民的意愿。"老人家指着门前的小菜园生气道："房前屋后搞菜园是件好事，但用竹篱笆围起来便可，我们乡下竹子多。为何非要用这些空心铁管做成的竹子来围，还用绿油漆刷一道？如今虽然生活水平提高了，但也不能如此大手大脚浪费啊！我们又如何教育后代继承勤俭节约的好传统、好家风啊！"

老人家一连串的发问有理有据，我们无言以对，亦让我们反思。我们怀念以前的天空是蓝的，水是清的，山是绿的，庄稼用的是有机肥，青菜猪肉是可以放心吃的，工人是老大哥，农民是受人尊重的，人与人之间是互相帮助的。

如今的乡村在大变样，能跳舞的小广场、配有路灯的硬化道路、不再暴露在露天的厕所，农村人居环境整治工作推进以来，我国农村公共基础设施短板不断补齐，农民生活环境普遍大幅改善。

邵武在这方面就做得接地气，唯实唯民，实事求是。根据农村基本具备的现代生活条件目标，缺什么补什么，需要什么就建什么，分类有序地推进乡村建设的部署。2024 年初，邵武市出台了村庄分类工作指南，启动了新一轮村庄分类工作，制定乡村建设导则，推进乡村景观"微改造、精提升"，抓好美丽庭院、美丽微景观、美丽小公园、美丽田园、美丽休闲旅游点建设，提升乡村宜居的品质。

对于如今的农村，确实有诸多不足之处，譬如：新房林立无人住；田地荒芜无人睬，曾经肥沃的土地如今被荒草淹没，许多田地都无人耕种了，年轻人都外出闯荡，留下老人也无力再去侍弄土地，农业的传承出现了危机；老人忙碌青年闲，本该享受天伦之乐的老人还在田间辛苦劳作，而一些年轻人却游手好闲。

中国乡村现在面临的不是简单的振兴或者衰退问题，而是一场内外部同时发生的深度结构性调整。当下的中国农村，在新旧交替的转型阶段，需要时间，需要探索，更需要磨合。乡村如何登上新的客船、如何平稳驶向远方，不仅考验着每一个乡村的生存法则，更考验执政者的智慧。实现全面乡村振兴，要以大量的人力、物力、财力投入来支持。按照计划，到2027 年，全省将新建成省级乡村振兴示范村 1000 个以上，带动全省 1 万多个村产业发展、乡村建设、乡村治理全面提升，农民农村共同富裕取得实质性进展。

02　访谈主政

清风叩窗，雀鸟鸣枝。浅夏的阳光里，市委大院洋溢着草木的欣喜。

邵武市委书记的办公室在市委办公楼，是一幢两层楼的古建老房子，是 1909 年基督教会美国传教士建造的西洋式建筑，抗战时期曾作为迁至邵武的福建协和大学校长林景润的住宅楼。办公楼外西南角竖立一座大石块，上面刻着"铁城邵武"四个字，系彭真 1987 年到邵武时的题字。楼的四周外围用厚青砖砌就，内部为木构，半卷形顶的外墙门窗，南北方向均有十二级台阶直达一楼外廊。登上台阶，走进办公楼，木板地面、木板隔墙、木板楼梯、古香古色、别致不同。

市委书记办公室的墙面上分别张挂着中国、福建、邵武地图，书柜里摆放着《邵武府志》《邵武县志》等地方书籍。作为市委书记，他对邵武的认知，习惯从第一手资料中得来。比如范仲淹《岳阳楼记》中岳阳楼修建者滕子京曾在邵武工作过的历史，便是他在认真细阅府志中发现的。这种学习态度和工作风格，令大家钦佩与尊重。

市委书记显得很有书卷气，他富有磁性的声音言道："邵武是个宜居的好地方，气候宜人、宜动植物，这里种什么长什么、养什么成什么。邵武城镇化进程相对来说比较早、比较快，80％的人口进城了。过去农村人口过多，他们为求生存、求生活、求生产，给生态环境造成较大的压力，出现了生态过度开发，动植物生长速度赶不上人类的需求，山上出荒山，田里有争端，宅基地要扩张，人与自然难以从根本上解决和谐发展的问题。和平镇就是一个典型的例子，全镇人口 2.5 万人，其中居住在镇所在地的就有 5000 多人，人均山地极少。以往和平镇的山林由于砍伐过度成了不毛之地，山是光秃秃的。如今，仅 20 来个春秋，山林葱葱郁郁，改变了当年的模样。"

乡村振兴战略不是一味地追求回归人多热闹的景象，而是寻找乡村产业振兴宜居的局面。现在城镇化进程加快，人口相对集中在城区，农村生态得到休养生息。过去谈乡村振兴难，如今谈乡村振兴正当其时。但贤者曰：因可势，求易道，故用力寡而功名立。做事情不能不考虑外在的环境和形势，方式、方法很关键，选好路子，往往能够事半功倍。

邵武属于丘陵地带，山区多，总体呈现八山一水一分田的面貌。过去农民视土地为寸土寸金，把土地当作生命，每个人都有几分地，靠这些地维持生产、维持生活。现在农民进城了，或自己创业，或进企业打工，收益比在农村只守着几分地时强很多，对土地的依赖发生了变化，家里的山田管理不了，希望能以租赁等方式管理山田，因而土地流转集中规模经营有了可能。

乡村振兴是一个时代的命题，也是一个民族的使命。乡村振兴不仅仅是乡村的经济、文化和生态，更是乡村的价值观、乡村的精神和乡村的梦想。出乡村是一个思路，入乡村则是一种境界。邵武在乡村振兴中进行多方面的探索，获评"绿水青山就是金山银山"实践创新基地、国家生态文明建设示范市、平安中国建设示范县。这些成绩的取得实至名归，也殊为不易，这归功于邵武广大干部群众的团结一心，努力付出。

邵武市一是聚焦环境治理，推动美丽生态新蝶变，围绕生态保护和环境整治要求，从大处着眼、小处着手、细节之处见真章；以高站位谋篇布局，完成 81 个村"多规合一"编制，打造省市县示范镇（村）28 个，市县乡村振兴示范带 24 条，形成"一心两城三组团"城乡格局；以高标准整治环境，构建治理推动、示范带动、部门联动体系，深化污水、垃圾、厕所"三大革命"，完成 127 个村生活污水治理，获评全国村庄清洁行动先进县；以高品质塑造风貌，每年安排 1000 万元专项资金，开展古建筑、古树林等专项保护行动，创新探索闽台乡建乡创瑶里"四变"模式，打造国家级名镇、名村、传统村落 8 处。

二是聚焦"两山"转化，激活美丽经济新动力。邵武市围绕粮食生产、发展旅游要求，加快全产业链发展。走好产业兴农之路，在稳定粮食生产安全的基础上，坚持一乡一业、一村一品，构建竹业、烟叶、种业、中药材、茶叶等特色产业体系，打造国家区域性中药材良种繁育基地、全国最大的县级竹荪种植基地；走好机制强农之路，深化"森林生态银行"建设，在全省率先发放"林下空间经营权证"，带动 7900 户农户规模经营林地 4.57 万亩，户均增收 6500 元，入选国家林草局典型案例；走好文旅富农之路，打造世遗 1 号风景道，推动沿线 21 个村景观串联，做好"旅游+"文章，做精和平古镇、云灵山等"五朵金花"，打造特色乡村旅游升级版。

三是聚焦党建引领，共绘美好生活新图景。邵武市围绕农村党建要求，持续深化"百千工程"机制，创新打造党群城市家园，变党员干部"要我干"为"我要干"，和广大群众一起干。

乡村振兴是长期性、持续性的工作，邵武市政府在提质增效上下功夫，在巩固经济稳中向好态势上勇挑大梁，扎实做好超长期特别国债项目谋划和重点项目储备，聚焦世遗 1 号风景道建设等重点任务，着力抓项目、促消费、兴产业，把工作尽可能往前做、往前赶，切实担负起挑大梁的使命担当；在发展新质生产力上攀高逐新，加快"智改、数转、网联"赋能步伐，高位嫁接高质量发展人才顾问团资源，深化与高校院所的合作，打造了一批具有强大竞争力的战略性新兴产业集群；在深化邵台融合发展上奋楫争先，加快建设海峡两岸中医药融合发展示范区，促进对台常态化交流。

次日上午，我们拜访了邵武市政府市长，她的办公室不大，但简单、整洁、朴实，如主人一样简衣素颜，以本色示人。她娓娓道来：邵武市承办全省深入学习"千万工程"经验建设福建美丽乡村现场会确实不易，省里是经过反复调研、斟酌再三后决定的。我们自认为，邵武并不是全省做得最好的，但邵武乡村振兴的经验有着可借鉴可复制的重大意义。尤其是龙斗村的变化、和平古镇的建设以及竹立方这三个典型可圈可点，让人心服口服。2023年邵武被评为全国大豆重点县、省级农产品质量安全县、福建省2023年度促进乡村产业振兴、改善农村人居环境等乡村振兴重点工作激励县。"邵武黄精"荣获国家地理标志证明商标，被列入"福九味"中药材产业集群。邵武大力发展特色农业，建成高标准农田3.7万亩，水稻制种备案面积达5.4万亩；建成绿色生态茶园4.3万亩，新增省级农业产业化龙头企业5家、省级中药材星创天地2个，全面推进乡村建设。加快推动乡村振兴"一带N点"示范带建设，世遗1号风景道北段基本贯通，红色重下、墨色大埠岗等4个闽台乡建乡创合作项目加快推进；完成"三房整治"188栋，新（改）建农村公厕83个、四好农村路32千米，清理河道沟渠110公里，造林2.4万亩，森林覆盖率达79.84%，被评为省级森林养生城市。水北镇获评省全域生态旅游小镇，肖家坊村、古山村列入第六批中国传统村落名录，和平村获评全国乡村治理示范村，新增省级森林康养小镇、森林康养基地、水乡渔村各2个等等。下一步邵武首要的任务是处理好城乡关系，要按照县域统筹、以城带乡、城乡融合、一体推进的思路，把县域作为统筹推进城乡融合发展和乡村振兴的重点，在县域范围内通盘考虑人口布局、产业发展、公共服务、生态保护等方面，加强整体谋划，同步推进县城、乡镇、村发展，着力提升县城承载能力，发挥中心乡镇辐射作用，带动广大乡村发展，走以城带乡、城乡互补、协同发展的路子。每个村庄都有不同的自然禀赋、产业基础、风土人情各不相同。它们如何找到最适合自己的路子？必须遵循规律，尊重村庄演化规律，尊重农民群众意愿，对乡村进行科学分类、精准定位，一镇一策、一村一策，合理设定阶段性目标任务，因地制宜、量力而行、有序推进。过去叫"全面推进乡村振兴"，现在的提法是"推进乡村全面振兴"。这里的内涵是不一样的，这不光是产业的振兴，还包括人才振兴、文化振兴、生态振兴、组织振兴等方方面面。

在乡村振兴的工作中，邵武的难点在于是钱、地、人这三方面，这些都是乡村振兴最重要的资源要素。应该说，人的问题比较突显，不仅仅指乡村人口问题，更包括乡村人才的问题。邵武城镇率达到了80.4%。人们离开乡村有诸多原因，农村的公共交通、教育、医疗、社保、养老、托育等民生短板。所以必须走城乡融合发展的路子，大力推进城乡协同，以县域为单元，统筹新型城镇化建设和乡村全面振兴，推动城乡融合发展。坚持城乡一体谋划、一体设计、统筹安排城镇建设、空间布局、土地利用、生态保护、产业发展、公共服务等，以城带乡、以工促农、以企帮衬，共同发展。

近期乡村振兴的工作重点，首先是保证粮食安全，落实粮食安全责任制，加大高标准农田建设投入，确保邵武粮食播种面积稳定在47万亩以上。邵武被评为福建省农产品质量安全县，粮食安全应始终摆在首位。从2024年开始，在大力推进乡村振兴的推进中，邵武围绕"一带三沿、一带三区"打造点上示范、全域推进的乡村建设新格局，吸引更多原乡人、归乡人、新乡人共建宜居宜业和美乡村。乡村振兴要舍得投入，要把有限的钱投到刀刃上，投下去就要有成效。日前，根据财政部通报的2022年度全国县级财政管理绩效综合评价结果，邵武市取得全国第5名、全省第1名的优异成绩，获得财政部全国通报表扬和绩效奖励资金1000万元。邵武在全面乡村振兴的路上亦有不可预见的艰辛，然而邵武更有大一批有理想、有追求、有智慧的创业者们。回望邵武持续进行的乡村振兴发展战略，一系列行之有效的措施，邵武乡村振兴的步伐前行的更加坚实有力。"守住不惑的底线，选择做最值得的自己。第一束阳光正在深处积蓄，未来充满未知、诸多困惑。正因如此，穿越惑与不惑的边界，求索东方古国现代文明进步的答案。"我相信，我们走过的路，一花一叶都是生命的写意，一草一木都是风景，乡村振兴的路在远方，也在脚下。

03　乡情回归

词曰："本欲起身离红尘，无奈影子落人间。"

此话用来形容背井离乡的游子，当然也包括众多离开乡村的人们。老话说：乡土难离，物离乡贵，人离乡贱。离开了家乡后没有人认识你，如果有了困难也可能是无助的，所以就有了人之常情的乡愁。离乡人大多数人还是恋乡的，要落叶归根的。乡村的游子们无论走到哪里，也不会忘记乡村这块坚实的土地，还有着传统村落、乡村的风韵，更还有淳朴的家传祖训、优良传统的美德与质朴情怀。

乡愁是抽象的，是对本土文化、环境的热爱与怀念，但同时也是具体的，是对山川地貌、草木虫鱼以及风俗、食物的念念不忘。乡，是对于美好生活的向往与回忆相结合的地方；愁，是对于难以到达的理想乡的感慨，也是积聚已久的不安情绪被点燃后的爆发。

故乡，永远是一个令人魂牵梦萦的所在，对故乡故土的思念、眷恋之情就是乡愁。席慕蓉说，乡愁是一种模糊的怅惘；三毛说，乡愁是梦中的橄榄；更多人说，乡愁是一片云、一片瓦、一棵树、一碗水、一间房，是小桥流水，是童年时代的无忧无虑。如今的乡愁更多的指在外漂泊的无奈、在外打拼的无助。

对大多数人来说乡愁是无奈的。人生往往就是如此，有工作的地方没有家，有家的地方没有工作。他乡容纳不下灵魂，故乡安置不了肉身。叫家的地方找不到养家糊口的路，找到养家糊口的路却安不了家。从此人世间便有了远方，便有了乡愁。一边是故土难离，一边又不得不背井离乡去打拼。这样的生活对离乡人来说其实真的无奈。我们常说，父母在不远游，真的怕有一天，子欲养而亲不待。乡村能否真正振兴，首先得看是否有人愿意驻足。这不仅关乎基础设施的改善，更在于是否解决了村民的生存与发展需求。乡村的魅力，在于那份质朴的人情味和真诚的待客之道。这几年，邵武的农村人口中"原乡人、归乡人、新乡人"出现增长趋势，特别是一些有志乡村青年，看到了乡村创业的先机；或是在外打拼有一定财富积累的人，捕捉到了乡村的新机遇；或者有乡愁情感的人士，思恋乡村的朴质与清新。他们陆续回到乡村、建设乡村，涌现出一大批勇挑大梁、奋发实干的"三乡人"，他们整合资源、聚力发展，依靠技术、专业知识逐梦乡野，给农村发展带来了新理念、新技术、新业态。邵武市正以开放包容的姿态、火力全开的拼劲，吸引了更多原乡人、归乡人、新乡人扎根邵武乡土，共同绘就乡村与城镇处处见美、美美与共的新画卷。

2019 年，站在大竹村千亩樱花园旁的"樱韵园"观景台上，福建天苗农业发展有限公司董事长黄勇军指点着周围的山头说："这是樱花园，那是樱花大道，樱花湖、樱花谷正在建设中，我还要打造樱花村、樱花城。"他欢喜着初步的成就，展望着未来的乡村之路。

年轻时黄勇军在福州工作，为自己积累了人生的第一桶金。然而，一个人在外面打拼，总觉得像是无根的浮萍，有一种难以言说的漂泊感。终于在 2011 年春天，他毅然返乡创业。对他来说，首先是跟父母和亲人在一起了。其次家乡大竹村山川秀美、土地肥沃、空气清新，他看到了这里生态农业未来的发展趋势。绿水青山，就是金山银山，生态农业大有可为。

他看到家乡大片的、生机盎然的土地，决心做苗木产业。他到浙江、广东等地调研，做好了 5 至 8 年持续投入的准备。2012 年，他创立了福建天苗农业发展有限公司和福建苗木宝网络科技有限公司。

或许是缘分使然，有一天黄勇军在一位乡里老人的指引下，在山中看到了一棵山桃树，花开得与众不同而且很是红火。他欣喜若狂，那满树红灿灿的花朵，瞬间点燃了他的创业灵感与希望。

这棵山桃树名叫福建山樱花，花期在每年的二三月。黄勇军知道这是乡土树种，开出来的花是红花，而且花期很长。他心中不由得一动，红红火火，久久长长。在春节期间除了梅花，能满树开花的树种很少，而中国人最看重的节日是春节，这不正是自己想要的花宝贝吗？

半年后，在技术团队的精心努力下，山樱花移植成功。黄勇军看在眼里，喜在心中，开始在大竹乡进行繁育种植、新品嫁接及培育选优。六年过去了，大竹苗木基地成功地育出了十余个不同的樱花品种，数量发展到300万株。大面积成林的美丽花海远近闻名，樱花基地亦被评为国家级3A级景区。每年春节来临，山坡上、沟渠边，到处是大红、粉红的樱花。那层层叠叠盛开的花朵，宛如天边灿烂的彩云鲜艳夺目，煞是喜人。

樱花种植基地规模越来越大，带动了周边100多名村民共同走上发展之路，不仅增加了农民的就业机会，还帮助农民创收增收。周边的农户种养菜蔬、做特色小吃、农家乐，开始形成一条龙产业链，村里的道路修建、停车场等设施建设也日益完善。

2016年，大竹樱花园被成功复制到大埠岗镇，种植了"中国红""牡丹樱""红粉佳人""香水稷"等樱花特色品种达2000余亩。大埠岗的樱花小镇也由此红火了起来，产生了良好的旅游效应，带动了大埠岗的赏樱旅游。2018年，在大埠岗举办了"幸福红城·樱为有你"第一届樱花文化旅游节，前来观光旅游的有10万多人次。2019年"振兴乡村·樱梦奇缘"第二届樱花文化旅游节在大竹举办，樱满枝头花争艳，游人如织。2020年，"守护生态·振兴乡村"第三届樱花文旅节在邵武喷泉广场拉开帷幕。2023年，"邵武是个好地方·相约大埠岗"第四届樱花文旅节在大埠岗樱花小镇隆重开幕，都取得了圆满成功。

随着樱花事业的发展，规模与影响日益显效，相继有了大竹镇2000多亩的樱花基地、大埠岗镇2000多亩的樱花小镇、福州市鲤鱼洲樱花网红打卡地1000亩。截至2023年底，黄勇军打造了5000多亩的樱花产业基地，引起了省内外媒体的关注与赞赏。

　　樱花树种好了，旅游业也搞起来了，他又有了新的想法，那就是研究樱花深加工的延伸品和文创品，持续打造樱花产业链。"一枝独放不是春，百花齐放春满园。我要携手其他乡贤，共同打造美丽新农村，助推乡村振兴，创造美好生活的满园春色。"

　　在邵武崇山峻岭的乡野之中，有一个名叫巫山村的自然村庄。青山环绕，绿水长流，犹如人间仙境。傍村的小溪是富屯溪的发源地之一，其水系自巫山茶花隘出发，流经邵武桂林乡的部分村庄、横穿金坑乡，流入光泽县的李坊乡、光泽县城富屯溪，重新折返流回邵武，人称为"爱乡溪"。

　　早年在外做生意的熊长华在城市打拼了 20 多年，取得了一定的成功。但他认为在外赚钱再多，也都是身外之物，只有亲情乡情是真情，他心中一直牵挂着家乡的亲人和这片土地。于是，他决定回到了巫山村，用自己的知识和能力带领乡亲们脱贫致富。

　　巫山先前是一个有 40 多户 160 多人的村庄，人们的日子过得还是很滋润。20 世纪 90 年代开始，因距离城区 90 千米，生产、生活极不便利，村民们陆续选择了外出务工，山田休耕，房屋破落，只留下七八位老人。

　　2013 年，熊长华返回家乡，经过考察，选择了"锦绣黄桃"和"映霜红黄桃"两个品种的桃苗 300 株试种，获得成功。在熊长华带领下，村民们也跟着种黄桃，仅三年时间发展到 200 多亩，同时在林下种植名贵药材"七叶一枝花"100 万株，还养殖了生态鸡、高山泉水鱼等，引来了不少城里的游客。一时间寂静的村庄热闹起来，先后有 50 多位村民跟着熊长华回到老家。

　　熊长华见事业发展趋势很好，注册成立了云顶高山农业发展有限公司，谋划"公司＋农户"的运营模式，为村民的农产品做包装，开拓市场。2017 年，第一批种下去的黄桃挂果了，这种高山锦绣黄桃因为成长于特殊的地理位置，被称之为"云端仙桃"，产品销往上海、浙江等地，供不应求。几百亩桃花盛开，一树树黄澄澄的累累硕果挂在枝头，再看看母亲脸上的笑容，他感到自己走进了人生新境界。

　　他乡生白发，旧国见青山。人生天地间，忽如远行客。

　　临行的前一天下起了雨，有整整六年了没回家乡了，每每要回家，总是被脱不开的事给缠住了身。羁鸟恋旧林，池鱼思故渊，宋家卫终于下决心从遥远的北方回到了家乡。这一场雨下了整整一夜，如同宋家卫的思念层层涟漪，回忆如花开满地。有什么能胜过回家的喜悦，内心是火眼里是月，家乡一盏灯永不熄灭，什么都不可能阻挡回家的路。

　　22年前他走出大山去了东北做生意，在外成了家，后来儿子也大学毕业参加了工作。但这二十多年来他很辛苦，无法言说。他是家中的独子，前面有三个姐姐，这些年随着年纪的增长，在外拼搏的酸甜苦辣，他感到有些累了，开始想老家想疼他的爹娘。

　　踏上村口的老路时，正是夕阳西下的傍晚时分，村庄中几缕炊烟袅袅升起，四周显得十分幽静安详。山还是那山，水还是那水，没多大变化。村庄里住有几十户人家，散落在各处，各家的房屋几乎一模一样，都显得朴实、简单。宋家卫家的农家院子不大但宽敞，有五间小屋。在屋檐下堆满了粗细不同、但长短一致，被码得整整齐齐的硬木柴；院子里种满了各色瓜果蔬菜，墙头上爬满了密集的南瓜藤，浓绿浓绿的，很有生气。

　　远处的小黄狗发现了来客东张西望的，吠着飞奔而来。百香果架下带仔的母鸡，也惊讶地梗起脖子，"咯咯咯"地叫，鸡仔们都躲在了母鸡的翅膀下。

　　生病的母亲见儿子回来，喜出望外，精神顿好，要老伴立马通知几个女儿回家。姐姐们采瓜摘菜、杀鸡宰鸭，母亲亲自下厨，炒了几盘儿子爱吃的菜。山里农户家的厨房盖得松散透气，飘出了青蒜炒猪肉的浓浓香味。父亲从地窖里搬出一缸红酒说："这是六年前你娘酿的，一直没有动它，今晚你多喝几杯。"邵武乡下人家都会酿红酒，人人都爱喝红酒。当年著名理学家朱熹曾以"酒市"为题形容邵武红酒的繁荣：

> 闻说邵武地，家家秫米春。
>
> 楼头邀上客，花底觅南郊。

邵武人对红酒情有独钟，视其为与食盐一般不可或缺，逢年过节、红白喜事，或来了宾客必上晶红透绿、浑然醇厚、余味绵长的红秫酒。红酒有助增进食欲、消除疲劳、活血暖身，对女性有美容养颜、调经止痛、补气养身的功效。但凡妇女分娩，都要大量饮用自制红酒，善饮者一坛酒百八十斤在月子内还不够喝。人们以酒代水炖鸡，俗称"鸡酒"。炖鸡酒时，那扑鼻的香味，四邻八舍都闻得到。

大蒜炒五花肉、青椒炒土鸡蛋、泥鳅炒红辣椒、腌菜炒笋干，全是地道的乡村土菜。八盘四碗，再加上自酿的红米酒，真是菜香酒醇。宋家卫不停地举杯，大姐说："金窝银窝不如家中的土窝窝，还是家踏实温暖。"

二姐说："别让心落在了他乡，不管怎样都别忘了家。"

宋家卫望着屋外天空中的月亮，对大姐二姐说："不会的！不论我走得多远多久，家乡永远还是放在心上的。"

母亲只坐在一旁听儿女们说话，一声不吭，听了儿子的话她脸上有了笑容。这天晚上，宋家卫一醉到梦乡，醒来已是天光光，窗外传来一阵鸟鸣声。他正要起身下床时，忽听到二姐哭着道："家卫，咱妈她老人家走了……"宋家卫闻言大惊，一边穿衣一边忙不迭戈地冲了房间。他不敢相信，昨天晚上母亲还好好的，怎么说走就走了？但来到母亲房间，一家人已是哭声一片。

乡村的夜晚，月亮隐到了大山后面，宋家卫坐在院子里，心中一阵阵疼痛，眼前一会儿浮现出母亲昨晚在灶台前的身影，一会儿是母亲慈祥的目光注视着他的神情。宋家卫是孝子，这些年他在外面多苦多难，对父母从来是报喜不报忧的。但他怎么也料不到自己这次回到家，竟然是与白发苍苍的母亲见最后一面。

月儿露了一会儿脸，又隐进了云层，乡村寂静得没有一点儿声音，宋家卫眼前又闪现出一幕幕往事，耳边似乎传来了那首《娘的话》，低吟的歌声直戳他的灵魂。

> 那年我离开家，
>
> 娘叮嘱一句话，
>
> 外面累了，就回咱的家。
>
> 家能遮风雨，家中还有她。
>
> 如今回到家，却不见我的妈。
>
> 痛喊一声娘，谁人来回答……

　　这首歌宋家卫反复听过无数遍，原来爱听是因为乡愁，因为想家、因为伤感，而今天听来这歌似乎就是因他而写，唱得他泪流满面。就这样，他一声不吭默默地独自在屋外坐着。直到夜深，父亲拿了件衣服悄悄给他披上："卫儿，起露水了，回屋吧？"

　　见儿子不动，父亲轻叹了一声，默默地在他身边坐下。父子俩都没说话，过了许久，宋家卫抬起头对父亲说："爹，这次我就不走了。"

　　父亲没吭声，过了一会儿很平静地问："你想好了？"

　　宋家卫说："母亲对我说过，外面的风大，尘也大，如今儿子在外累了，想回家陪着你老人家。"

　　父亲缓缓地说："回就回吧，叶落归根，这是正理。"

　　多少天涯未归客，借人篱落看秋风。

　　宋家卫只是众多离乡人的一个缩影，只是奔向城市河流中的一滴水。这种状况是社会发展变革时期的必然现象与规律，任何人都无良策拦阻与改变。总有一天，逃离乡村的人们终会回归故里，不再远离。对生于斯、长于斯的他们来说，无论离乡多远，皆是无根的漂泊，谁都难忘故土，难忘家乡。因为故土有太多、太多令人魂牵梦萦的乡愁。

　　"思乡之病，说不上是苦是乐，其中有追忆，有惆怅，有留恋，有惋惜。流光如逝，时不再来。"离乡人无法逃脱"床前明月光，低头思故乡"

这种刻骨铭心、牵肠挂肚的乡愁，每个人心中最柔软的故乡情结，也是最富生命力的恒久主题。乡村的游子们无论走到哪里，也不会忘记乡村这块坚实的土地，还有着传统村落，乡村的风韵，更还有淳朴的家传祖训、优良传统的美德与质朴情怀。

在福州从事外贸生意的李方水，了解到金坑乡遍地野山茶的情况，决定返乡创业，他主动联系当地政府，承担起带民致富的社会责任，并成立小白茶公司。"我是在这片土地上长大的，现在有能力了，当然要做出自己的贡献！"李方水的小白茶公司现在已经有 100 余名村民从事茶叶采摘，让广大村民实现家门口就业，村民人均收入增加了 5000 余元。2024 年预计能收购茶叶 8000 斤，制成 2000 斤的白茶。而金坑乡现有高山野茶 8000 多亩，分布在各处山间，拥有 60 年以上树龄的高山野茶近 1000 亩，让一株株野山茶成为村民增收致富的黄金芽，产值能达到 300 万元。

青年姑娘姚珊菊出生在本洪墩镇，2018 年从职业中专学校毕业后返乡创业当起新农人。心若有所向，就努力去追光，这是姚珊菊回乡的动力与决定。"乡村炊烟袅袅，四季分明。布谷鸟从稻田飞过，人间烟火，最是亲切。乡村里的安宁祥和，这是我渴望的境界。"

又是一年之中的农忙季节。鸡鸣三遍，天才蒙蒙亮，姚珊菊就忙碌开了。这些天来，当地不少村民纷纷与她预约，请她帮忙收割自家成熟的水稻。姚珊菊跟往年一样，从成熟度最高的水稻开始，她娴熟地驾驶着收割机穿梭在金色的田野里，将沉甸甸的稻谷颗粒归仓。村民都满意地说："小姚姑娘机作水平高，4 亩多的田，一个小时就割完，收得又快又干净。"

姚珊菊娴熟的农机技能不仅体现在机割上，在机耕、机插、无人机喷施农药等方面都驾轻就熟，回乡不久，她已是方圆百里人人都知晓的新闻人物了。乡亲们的认可是她最大的满足，她说："国家对返乡创业人员给了很大的支持，我用好用足国家制定出台的系列农机具购置补贴政策，有足够的资金，底气足。我先后投资了百万元，购置了 20 多台套先进的农业新机具，同时发挥自己学到的系列农机驾驶专长，取得令人满意的实效。开始我先是帮助父母规模种粮、高效种粮增效益，让自家的年水稻种植面积快速增至600多亩。后来看到村民有所需求，我便将机作服务面从所在的村扩展到全镇。现在机作服务面已扩展到建阳、顺昌等周边县市区，年总机作面积多达近万亩。"

姚珊菊的乡村创业成功了，她为推动闽北粮食生产的稳定发展贡献出自己青春力量的同时获得了多方的好评。洪墩村有水稻面积5000多亩，其中有三分之一是姚珊菊帮助耕种，她为村民提供了高效周到的农机服务，让村里的粮食得到稳定发展。

姚珊菊的例子证明了青年回乡创业的意义非常重大，能够为农村天地注入新的活力，促进农村的经济增长。回乡创业的新农人队伍正在增多，他们主动回乡，走进乡村，在乡村的土地上挥洒汗水，深耕细作，创造财富的同时，也在创造一片属于自己的诗与远方。中国农民世世代代蛰伏在生于斯长于斯的土地上，对土地倾注满腔热爱的祖辈们从刀耕火耨开始，不屈不挠地走过千年。作为新一代的农民，她与父辈最大的不同，是具有情怀、勇气和信心，紧跟前进的步伐，将生机勃勃、惠风和畅的美丽田园建设得五光十色、四季飘香。

群山皆绿，小溪潺流，飞燕剪柳，正是桃花落红，梨花始开的季节。慧苑茗茶店坐落在城南，相对繁华的城中心，僻处一隅，显得宁静优雅。张慧敏如同她的名字一样，聪慧灵敏。她泡了一壶"绍武工夫茶"让我品尝，说起茶叶制作，她顿时脸上焕发神采，两眼炯炯有神，话语娓娓道来："这是乌龙茶品种，人称它为金牡丹，采摘二三叶，用摇青的工艺做的一款新工艺红。"听了她的介绍，我点点头细品起茶来，果然不俗。这茶取自山野，源自本心，杯茶在手，清香满室，若谛妙语。望着外面飘洒着细细的春雨，于红尘纷扰间与一杯茶对坐，清雅幽居，喧嚣渐隐，是何等惬意。再看那片片茶叶在水中沉沉浮浮，飘逸悠然，有的舒张如君子，坦荡无拘；有的则蜷缩似林中隐士，恣意不羁。它们在杯中舒张跌宕，沉浮不计。

张慧敏在十四岁那年，因为家中贫困，无奈的父亲让她做蛇医的徒弟。张慧敏明白家里供不起读书人了。她一咬牙便辍了学，跟随了建阳黄坑一位有名的蛇医。从小就怕蛇的她十分好强，克服了心理障碍，坚持着学到了治疗蛇伤的本事。但由于没有临床医学的资格，靠治疗蛇伤不仅生计难以为继，而且断然没有前途。

2008年春天，张慧敏决心另谋出路，她孤身前往武夷山学制茶。潜心从事茶叶行业生产加工制作技艺。她孜孜以求、勤勤恳恳，多年打拼后终于取得好成绩。她成为一名制茶工程师、茶叶加工二级技师，同时成为慧苑茗茶店的负责人。通过十年间的采茶、制茶、研究茶，张慧敏让人刮目相看，获得诸多殊荣：2017年在"海峡两岸斗茶大赛"获得民间品茶师第一名；2018年参加福州"元泰杯"全国红茶擂台赛决赛获得第三名；2019年参加第十六届闽茶杯、天福杯，荣获红茶（春季）一等奖；2020年参加全国茶叶加工（红茶精制）职业技能加工大赛，进入总决赛，获得优秀奖；2020年在第三届全国农业行业技能大赛中成绩优异，获得表彰；2021年获得了中华全国供销总社制茶师；2022年获得了高级农艺师、茶叶加工工艺师资质。2023年，她众望所归，担任南平市乌龙茶传统制作技艺交流协会副会长。

2017年秋，张慧敏回到邵武买了房，开了一间茶叶店，小日子过得舒心惬意。然而，她始终还是怀念村边弯弯的小河、竹篱笆旁的小农家，还有浅浅池塘边的鸡鸭，她更牵挂一辈子辛劳的爹和妈。

十月菊花满地黄，回家孝敬爹和娘。她说乡村是她的根，这些年一路上走来，自己由开始的懵懵懂懂，对人生的路看不懂，到现在开始明白滚滚红尘很容易过，最重要的是莫过于能常伴随父母左右，不再聚散离合，能为父母尽孝心。落叶归根，她说终究还是要回到家乡—都李家坊的，也该回家了，现在随着父母年纪的苍老，他们越来越感到孤独，这是她心中的心结和牵挂。

的确如此，现在很多老年人特别孤独，是因为丢了三个属性，那就是血缘、地缘、社缘。时间慢慢推移，人与人之间的距离越来越远，血缘上的情感羁绊越来越少；很多老年人为了守护孩子的家庭，跟随着漂到另一个城市，地缘慢慢就没了；他们时常会感到孤独无依，但为了不打扰孩子，他们从来不把思念挂在嘴边，而是默默藏在心底。

张慧敏说："回乡除了陪伴父母，还能发挥自己这些年学到的制茶工艺，去年6月我制作的绍武工夫茶取得了国家知识产权局的商标注册证。有了这一珍贵的认定，我吃了定心丸，也有了底气。我会一步步来，计划先在李家坊村建一个小制茶厂，制作出一款具有特色的茶品牌，同时或许多少能帮助乡亲们致富。我知道前面的困难很多，要付出很大的努力，不知道能否成功。"

天空中依然飘逸着细雨，云蒸霞蔚，气韵生动。张慧敏茶艺精进，茶道愈远，人间总有一叶茶，圆她十万八千梦。

池下村党支部书记、村委会主任黄善华说："我是土生土长的池下村民，市里表彰我为乡村创业之星，我感到非常荣幸，也感到责任重大。今后我将继续挖掘池下村畲族文化，积极谋划文旅产业，带领村民致富。"

拿口镇池下村是邵武的少数民族村之一，曾有200余亩山垄田因耕作条件差抛荒多年。在池下村土生土长的黄善华，见了家乡的优势资源，放弃了广州优厚的待遇，回到家乡创业并成了一名村书记。

他不断改善农业基础设施建设，深入挖掘畲族文化、生态资源禀赋，发展特色农业，打造了龙脊梯田，注册"畲村天福大米""绿岚杨梅"等特色品牌，实现村财和村民收入双增收。

伴随着乡村振兴的步伐，池下村正迸发出勃勃生机，村里可喜的变化映照在村民的笑脸上，融入淳朴的乡风中，展现在蓬勃发展的产业里。如今，池下村依托绿色生态优势基础，围绕打造"万顷森林、千年古刹、百年畲村、红色堡垒、龙脊梯田"总体思路谋划发展，走出了一条具有畲村特色的乡村振兴发展之路。

......

在邵武田野，乡村人回归创业的事例远不止上述这些。他们的回归无疑是乡村的希望。乡村振兴需要归乡人，尤其需要年轻的新农人回归创业，新农人是农业经济的新希望。新农人通常具备较为专业的科技知识和技术水平，能够更好地掌握和应用先进的农业技术和设备。他们通过引入先进的科技和管理模式，使农业生产更加精细化和专业化，提高了生产效率和产品质量，从而为现代农业的发展奠定了基础。同时，新农人也注重生活品质的提高，他们的出现和发展也为农村带来了更多的文化气息和生活情趣，使农村地区的生活质量得到提升。

为了进一步推动实施人才强市战略、加强邵武人才队伍建设、激发广大学子回乡就业创业的热情，邵武积极组织开展返乡大学生社会实践活动，有效推动返乡大学生融入基层社会治理，增强对家乡的归属感、认同感，为打造"邵武是个好地方"城市名片贡献青春力量。在2024年新春学子返乡时，邵武特地组织了一场2024年寒假邵武大学生"暖冬·归乡"活动，让返乡大学生乘坐旅游巴士，近距离感受家乡变化；让青年真正了解家乡、热爱家乡，吸引他们回乡发展的兴趣，为家乡建设做贡献。在活动中，返乡大学生们先后参观了水北镇龙斗村、邵武经济开发区、数字体验馆、竹立方生态科创馆，详细了解邵武近年来在乡村振兴、产业发展、数字科技等领域的新突破新成就。返乡大学生们被家乡快速的发展和巨大的变化所震撼，纷纷表示要积极投身到建设家乡的队伍中去。看到家乡的变化，他们的自豪感油然而生："没想到家乡有如此大的改变，今后一定要为家乡的建设发展献计献策、添砖加瓦，要为家乡的发展贡献自己的知识和力量。"

2024年7月，邵武助力实施新时代人才强市战略，开展"扬帆计划·铁城鸿雁"大学生实习活动，吸引了一批省内外优秀大学生在邵实习就业，为大学生提供更多接触社会、了解民生、开阔视野的实习机会，推进经济社会绿色高质量发展提供坚实的人才支撑。

04 结 语

天高云淡，枫叶似火。

我们告别了火热的夏，迎来了初秋的惬意。行走在邵武的山村乡间，从北部的云灵山，到南部的三峰山，美丽的画卷一路壮美铺展，让人在品尝秋之味道的同时，亦有了邵武乡村振兴一路走来秋的收获。在农业农村大有可为、充满希望的广阔天地间，邵武市继续书写着乡村振兴的精彩故事。山川毓秀、人文荟萃的邵武，让人深感它在历史的每个潮头、每个花开的季节里，都有着一种独特的与众不同。

自 2023 年 7 月福建省深入学习"千万工程"经验、建设福建美丽乡村现场推进会在邵武市召开后，一年来邵武以此为契机，不断探索"千万工程"建设新路径，对照福建省乡村振兴"千村示范引领、万村共富共美"指导意见，编制出台了《邵武市全域乡村振兴规划》，为进一步绘就和美乡村新图景、努力打造"福建闽北乡村振兴先锋样板""争创全国县域乡村振兴最佳实践地"理清了发展思路，提供了重要遵循。该《规划》以县域为单元统筹城乡融合发展、以规划为引领推进乡村全面振兴，从产业、人才、文化、生态、组织五大方面对全域村庄进行综合研判，提出了产业驱动、保护优先、文化牵引、设施保障、党建引领五大策略，构建耦合联动的镇村体系、特色鲜明的产业体系、普惠共享的服务体系，破除城乡二元结构，加快形成县乡村一体化发展格局，书写出城乡融合发展的"邵武答卷"。

神州三千县域，在乡村振兴中各显雄姿，尽皆可圈可点，不一而论。邵武与它城、它县相比，有着与众不同的可书可赞之处。不敢言是仁立潮头，驾波驭浪，击风挟雷，但邵武人有着功不在我、久久为功的创业激情，演奏着坚实的乡村振兴交响曲，呈现出乡村田园的美好画卷，使得岁月简静，时光生香。

众所周知，香水，95% 都是水，只有 5% 不同，那是各家秘方所致。乡村振兴也是这样，大部分都基本相似，差别就是其中很关键的 5%。邵武的乡村振兴有着自己关键性的 5%，或许，它没有电闪雷鸣的轰轰烈烈、一鸣惊人，但却有着平衡发展的扎扎实实、点点滴滴。在经历了乡村振兴多年的奋力前行探索，智慧蕴藏在努力前行的初心依然之中。

学有榜样，前行有亮。邵武人铭记习近平总书记"邵武是个好地方"的佳句，怀着感恩之心，怀着每一个不曾起舞的日子都是对生命辜负的理念，满怀激情地开创着乡村振兴发展的新天地。记住乡村的情，记住土地的爱。追求人生价值与美好，不必远行，不必背井离乡。因为理想的乡村振兴梦不在城市里，而是在自己家乡的广袤田野之中。

特别鸣谢

（排名不分先后）

中共邵武市委办、邵武市政府办、邵武市农业农村局和乡村振兴局、邵武市交通运输局、邵武市林业局、水北镇党委政府、拿口镇党委政府、和平镇党委政府、下沙镇党委政府、卫闽镇党委政府、大埠岗镇党委政府、肖家坊镇党委政府、吴家塘镇党委政府、金坑乡党委政府。感谢以上单位对本书出版的大力支持！

图书在版编目(CIP)数据

乡村情/ 西风,黄长迎著. —福州:海峡文艺出版社,2025.1

ISBN 978-7-5550-3888-7

Ⅰ.F320.3

中国国家版本馆 CIP 数据核字第 20245M0G42 号

乡村情

西 风 黄长迎 著		
出 版 人	林 滨	
责任编辑	何 莉	
出版发行	海峡文艺出版社	
经 销	福建新华发行(集团)有限责任公司	
社 址	福州市东水路 76 号 14 层	
发 行 部	0591-87536797	
印 刷	福建东南彩色印刷有限公司	
厂 址	福州市金山浦上工业区冠浦路 144 号	
开 本	720 毫米×1010 毫米 1/16	
字 数	210 千字	
印 张	15.25	
版 次	2025 年 1 月第 1 版	
印 次	2025 年 1 月第 1 次印刷	
书 号	ISBN 978-7-5550-3888-7	
定 价	49.00 元	

如发现印装质量问题,请寄承印厂调换